重庆工商大学经济学院"重庆市经济学拔尖人才培养示范基地"与国家一流专业建设点系列成果

本课题受重庆市国际化特色项目"新发展格局下内陆开放高地研究中心"课题资助

长江经济带外商直接投资的经济增长效应与机制研究

CHANGJIANG JINGJIDAI WAISHANG ZHIJIE TOUZI DE
JINGJI ZENGZHANG XIAOYING YU JIZHI YANJIU

雷 俐 刘 洋 ○ 著

西南财经大学出版社
Southwestern University of Finance & Economics Press
中国·成都

图书在版编目(CIP)数据

长江经济带外商直接投资的经济增长效应与机制研究／雷俐,刘洋
著.--成都:西南财经大学出版社,2025.3. --ISBN 978-7-5504-6549-7

Ⅰ.F127.5

中国国家版本馆 CIP 数据核字第 2025A121W5 号

长江经济带外商直接投资的经济增长效应与机制研究
CHANGJIANG JINGJIDAI WAISHANG ZHIJIE TOUZI DE JINGJI ZENGZHANG XIAOYING YU JIZHI YANJIU

雷俐　刘洋　著

责任编辑:李特军
助理编辑:王晓磊
责任校对:陈何真璐
封面供图:董潇枫
封面设计:何东琳设计工作室
责任印制:朱曼丽

出版发行	西南财经大学出版社(四川省成都市光华村街 55 号)
网　　址	http://cbs.swufe.edu.cn
电子邮件	bookcj@swufe.edu.cn
邮政编码	610074
电　　话	028-87353785
照　　排	四川胜翔数码印务设计有限公司
印　　刷	成都市火炬印务有限公司
成品尺寸	170 mm×240 mm
印　　张	14.25
字　　数	242 千字
版　　次	2025 年 3 月第 1 版
印　　次	2025 年 3 月第 1 次印刷
书　　号	ISBN 978-7-5504-6549-7
定　　价	88.00 元

前　言

　　自改革开放以来，中国经济持续高速增长创造了"中国经济增长奇迹"，且世界经济发展的史实也反复证明，"开放"是一个国家强盛的必由之路。党的十八大报告强调要"全面提高开放型经济发展水平"，"实行更加积极主动的开放战略，完善互利共赢、多元平衡、安全高效的开放型经济体系"。可见，开放成为现阶段我国经济发展的重要推力。然而，改革开放初期实施的非平衡发展战略导致地区间开放程度参差不齐，在一定程度上加剧了区域发展不平衡的现象。同时，世界政治经济格局的转变和中国经济形势的变化使得这种开放模式的优势逐渐"钝化"，经济增长动能乏力等问题逐渐凸显。为破解经济发展困局，中央提出了长江经济带发展战略，部署将长江经济带建设成为东中西互动合作的协调发展带、沿海沿江沿边全面推进的对内对外开放带。随着长江经济带全方位开放格局的深入推进，长江经济带引进外商直接投资的规模也在逐渐增加，与经济之间的关联日趋紧密。那么，在全面开放新格局下，如何将引进外资与区域经济增长以及区域协调发展统一起来，发挥外商直接投资的经济增长效应，对于促进我国开放经济转型，推动区域协调发展具有重要意义。

　　本书针对长江经济带外商直接投资的经济增长效应进行研究，主要研究内容包括：第一，基于霍伊特模型的扩展构建了外商直接投资对区域经济增长的空间效应的数理模型，同时进一步分析了外商直接投资对区域经济增长的空间效应传导路径；为探究外商直接投资对区域经济增长的影响机制，建立了外商直接投资对区域经济增长的城市化和产业结构升级两种传导路径的理论分析框架。第二，考察了长江经济带外商直接投资与经济增长的发展规律与区域差异。第三，建立了长江经济带外商直接投资的经济增长效应空间面板数据模型，从总体性、时间异质性、城市群异质性等多个角度分析了外商直接投资对区域经济增长的直接效应和空间效应。第四，建立了中介效应模型和空间面板联立方程模型，实证检验了外商直接投资对长江经济带经济增长的城市化影响机制和产业结构升级影响机制，并基于长江经济带三大城市群的异质性进行比较分析。第五，做出总结，并提出相关对策建议。本书主要研究结论如下：

（1）考察期内长江经济带外商直接投资总量呈稳定增长趋势，但增速日趋放缓，且在分布特征上存在差异性。随着我国对外开放的程度不断提高，我国的营商环境持续优化，对外资的吸引力也不断增强，在全球直接投资大幅下降的背景下，长江经济带外商直接投资总额依然呈增长趋势。但外商直接投资在长江经济带的区域分布、行业分布及其来源地分布不均。一是在省级城市的分布要高于一般地级市，在沿海省份和下游地区的分布要高于内陆省份和中上游地区，在长三角城市群的分布要高于长江中游城市群和成渝城市群，但外资利用不均衡的现象在逐渐改善。二是长江经济带外商直接投资的来源地分布和行业分布也不均，其主要来源于亚洲地区，且集中于制造业。

（2）外商直接投资对区域经济增长的直接效应显著为正，空间溢出效应显著为负，长江经济带发展战略的提出有利于促进区域经济增长。地方政府的引资竞争，将放大城市之间空间互动的竞争性，直接导致营运环境较好的城市对周边城市产生"虹吸效应"，制约周边城市的经济增长。但随着时间的推移，这种空间溢出效应逐渐从负向溢出转变为正向溢出，即外商直接投资在城市之间形成良性空间互动，逐渐发挥出促进长江经济带区域协调发展的作用。从长江经济带三大城市群的异质性看，三大城市群的外商直接投资对经济增长的直接效应均显著为正，但影响力度呈长三角城市群、长江中游城市群、成渝城市群依次递减趋势。空间效应结果显示，长三角城市群外商直接投资对经济增长的空间溢出效应显著为负，长江中游城市群外商直接投资对经济增长的空间溢出效应不显著，成渝城市群外商直接投资对经济增长的空间溢出效应显著为正。

（3）城市化是外商直接投资作用于区域经济增长的重要传导路径。中介效应模型回归结果表明，城市化中介效应为0.017 8，城市化中介效应占外商直接投资对经济增长的总效应比重为28.30%。空间面板联立方程模型回归结果表明，长江经济带外商直接投资可以通过提升城市化水平对区域经济增长产生促进作用。空间效应显示，本地区的经济增长和城市化发展将受到其他地区经济增长与城市化显著的正向影响。长江经济带三大城市群的异质性分析表明，在不考虑空间因素时，成渝城市群和长江中游城市群的城市化中介效应分别为 0.013 0、0.010 4，而长三角城市群的城市化机制不显著。纳入空间因素后，成渝城市群的外商直接投资对经济增长的城市化机制作用最为显著，长三角城市群和长江中游城市群的城市化机制不明显；空间效应方面，长三角城市群、长江中游城市群、成渝城市群的城市化均呈显著的正向空间溢出效应。

（4）产业结构升级也是外商直接投资作用于区域经济增长的重要传导路径。中介效应模型回归结果表明，长江经济带外商直接投资对经济增长的产业结构升级的中介效应为 0.023 8，产业结构升级中介效应占外商直接投资对经济增长的总效应比重为 35.22%。空间面板联立方程模型回归结果表明，长江经济带外商直接投资可以通过推动产业结构升级作用于区域经济增长。空间效应显示，本地区的经济增长和产业结构升级将受到其他地区经济增长与产业结构升级的显著的正向影响。长江经济带三大城市群的异质性分析表明，在不考虑空间因素时，长三角城市群和成渝城市群的外商直接投资对经济增长的产业结构升级中介效应分别为 0.047 5、0.018 5，而对长江中游市群的产业结构升级的中介效应不显著。纳入空间因素后，长三角城市群外商直接投资对经济增长的产业结构升级机制作用最为显著，其次是成渝城市群，长江中游城市群仍不显著。空间效应方面，长三角城市群、长江中游城市群、成渝城市群的产业结构升级均呈现出显著的正向空间溢出效应。

本书通过理论与实证相结合，考察了长江经济带外商直接投资的经济增长效应，检验了外商直接投资对区域经济增长影响的城市化和产业结构升级两种传导机制。相较于已有文献的研究成果，本书主要存在以下几点可能的创新之处：第一，构建了外商直接投资对区域经济增长的空间效应的霍伊特扩展模型，并从空间竞争效应、空间关联效应、制度溢出效应和极化扩散效应四个方面来解释外商直接投资对长江经济带经济增长的空间效应。本书构建的外商直接投资对经济增长的空间效应理论分析框架在一定程度上拓展了外商直接投资研究的理论分析体系。第二，建立了空间面板杜宾模型，实证检验了外商直接投资对长江经济带经济增长的直接效应和空间效应；同时，检验了长江经济带发展战略提出前后的时间异质性。本书的研究进一步丰富了既有的研究成果，也验证了长江经济带发展战略提出的有效性。第三，探讨了外商直接投资对区域经济增长的城市化和产业结构升级的传导路径。本书的研究拓展了外商直接投资对区域经济增长的影响机制，也为长江经济带相关政策的制定提供了一定依据。第四，基于长三角城市群、长江中游城市群、成渝城市群检验了外商直接投资对经济增长影响以及影响机制的异质性。本书的研究为长江经济带探索以城市群为主体，通过实施差异化引资策略增强城市之间的空间关联，推动区域协同发展的可行路径提供了更直接、更明确的证据支撑。

雷俐

2023 年 6 月

目　录

1 绪论

1.1 研究背景与意义

1.1.1 研究背景

近年来，"长江经济带"成为中国经济社会发展的一个关键词，成为社会各界的关注焦点。究其根源，随着新常态下中国经济增速的放缓，经济增长动力不足和区域发展不平衡成为我国亟待解决的两大问题。在此背景下，中共中央着眼于发展大局，明确提出实施长江经济带发展战略，与京津冀协同发展等共同组成国家三大战略，其目的在于开启我国区域发展的新格局，打造区域经济的新增长极和促进区域协调发展。为推动长江经济带发展，中共中央先后出台了针对性的政策文件和规划纲要。2014年9月，国务院印发《关于依托黄金水道推动长江经济带发展的指导意见》。2016年3月，中共中央政治局审议通过了《长江经济带发展规划纲要》。目前，长江经济带已发展成为我国综合实力最强、战略支撑作用最大的区域之一，其人口总量和GDP总量占全国的比例均已超过40%，对我国经济社会发展具有不可替代的作用。

作为改革开放的前沿阵地，随着我国对外开放整体水平的逐渐提高，长江经济带外商直接投资的规模大幅增长，外商直接投资的大量涌入为长江经济带区域经济的快速增长提供了强劲的动力。然而，由于长江经济带横跨我国东中西三个区域，改革开放初期实施的非平衡发展战略使得地区间开放程度参差不齐，外商直接投资呈现出"东多西少""沿海多内陆少"的现象，这在一定程度上加剧了长江经济带区域发展不平衡的现象。现阶段，长江经济带承担着提升我国开放型经济发展水平、增强经济增长动力和促进区域经济协调发展的战略使命，加快促进其全方位开放新格局构建和区域经济协调发展有着重大的现实意义。毋庸置疑，在全方位开放新格局下，外商直接投资与长江经济带经济增长的关系将会更加紧密，因此我国迫切需要通过优化外商直接投资的区域布局，减少地区间的恶性引资竞争，发挥外商直接投资的辐射带动作用来实现长江经济带经济增长和区域协调发展。

当前，城市群发展成为我国推动经济高质量发展和实施区域协调发展战略的重要内容。党的十九大报告指出，以城市群为主体构建大中小城市和小城镇协调发展的城镇格局。习近平总书记多次强调，要打造世界级的城市群。建设世界级城市群，进一步发挥其集聚生产要素和优化空间布局的作用，是推动区域经济发展质量变革、效率变革和动力变革的关键所在。因此，通过外商直接投资来推动长江经济带经济增长和区域协调发展的落脚点还在于城市群。长江经济带主要涵盖了长江三角洲城市群、长江中游城市群和成渝城市群，这三大城市群已成为长江经济带人口和资源要素集聚度最高、发展最活跃、综合实力最强的地区，是支撑和引领长江经济带经济发展的重要增长极。但长江经济带三大城市群分别位于长江流域的三个不同区域，三大城市群之间的资源禀赋与区位条件存在较大差异，经济发展水平参差不齐，如何推动三大城市群经济增长和协调发展便成了重点和难点。因此，以长江经济带三大城市群的比较分析作为研究视角的补充，有助于做到因群施策的调整与优化外资引资政策，引导城市群内部和城市群之间的合理分工与优势互补，以实现区域协调发展。

随着长江经济带发展战略与共建"一带一路"倡议的深度融合，对外开放新格局的不断推进和深化，深入研究长江经济带外商直接投资对区域经济增长的影响，对长江经济带乃至我国整体的经济增长和区域协调发展都具有重大意义。本书结合长江经济带开放与发展的政策和现实背景，重点研究外商直接投资对区域经济增长的影响，具体包括以下几个方面：一是长江经济带外商直接投资对区域经济增长的直接影响如何？二是随着地区间联系日益紧密，长江经济带外商直接投资对区域经济增长是否存在空间溢出效应？三是如果外商直接投资对长江经济带区域经济增长存在影响，那么其具体的影响机制为何？四是外商直接投资对长江经济带区域经济增长的影响以及影响机制是否存在区域异质性？基于此，本书在理论分析的基础上进行实证分析。首先，建立空间杜宾模型以检验长江经济带外商直接投资对区域经济增长的直接效应和空间效应；其次，建立中介效应模型和空间面板联立方程模型来验证长江经济带外商直接投资对区域经济增长的影响路径；最后，基于长江经济带三大城市群，分析了外商直接投资对区域经济增长的影响以及影响机制的异质性。本书通过解答上述问题，期望在全方位开放格局下，通过优化外商直接投资的引资策略和空间布局，借助城市群内部空间溢出和城市群之间的联动发展，探索推进长江经济带经济高质量增长以及区域协调发展的可行路径。

1.1.2 研究意义

（1）理论意义

目前关于外商直接投资的研究已多如繁星，但针对外商直接投资空间溢出效应的研究较少，且现有研究多侧重于从实证角度对外商直接投资的空间溢出效应加以解释，而较少探索外商直接投资空间溢出效应的形成机理和传导机制。本书拟在前人研究成果的基础上，一方面基于霍伊特模型的扩展构建空间溢出效应理论模型，探讨长江经济带外商直接投资对区域经济增长的空间溢出效应，并进一步从空间竞争效应、空间关联效应、制度溢出效应和极化扩散效应四个层面，分析外商直接投资在长江经济带区域内溢出的内在机理；另一方面探讨长江经济带外商直接投资对区域经济增长的影响机制，运用归纳与演绎分析法，构建"外商直接投资—城市化—区域经济增长"和"外商直接投资—产业结构升级—区域经济增长"传导路径并分析其作用机理。本书对于进一步拓展区域经济理论研究视野和国际直接投资理论研究视野，丰富区域经济理论成果和国际直接投资理论成果具有重要的理论价值和意义。

（2）现实意义

外商直接投资是开放发展战略下经济增长的重要驱动力，在长江经济带区域经济增长和协调发展中起着重要的推进和调节作用。在全方位对外开放新格局下，引导外商直接投资发挥对长江经济带区域经济增长的促进作用是发展开放型经济的必然选择。本书从理论和实证方面分析长江经济带外商直接投资与区域经济增长的关系，得出的研究结果对政府制定和调整引资策略，增强城市间的互补性，降低竞争性，提高外商直接投资对长江经济带区域经济增长的促进作用具有一定的现实意义。本书探索长江经济带外商直接投资对区域经济增长的影响路径，有助于相关部门认识城市化与产业结构升级在外商直接投资对区域经济增长影响中的地位和作用，从而引起地区对城市化和产业结构升级的重视。本书系统考察了长江经济带三大城市群外商直接投资对区域经济增长的影响及其异质性，可以为政府部门制定和实施差异化引资策略提供一定的现实依据，助推形成长江经济带三大城市优势互补、协作互动的格局，进而有效推动长江经济带区域经济增长与区域协调发展。

1.2 相关概念界定

1.2.1 长江经济带及其城市群范围

2013 年 9 月，国家发展改革委和交通运输部于北京联合召开了《依托长江建设中国经济新支撑带指导意见》的起草工作动员会，最初对支撑带涉及范围的划定为上海、江苏、安徽、江西、湖北、湖南、重庆、四川和云南。2014 年 9 月，国务院印发《关于依托黄金水道推动长江经济带发展的指导意见》，对长江经济带的覆盖范围进行了明确界定，指出长江经济带横跨我国东中西三大区域，覆盖 9 省 2 市，具体包括上海、江苏、浙江、安徽、江西、湖北、湖南、重庆、四川、云南和贵州，总面积约为 205.23 万平方千米，占全国的 21.4%，GDP 和人口占全国的比例均已超过 40%。

自提出"长江经济带"以来，党和国家高度重视其发展战略规划。2014 年，中共中央成立了"推动长江经济带发展领导小组"，从经济社会发展概况上将长江经济带 11 个省市划分为上、中、下游三个地区，上游地区包括重庆、四川、云南、贵州 4 个省市，中游地区包括江西、湖北、湖南 3 个省份，下游地区包括上海、江苏、浙江、安徽 4 个省市。2016 年 3 月，中共中央政治局审议通过了《长江经济带发展规划纲要》。同年 9 月，国务院正式印发《长江经济带发展规划纲要》，对长江经济带的发展蓝图进行了全方位的描绘，明确了空间布局对长江经济带发展规划和落实其功能定位的重要性，在此基础上确立了长江经济带"一轴、两翼、三极、多点"的发展新格局，如表 1.1 所示。

表 1.1 长江经济带"一轴、两翼、三极、多点"的发展新格局

区域名称	区域内涵	功能定位
一轴	长江黄金水道	依托长江黄金水道,发挥上海、武汉和重庆的核心作用,以长江沿岸主要城镇为节点,构建沿江绿色发展轴
两翼	沪瑞运输通道、沪蓉运输通道	依托南北两大运输通道,提升南北两翼的支撑能力,为发挥长江主轴线的辐射带动作用奠定基础
三极	长江三角洲城市群、长江中游城市群、成渝城市群	发挥三大城市群中心城市的辐射带动作用,打造长江经济带的三大增长极
多点	三大城市群外的地级城市	发挥三大城市群以外地级城市的支撑作用,以环境资源承载能力为基础,多举措带动地区经济发展

改革开放以来,长江经济带实现了快速发展,在综合实力和战略支撑作用上已属中国最强的区域之一,长江经济带也成为越来越多国内外学者研究的热点区域之一。从上述研究可以看出,长江经济带既有严格且权威的行政区划和地理范围,也可根据研究对象及特点对长江经济带进行不同的区域划分。

本书主要研究长江经济带外商直接投资的经济增长效应,研究对象是"三极"和"多点"的地级及以上城市,因而在长江经济带整体范围的界定上与《关于依托黄金水道推动长江经济带发展的指导意见》中的保持一致。研究区域涉及长江经济带的 9 省 2 市,共计 105 个地级及以上城市①,其中包括上海和重庆两个直辖市。同时根据研究内容,本书将重点分析"三极"的异质性,其所含城市群及主要城市如表 1.2 所示。

---

① 依据推动长江经济带发展领导小组办公室和《长江经济带发展规划纲要》的划分标准,同时鉴于研究数据的可得性,本书剔除了毕节、铜仁、丽江、普洱、临沧 5 个地级市。本书最终选择了表中长江经济带共 105 个地级及以上城市作为研究对象。

表 1.2　长江经济带"三极"及主要城市①

三极	主要城市
长江三角洲城市群 （26 市）	上海、南京、无锡、常州、苏州、南通、盐城、扬州、镇江、泰州、杭州、宁波、嘉兴、湖州、绍兴、金华、舟山、台州、合肥、芜湖、马鞍山、铜陵、安庆、滁州、池州、宣城
长江中游城市群 （31 市）	武汉、黄石、鄂州、黄冈、孝感、咸宁、仙桃、潜江、天门、襄阳、宜昌、荆州、荆门、长沙、株洲、湘潭、岳阳、益阳、常德、衡阳、娄底、南昌、九江、景德镇、鹰潭、新余、宜春、萍乡、上饶、抚州、吉安
成渝城市群 （16 市）	重庆、成都、自贡、泸州、德阳、绵阳、遂宁、内江、乐山、南充、眉山、宜宾、广安、达州、雅安、资阳

1.2.2　外商直接投资

目前，国际上对于外商直接投资（Foreign Direct Investment，FDI）的定义不尽相同，其中被广泛认可的为国际货币基金组织（IMF）和经济合作与发展组织（OECD）的定义。国际货币基金组织（IMF）认为外商直接投资（FDI）反映的是某个经济体中的投资者在国外其他经济体的持久利益，于是从这一长期关系的角度对外商直接投资（FDI）进行了定义，即"居住在某个经济体中的企业（母公司或投资者）对居住在其他经济体的实体（子公司、国外分支机构或直接投资企业）进行管理控制的投资"。经济合作与发展组织（OECD）认为，外商直接投资（FDI）就是"一个经济体中常住实体（直接投资者）的国际投资活动，这种投资活动的表现形式为在母国外的经济体中建立企业，目标为获取永久性的利益"。获取永久性利益的目标意味着直接投资者与国外企业间存在长期关系，且前者会对后者的管理和经营产生重大影响。

与此同时，国内对外商直接投资的概念界定和内涵阐释也可谓百花齐放，主要表现为国内学术界对外商直接投资的理解和定义还存在一定分歧。一方面，国内学者普遍将外商直接投资划分为狭义的外商直接投资和广义的外商直接投资，前者仅指外商对中国的直接投资，而后者除了外商对中国的直接投资，还包括中国对外的直接投资。在此基础上，我们可进一步将外商直接投资定义为国际的企业合作，这种合作既包括对国外合作

---

① 根据国务院发布的《关于依托黄金水道推动长江经济带发展的指导意见》中城市群的标准进行划分。

者的所有权控制、有效管理决策权和重大股权等方面，也包括对其提供有形的物资供应、无形资产等其他广泛、非股权形式的合作。另一方面，也有学者将外商直接投资定义为一国或地区的投资者（法人或自然人）跨境投入生产要素（资本、技术或其他生产要素）的投资活动，且这种投资活动的核心在于控制或获得所投资企业相应的经营、管理或控制权，最终目的在于获取高额利润或稀缺生产要素。此外，少数学者对外商直接投资的定义更加简单明了，即"一个国家（地区）的投资者以获得持久的利润为目的，进而到其他国家（地区）创办或经营企业并获得经营管理权和部分产权的一种跨国投资行为"。

权威机构方面，国家统计局对中国外商直接投资企业的概念进一步作出明确的界定，即外商直接投资企业是指境外（包括港澳台）投资者所投资本占 25% 及以上比例的企业。中国将外商投资企业划分为四类，包括中外合作开发、中外合资经营企业、中外合作经营企业和外商独资企业，其中后三类企业形式通常又被称为"三资企业"。除此之外，根据不同的标准，外商直接投资又可划分为多种不同的类型。目前国内外学者的划分标准主要包括海外市场进入模式、海外市场生产模式、海外市场投资目的这三种，进而将外商直接投资相应地划分为多种类型（如表 1.3 所示）。

表 1.3　外商直接投资的多种类型及主要特征

划分标准	投资类型	主要特征
海外市场 进入模式	收购兼并型	跨境投资者通过收购兼并当地企业的方式，以获得所投资企业的部分或全部所有权
	绿地投资型 （创建投资型）	跨境投资者在当地开办全新企业，包括外商独资企业和合资企业（外商与当地投资主体合作成立）
海外市场 生产模式	垂直型	跨境投资者为实现生产过程不同阶段的专业化，将部分生产过程置于当地，与出口体现为互补关系
	水平型	跨境投资者将整个生产过程置于当地，并将最终产品也投放至当地市场
	混合型	垂直型和水平型的有机结合，同时兼具二者的特征

表1.3(续)

划分标准	投资类型	主要特征
海外市场 投资目的	市场导向型	跨境投资者的主要目的在于绕开当地的贸易壁垒，进而打开其产品市场
	效率导向型	跨境投资者的主要目的在于利用当地相对低廉的生产成本，并将产品主要销售给其他企业
	资源导向型	跨境投资者的主要目的在于利用某些自己比较稀缺，但在当地丰富且价格低廉的生产资料
	战略资产 导向型	跨境投资者基于长远战略，通过兼并收购等方式来获取当地特殊技术或资产

综上所述，由于国内外相关组织和学者的研究是基于不同的出发点和视角，所以其对外商直接投资的概念界定和分类也各有不同。但我们对外商直接投资概念的界定，必然离不开国家（地区）间所发生的相互投资活动，即国际投资活动。从形式上我们可将其划分为直接投资和间接投资。因此，诸如国际直接投资、外国直接投资、对外直接投资等类似的概念也比较常见，但从这些概念的本质上来看，其所阐述的含义与外商直接投资是大致相同的。就中国而言，吸收所利用的国际直接投资不仅包括外国直接投资，也包括中国境外的港澳台地区以及相关国际地区的直接投资。基于此，我们通常用"外商直接投资"这一概念来表示中国所吸收利用的国际直接投资，这比运用"外国直接投资"的概念更加准确和合适。

已有研究从不同的出发点和多个视角对外商直接投资的概念进行了界定，对本书具有重要的参考和借鉴价值，外商直接投资不仅涉及投资主体和投资对象，还涉及投资主体和对象的所属国家（地区）、投资形式和投资目的等多个方面。在借鉴国内外已有研究的基础上，结合研究目的，本书将外商直接投资定义为：全球其他国家（地区）和中国港澳台地区的法人（企业、经济组织）或自然人在遵循中国内地（大陆）相关法律法规的前提下，通过在中国内地（大陆）境内开办外商独资企业或联合开办中外合资企业、合作经营企业以及合作开发资源等形式，以获得利润、稀缺生产要素以及企业经营管理权等为目标的国际投资活动，因此本书研究的外商直接投资是流入的概念。

1.2.3 外商直接投资的经济增长效应

外商直接投资作为资本、技术等要素的组合，可以通过多种渠道产生经济增长效应。根据本书的研究目的，本书将外商直接投资的经济增长效应分为直接效应和间接效应。直接效应表示某地区的外商直接投资对本地区经济增长的影响；间接效应表示某地区的外商直接投资对长江经济带区域内其他地区经济增长的影响，间接效应也可称为空间效应。

（1）直接效应

经济增长（Economic Growth）是经济学理论研究的核心问题。亚当·斯密（1981）在探讨劳动分工理论时，较早阐述了经济增长问题，认为经济增长是国民财富的增长，劳动分工、资本积累与技术进步是经济增长的不竭动力[①]。内生经济增长理论下，由于外商直接投资是资本存量、知识技术的综合体，所以外商直接投资的进入将对当地经济增长产生直接影响。

首先，外商直接投资的进入加速了地区资本积累。钱纳里的"双缺口"理论解释了经济欠发达国家或地区引进外资的必要性。外资进入填补了储蓄与外汇存在的缺口，储蓄进一步通过金融市场转化成国内投资作用于生产，从而促进地区经济增长。其次，外商直接投资进入能促进技术向地区企业转移。已有文献研究表明，外资技术转移能促进内资经济质量提高（沈坤荣、傅元海，2010）[②]，同时，技术转移对制造业绿色创新也会产生显著的正向影响（隋俊 等，2015）[③]。外资技术转移渠道主要包括两方面：一是依托内部交易机制，通过向地区设立的子公司转移母国的机械设备、知识存量，达到提升企业生产率的效果，进而促进地区经济增长；二是借助合作模式，通过技术援助、技术出售等方式对当地企业产生技术转移，优化当地企业资源配置效率，促进经济增长。最后，外商直接投资通过技术溢出对当地经济增长产生直接影响。在开放经济条件下，地区的技术进步与经济增长不仅仅取决于当地研发投入，其他国家也可以通过外商

[①] 亚当·斯密. 国民财富的性质和原因研究 [M]. 郭大力，等，译. 北京：商务印书馆，1981.

[②] 沈坤荣，傅元海. 外资技术转移与内资经济增长质量：基于中国区域面板数据的检验 [J]. 中国工业经济，2010（11）5-15.

[③] 隋俊，毕克新，杨朝均，等. 制造业绿色创新系统创新绩效影响因素：基于跨国公司技术转移视角的研究 [J]. 科学学研究，2015，33（3）：440-448.

直接投资对当地技术进步产生直接影响。

因此，本书研究的外商直接投资对经济增长的直接效应可以定义为：外商直接投资的进入对当地经济增长产生的直接影响，即外商直接投资通过加速地区资本积累、向当地进行技术转移以及对当地产生技术溢出等渠道对当地经济增长形成直接影响，也称为外商直接投资对经济增长的直接效应。

（2）空间效应

地理学第一定律指出任何事物间都是相互关联的，空间单元上的距离越短越有可能在空间上产生密切关联（Anselin，1988）①。空间的本质是"距离"，由于任何事物都是相关联的，因此经济主体间存在不同程度的关联，这种关联程度也叫经济主体间的空间效应。当前，新经济地理学对空间效应的运用较为广泛。20世纪90年代，克鲁格曼等基于迪克西特-斯蒂格利茨模型（D-S垄断竞争模型），通过引入空间因素系统阐述了规模经济收益递增和不完全竞争现象，这标志着新经济地理学时代的开启。新经济地理学中的空间效应侧重研究距离对成本的影响，强调经济活动的空间布局在区域之间的对比关系和效应的异质性。因此，空间效应可以分为空间依赖性和空间异质性。空间依赖性（又称为空间相关性）主要指空间个体之间存在的相互依赖、相互作用的关系。引起空间依赖性的因素较多，但主要是资源要素在空间上的流动以及技术溢出。空间异质性指空间上的活动造成地理单元之间存在中心和外围地区、发达地区和落后地区等非均质的经济地理结构现象。

在新经济地理学理论中，临近区域经济活动的外部性被称为空间溢出效应。已有研究认为溢出效应是指某个经济主体在进行某项活动时，不仅会产生活动所预期的效果，而且会对其他经济主体产生预期外的影响，即某项活动具有外部性。溢出效应大致有"知识溢出""技术溢出"等几种形式，是影响区域合作的重要内在力量。空间溢出效应则是在地理空间中来探讨这种影响，即某个地区的某项活动，不仅会对本地区产生预期影响，而且会对其他地区产生相应的影响。新经济地理学理论指出，经济活动在空间上的集聚和扩散能够加强外生性对经济活动的影响，而这种外生性影响又可以分为正外生性和负外生性，因此空间溢出效应也存在正效应和负效应。

---

① ANSELIN, LUC. Spatial Econometrics：Methods and Models［M］. Dordrecht，Boston：Kluwer Academic Publishers，1988.

本书所要研究的外商直接投资对经济增长的空间效应可以定义为：外商直接投资对经济增长作用过程中在地理空间范围上所产生的空间效应，即长江经济带内某地区的外商直接投资不仅会影响本地经济增长，也会影响长江经济带区域内其他地区经济的增长，这也可以称为外商直接投资对长江经济带区域内其他地区经济增长的空间溢出效应。

1.3 研究内容与方法

1.3.1 研究内容

本书旨在研究长江经济带外商直接投资与区域经济增长的关系，在结合外商投资理论、区域经济相关理论与新经济地理学理论的基础上，运用相关计量分析方法进行实证研究，并给出相关政策建议。全书共有八章，各个部分的主要研究内容如下：

第一章：绪论。本章主要内容包括全文的研究背景、研究意义、相关概念界定、研究内容、研究方法、技术路线以及可能存在的创新点。

第二章：理论基础与文献综述。本章理论基础所包括的内容主要有外商投资的相关理论、区域经济的相关理论以及新经济地理学理论。文献综述部分主要梳理了外商直接投资的区位选择及影响、外商直接投资对经济增长的直接影响、外商直接投资对经济增长的空间效应、外商直接投资对经济增长的影响机制等国内外相关文献，并对其进行评述。

第三章：外商直接投资的经济增长效应的理论分析。本章首先分析了外商直接投资对经济增长的直接效应。其次，基于霍伊特模型的扩展构建了外商直接投资对长江经济带区域内经济增长的空间效应模型，并从空间竞争效应、空间关联效应、制度溢出效应以及极化扩散效应四个层面，分析外商直接投资对长江经济带区域经济增长的空间效应的内在机理。最后，构建"外商直接投资—城市化—区域经济增长"和"外商直接投资—产业结构升级—区域经济增长"两种传导路径，通过归纳演绎探讨外商直接投资对经济增长的影响机制。

第四章：长江经济带外商直接投资与经济增长的现状分析。本章首先对长江经济带对外开放的发展历程进行了梳理，并对其进行阶段划分。其次，为了解长江经济带外商直接投资的现状与特征，分别对长江经济带实际利用外资的总体规模、区域差异和来源地分布、投资方式、行业分布等特征进行描述性统计分析。最后，为了解长江经济带经济增长的现状，分别对长江经济带经济增长的总体趋势、经济结构及其空间分布特征进行分析。

第五章：长江经济带外商直接投资的经济增长效应——基于空间杜宾模型的实证分析。本章首先利用1997—2018年长江经济带105个地级及以上城市的面板数据，构建了普通面板模型和空间面板模型，并分别从总体性和时间异质性实证检验外商直接投资对长江经济带经济增长的影响。其次，基于长江经济带三大城市群的异质性，分别对长三角城市群、长江中游城市群和成渝城市群外商直接投资的经济增长效应进行对比分析。

第六章：长江经济带外商直接投资对经济增长影响的城市化机制实证分析。本章在结合前文长江经济带外商直接投资对城市化影响理论以及城市化对区域经济增长影响理论的基础上，首先，检验不考虑空间因素的外商直接投资对经济增长影响的城市化机制；其次，将空间因素纳入其中，通过构建空间面板模型，考察外商直接投资对城市化的空间效应，并在此基础上通过构建空间面板联立方程模型，进一步检验长江经济带外商直接投资对经济增长影响的城市化机制；最后，对长三角城市群、长江中游城市群和成渝城市群的异质性进行了对比分析。

第七章：长江经济带外商直接投资对经济增长影响的产业结构升级机制实证分析。本章基于前文的理论分析，进一步探讨了外商直接投资作用于经济增长的产业结构升级路径。首先，检验不考虑空间因素的外商直接投资对经济增长影响的产业结构升级机制；其次，将空间因素纳入其中，通过构建空间面板模型，考察外商直接投资对产业结构升级的空间效应，并在此基础上构建空间面板联立方程模型，进一步检验长江经济带外商直接投资对经济增长影响的产业结构升级机制；最后，对长江经济带三大城市群的异质性进行了对比分析。

第八章：结论、建议与展望。本章对全文的主要结论进行归纳，并在此基础上提出长江经济带应如何利用外商直接投资促进区域经济增长以及区域协调发展的政策建议，最后提出研究展望。

1.3.2　研究方法与技术路线

在研究方法的选择上，本书坚持"适用性、可行性和前沿性并重"原则。结合研究目的，本书采用规范分析与实证分析相结合、理论分析与经验分析穿插融合、定性研究与定量研究交叉应用的方法对长江经济带外商直接投资的经济增长效应进行研究。研究过程所采用的具体方法如下：

第一，文献分析法。根据研究需要，本书对相关理论进行整理，随后对本书研究领域的国内外相关文献进行梳理，以了解外商直接投资与经济增长关系的理论基础，把握学术界外商直接投资与经济增长关系的研究前沿，为后续的理论分析和实证研究提供理论基础和文献支撑。

第二，数理模型推导法。本书第三章构建了外商直接投资对经济增长直接影响的生产函数模型和外商直接投资对经济增长空间效应的霍伊特扩展模型，通过数理模型推导，阐述了外商直接投资对经济增长的直接影响、外商直接投资对经济增长的空间效应的理论机理。同时，本书运用归纳与演绎分析方法对外商直接投资对经济增长的影响机制进行理论分析，形成符合逻辑的理论体系。

第三，统计与计量分析方法。首先，本书运用了统计分析法来分析长江经济带外商直接投资与经济增长的现状与特征。本书的第四章大量采用描述性统计方法对外商直接投资和经济增长的总量特征、结构特征以及差异性进行分析。其次，本书根据研究目的运用了不同的计量经济学方法对外商直接投资的经济增长效应进行研究。本书的第五章采用普通面板数据模型以及空间杜宾模型实证分析长江经济带外商直接投资对区域经济增长的总体影响和三大城市群的异质性影响。第六章和第七章运用中介效应模型和空间面板联立方程模型，分别从长江经济带整体性和三大城市群异质性检验外商直接投资对区域经济影响的城市化和产业结构升级的作用路径。本书开展研究运用的软件主要包括 Stata，Matlab，ArcGIS，Visio，SPSS 等。

本文的技术路线如图 1.1 所示。

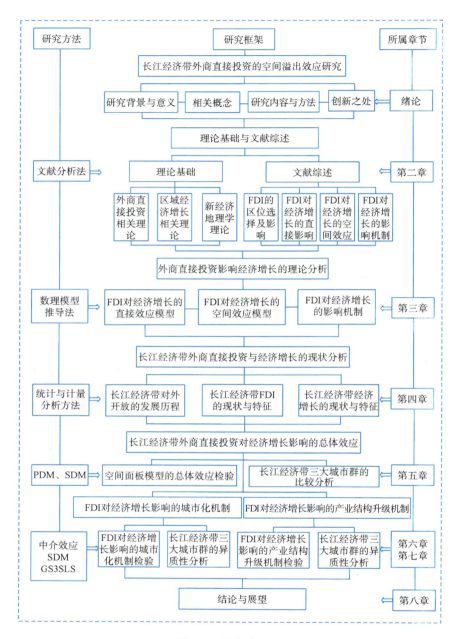

图 1.1　技术路线

1.4　可能存在的创新点

相对于已有文献的研究成果，本书主要存在以下四点可能的创新之处：

第一，构建了外商直接投资对区域经济增长的空间效应的霍伊特扩展模型，并从空间竞争效应、空间关联效应、制度溢出效应和极化扩散效应四个方面来解释外商直接投资对长江经济带经济增长的空间效应。现有文献大多聚焦于外商直接投资对经济增长的直接影响的理论分析，较少从理论层面考量外商直接投资对经济增长的空间效应。因此，本书构建的外商直接投资对经济增长的空间效应理论分析框架一定程度上拓展了外商直接投资研究的理论分析体系。

第二，建立空间面板杜宾模型实证检验了外商直接投资对长江经济带经济增长的直接效应和空间效应，同时，检验了长江经济带发展战略提出前后的时间异质性。已有考察外商直接投资的经济增长效应的研究大多建立在普通面板数据模型之上，本书所建立的空间面板杜宾模型是对当前研究的一个有益补充。本书的实证结果发现外商直接投资对长江经济带经济增长的空间溢出效应显著为负，而长江经济带发展战略的提出将有利于缓解城市间的引资竞争，引导外商直接投资对区域经济增长的空间溢出效应由负向转变为正向。本书的研究进一步丰富了既有的研究成果，也验证了长江经济带发展战略提出的有效性。

第三，探讨了外商直接投资对区域经济增长的城市化和产业结构升级的传导路径。已有文献主要从技术溢出、资本形成等方面分析外商直接投资对经济增长的传导路径，本书基于长江经济带地理单元的特殊性，从理论和实证两个层面分析外商直接投资对区域经济增长的城市化和产业结构升级影响机制，发现城市化和产业结构升级是外商直接投资对长江经济带经济增长影响的重要传导机制。本书的研究拓展了外商直接投资对区域经济增长的影响机制，也为长江经济带相关政策的制定提供了一定依据。

第四，基于长三角城市群、长江中游城市群、成渝城市群检验了外商直接投资对经济增长影响以及影响机制的异质性。研究发现，三大城市群的差异较为明显。外商直接投资对区域经济增长的空间溢出效应在长三角城市群显著为负，在成渝城市群显著为正，在长江中游城市群不显著。产业结构升级的影响机制在长三角城市群最为明显，而城市化的影响机制在成渝城市群最为明显。本书的研究为长江经济带探索以城市群为主体，通过实施差异化引资策略增强城市之间空间关联，推动区域协同发展的可行路径提供更直接、更明确的证据支撑。

2　理论基础与文献综述

　　科学研究是在前人的理论成果以及国内外实践经验的基础上，提出问题并进一步研究的过程。基于本书的研究目的，本章主要回顾外商直接投资和区域经济发展的相关理论，整理归纳国内外学者对该领域的研究成果和动态，以期为后续章节的理论和实证分析奠定相应基础。

2.1　理论基础

2.1.1　外商直接投资相关理论

（1）垄断优势理论

　　美国学者海默（1960）在研究跨国企业的外商直接投资问题时，以传统产业组织理论中的垄断理论为基础，首次提出了垄断优势理论[①]。海默指出应该以不完全竞争为条件来研究国际直接投资问题，不完全竞争是一种偏离完全竞争的市场结构。国际市场共有四种不完全形态，分别为生产要素市场不完全、规模经济市场不完全、产品市场不完全以及管理能力不完全，这几种形态在要素、规模、产品和管理方面存在差异。另外，国际市场不完全竞争的存在，又导致企业在技术、规模经济、资金以及组织管理等方面具有垄断优势，这些垄断优势是跨国企业开展外商直接投资的决定性因素。后来，海默的导师金德伯格和约翰逊等学者从多方面对垄断优势理论进行了完善与补充，这对垄断优势理论的后续发展影响深远。学者们一致认为垄断优势是跨国企业存在的根本原因，具体表现为两个方面：

［①］ HYMER S H. The International Operations of National Firm：A Study of Direct Foreign Investment［M］. Cambridge，Mass：MIT Press，1960.

一是投资者能够借助特有的优势使其在东道国的不利局面得到改变；二是买方市场的不完善能够使投资者的特定优势得到延续。正是因为这些垄断优势的存在使得外商直接投资产生了技术外溢效应。

（2）产品生命周期理论

产品生命周期理论是由美国哈佛大学教授费农（1966）首次提出的。产品的生命周期是指一种新产品从进入市场到被市场淘汰的过程。费农将产品的生命周期划分为三个阶段，包括创新阶段、成熟阶段以及标准化阶段，在不同的生命周期阶段跨国企业实施的经营战略存在差异[①]。当产品处于创新阶段时，由于市场的规模效应尚未形成，技术水平也有待提高，企业必须投入足够的资金来建立生产和销售渠道，因此创新阶段的产品主要在国内生产，同时也主要在国内销售。当产品处于成熟阶段时，随着生产技术水平的快速提高，企业在国内市场的垄断优势被不断地弱化，大量的替代品在市场出现，最终国内市场达到几乎饱和的状态。这时企业便开始转向出口进行对外直接投资，并通过降低生产成本使企业的产品具有比较优势，不断扩大出口的规模。当产品处于标准化阶段时，一方面企业对发达国家进行投资得到的利润不增反减，另一方面低廉的原材料价格和劳动力成本使得发展中国家的优势不断提高，这时企业开始转向对发展中国家进行投资。跨国企业的产品不仅可以满足东道国的市场需求，还可以销售至其他海外市场，甚至返销至母国市场。产品生命周期理论不仅解释了进行外商直接投资产生的原因，还分析了跨国企业的生产地迁徙的整个过程。

（3）内部化优势理论

内部化优势理论是以巴克莱和卡森（1976）为代表的西方学者为了建立跨国公司理论而提出的。内部化优势理论沿用了科斯的新厂商理论和市场不完全的基本假定，提出可以通过在企业内部建立市场并用企业的内部市场替代外部市场，来解决由于市场不完全而造成的供给需求交换困难的问题[②]。市场内部化与外部化相比有以下几点优势：第一，当由于信息不对称和交易成本过高使得市场无法进行正常交易时，跨国企业可以利用在

---

① VERNON R. International Investment and International Trade in the Product Cycle [J]. Quarterly Journal of Economics，1966，80：190-207.

② BUCKLEY P，CASSON M. The Future of Multinational Enterprise [M]. London：Macmillan. 1976.

东道国建立新企业或者进行跨国并购的方式，在企业的内部市场进行交易。第二，在交易条件存在不确定性的情况下，企业进行海外投资或者对东道国企业进行控股，可以缓解不确定性因素的影响，使得交易条件得到稳定和巩固。第三，有时东道国政府会对跨国企业进行税收和汇率等外部干预，会给跨国企业带来损害，而在企业内部进行交易可以使这些损失减少。第四，市场内部化交易可以将利益最大化视为基本原则，设定哪怕是偏离市场的价格，由此来转移利润或者进行合理的避税。内部化优势理论认为跨国企业进行外商直接投资的核心因素是特定的知识和技术，跨国企业可以利用知识和产品方面的内部化将资金集中用于研发新产品，尽可能地产生更多的溢出。

（4）国际生产折衷理论

英国学者邓宁（1977）在垄断优势理论、内部化优势理论以及区位理论的基础上，率先创建了国际生产折衷理论[①]。这一理论的主要特点是用比较折中的方法来研究跨国企业参与国际经济活动时的行为。该理论提出跨国企业展开外商直接投资之前必须具有以下三种优势：一是所有权优势，是指其他企业没有而跨国企业特有的优势，包括技术优势、企业规模以及组织管理能力等。二是内部化优势，是指企业为了避免不完全市场带来的影响，将其拥有的资产内部化从而使得企业具有一定的优势。三是区位优势，是指东道国在投资环境方面具备的优势，包括劳动力成本、市场潜力和贸易壁垒等。国际生产折衷理论吸收了各种理论的精华，为跨国企业全面决策提供了理论依据。

（5）小岛清比较优势理论

小岛清比较优势理论是由日本学者小岛清（1978）率先提出的，小岛清认为把在国内失去优势的企业转移到国外，并在国内集中发展具有比较优势的产业，是日本对外投资成功的根本原因[②]。外商直接投资应该从本国已经处于或者趋于比较劣势，但在东道国仍具有比较优势的产业依次进行，使投资双方都可以得到益处。对投资国而言，其将已经失去比较优势的企业转移至国外，能使本国将精力和财力集中于发展优势产业，有利于

---

① DUNNING J H. Trade, Location of Economic Activity and the Multinational Enterprise：a Search for an Eclectic Approach ［M］. New York：Holmes&Meier，1977.

② KOJIMA K. Direct Foreign Investment：A Model of Multinational Business Operations ［J］. Croom Helm，London，1978：126-135.

其进行产业结构调整，使企业得到更多的收益。对东道国而言，其具有丰富的资源，并且劳动力成本低廉，跨国企业能够带来先进技术以及管理经验，使东道国的比较优势得到充分利用，促进当地经济发展水平的提高。

总体而言，外商直接投资相关理论为本书研究长江经济带外商直接投资提供了理论借鉴。垄断优势理论、产品生命周期理论、内部化优势理论、国际生产折衷理论和比较优势理论为解释长江经济带外商直接投资涌入提供了理论依据，也阐述了外商直接投资对长江经济带经济增长产生影响的相关路径。

2.1.2　区域经济增长相关理论

（1）区域非均衡发展理论

①循环累积因果理论。循环累积因果理论是由瑞典经济学家缪尔达尔（1957）率先提出的，后来由卡尔多和迪克逊等学者扩展为模型。缪尔达尔等提出，在社会的不断运行中，社会经济的各种因素之间具有循环累积的因果关系[①]。当某一个社会经济因素发生变化时，另外一个社会经济因素也会发生变化，而后来变化的因素又会使前面那个因素的变化得到加强，并且会导致社会经济沿着最初变化的那个因素的方向运行，最终形成累积性的循环发展趋势。经济循环的累积效应可分为回流效应和扩散效应。回流效应是指落后地区的资金和劳动力等不断向发达地区流动，从而导致落后地区的生产要素不断减少，使其发展更加缓慢；扩散效应是指发达地区的资金和劳动力等向落后地区流动，使落后地区的经济发展水平得到提高，与发达地区之间的发展差距缩小。循环累积因果理论提出，经济的发展总是从条件较好的地区开始，初始发展优势的存在使得这些地区的发展比其他地区迅速，这些超前发展的区域就通过累积因果，不断地积累有利的因素继续超前发展，最终与发展落后的地区之间发生空间相互作用。

②增长极理论。增长极理论是由法国经济学家佩鲁（1950）率先提出的，佩鲁认为如果把发生支配效应的经济空间当作力场，我们就可以将这个力场中的推进性单元称为增长极[②]。增长极是围绕推进性的主导工业部

---

① MYRDAL G. Economic theory and under developed regions [M]. London：Duckworth，1957.

② PERROUX F. Economic space：theory and applications [J]. The Quarterly Journal of Economics，1950，64（1）：89-104.

门而产生的一组高度联合的产业，它不但增长迅速，还能够通过乘数效应促进其他部门的增长。后来在布代维尔、弗里德曼和缪尔达尔等经济学家的不断丰富和扩展下，增长极理论成为经济区域观念的基石。增长极理论的主要观点是，区域的经济增长主要依赖于少数条件比较好的地区和产业的带动，因此各国应该重点发展这些条件较好的地区和产业，使其成为增长极。打造增长极必须具备以下几个条件：一是发展成增长极的区域需存在有创新能力的企业群体；二是必须存在规模经济效应，即发展成增长极的地区的资本、人才和技术必须有相当的规模；三是要具备适合经济与人才创新发展的外部环境，包括便捷的交通、完善的基础设施、适宜的经济政策以及人才引进与培养方案等。

③不平衡增长理论。德国经济学家赫希曼（1958）从应该充分利用稀缺资源的认识出发，提出了不平衡增长理论。赫希曼认为，发展道路是一条从主导部门通向其他部门的"不均衡的链条"，应该选择有战略意义的部门进行投资，优先投资社会成本低并且外部经济好的项目，从而促进整个经济的发展[①]。对于投资额大并且建设周期长的社会基础设施，由于其对私人资本缺乏吸引力，因此一般由政府来担负这类投资。不平衡增长理论提出，由于不同地区发展同一产业的投入产出效果存在差异，在资源有限的情况下，不可能对所有部门进行大规模的投资，所以各国应该采取重点开发的方式提高资源配置效率，将有限的资本集中起来优先发展某些具有带动作用的部门，然后通过其外部经济带动其他部门的发展，以此来缓解资本不足的问题。

（2）区域经济协调发展理论

①区域相互依赖理论。区域相互依赖理论是由中国区域经济学家刘再兴先生归纳提出的，这一理论是指不同国家和区域的经济发展是相互依存和相互制约的，而非彼此孤立的。一些西方学者也对第二次世界大战后的区域一体化的相互依赖关系进行了研究，布鲁克菲尔德（1975）指出，发达国家与不发达国家的经济发展相互依赖，不发达国家的经济发展依赖于发达国家的资源和资本，而发达国家的经济发展也依赖于不发达国家的资

---

① HIRSCHMAN A O. Strategy of Economic Development ［M］. New Haven：Yale University press，1958.

源、劳动力和市场①。在世界范围内，如果各国不相互依赖，那么经济和社会就难以发展。各国可以结合区域相互依赖理论，采用适宜的方法来干预区域之间相互依赖的内容和程度，进而充分发挥相互依赖产生的积极效应，使得区域经济发展之间的差距得到缩小，最终促进区域经济协调发展。

②区域分工理论。区域分工是指一国内的各区域充分发挥自身的区域优势，实行专门化生产并进行区际交换。这使得专门化部门生产的产品价值得到实现，并且满足不能生产该产品的区域的需求，从而提高整个区域的总体效益。区域分工理论主要包括以下几种重要理论：一是亚当·斯密提出的绝对成本理论，该理论认为如果每个国家都按照各自绝对有利的生产条件进行专业化生产，然后彼此进行交换，将使各国的利益都得到增加。二是大卫·李嘉图的比较优势理论，该理论提出每个国家都应该集中生产并出口具有比较优势的产品，进口具有比较劣势的产品。三是约翰·穆勒的相互需求理论，该理论从需求和交换比率两个方面丰富了李嘉图的比较优势理论。四是赫克歇尔-俄林的资源禀赋理论，该理论提出要素禀赋差异是产生比较优势的根本原因。五是苏联经济地理学家巴朗斯基提出的地理分工理论，该理论认为地理分工是社会分工的空间形式，并将地理分工分为绝对的地理分工和相对的地理分工。区域分工理论有助于区域间的分工协作，使得整个区域的竞争实力得到提高，也对区域经济的协调发展起到促进作用。

③空间相互作用理论。空间相互作用理论是由海格特提出的。空间相互作用是指区域之间所进行的物质、人员、能量与信息等相互交换的过程，正是这种作用，将空间上相互分离的区域结合为具有一定结构与功能的有机整体。空间相互作用的产生要满足三个条件：一是互补性，即两区域中的一个能提供某种产品，而另一个又恰巧对这种产品有需求；二是中介机会，当某种货物在两个区域之间运输时，介入了另一个能够提供和消费这种货物的区域，此时就产生了中介机会；三是可运输性，距离是影响货物和人口移动的关键因素，距离越长，产生相互作用的阻力就越大。空间相互作用理论确立了区域之间经济联系的方向，能够促进区域经济协调发展。

---

① BROOKFIELD H. Interdependent development [M]. London：University of Pittsburgh Press，1975.

总体而言，区域非均衡发展理论为本书解释长江经济带外商直接投资以及经济增长存在区域差异提供了理论依据，同时，本书基于区域非均衡发展理论，重点研究了长江经济带三大城市群的异质性。在政策建议部分，本书以区域经济协调发展理论为依据，提出了实现长江经济带经济增长以及区域经济协调发展的政策建议。

2.1.3　新经济地理学理论

新经济地理学理论诞生之前，传统经济理论将地区禀赋、地理环境等"第一性"因素视作经济活动空间分布差异的根源，而比较优势理论又无法解释现实中一些地区产业分布存在差异但"第一性"因素却接近或相同的现象。面对这一问题，新经济地理学在肯定地区禀赋、地理环境等"第一性"因素对经济活动空间分布产生影响的基础上，认为循环累积因果效应及其带来的集聚优势，即"第二性"优势才是经济活动空间分布不均的根本所在。

新经济地理学的思想雏形源于本地市场效应。随着世界经济全球化与区域一体化的发展，运用忽视空间因素的传统经济学来研究现有的经济问题，已经难以得到理想的答案。基于此，20 世纪 80 年代以克鲁格曼为代表的主流派经济学家又重新审视了空间因素，以全新的视角，将以空间经济现象作为研究对象的区域经济学、城市经济学等传统经济学科统一起来，形成了新经济地理学理论①。与假定完全竞争和报酬不变的传统经济学理论不同的是，新经济地理学理论以不完全竞争与报酬递增为前提，在考虑运输成本与地理空间距离的基础上，主要研究经济活动的空间集聚和扩散问题。新经济地理学认为外部规模经济和运输成本的相互作用是区域产业集聚以及区域"中心—边缘"形成的最本质的推动力量，空间位置上的相互邻近节约了经济活动成本，当邻近地区的交易成本比分割市场上的交易成本小时，这两个邻近区域的很有可能会发生产业集聚。新经济地理学强调国际经济学与空间及运输成本的关联，重视模型分析在新经济地理学理论中的应用，通过构建一系列空间经济模型，为诠释经济集聚的向心力和离心力的相互作用提供强有力的理论支撑。

---

① KRUGMAN P. Increasing returns and economic geography [J]. Journal of Political Economy, 1991, 99 (3): 483-499.

（1）冰山运输成本

1952 年萨缪尔森提出了"冰山运输成本"，其将产品在地区间流动产生的运输成本视为"冰山"，即从产品生产地流动至消费地期间，把运输成本视为产品在流动过程中的"融化"部分，也就是产品在流动过程中的损耗[①]。"冰山运输成本"的提出为 D-S 一般均衡分析将运输成本纳入数理分析框架创造了条件。其数学表达为：假设从 A 地运输一单位产品到 B 地，在运输过程中，部分产品被"融化"了，因此产品中仅有 $\tau(\tau < 1)$ 的份额抵达了 B 地，"融化"了的部分表示贸易运输成本。当市场均衡的时候有 $P_B = P_A / \tau$，其中，P_A 表示消费地 B 的产品价格，P_A 表示生产地 A 的产品价格。从式中可以看出，运输成本成为消费者要承担的交易费用。

克鲁格曼将"冰山运输成本"引入到国际贸易研究，并对其进行修正，使之能如实反映运输成本与地理距离的空间特性[②]。修正后的数学表达式为：$V_d = e^{-\tau d}$，式中 V_d 表示一单位产品到达消费地 B 的最终数量，d 表示运输空间距离，τ 表示"冰山运输成本"的融化参数。在此后的研究中，"冰山运输成本"逐渐运用到新经济地理学中，并成为重要的理论基础。

（2）中心—外围模型

新经济地理学的核心模型就是中心—外围模型，该模型的主要内容为"两种力"与"三种效应"[③]。"两种力"代表向心力和离心力，若导致集聚的向心力大于趋于分散的离心力，就会产生"中心—外围"格局；"三种效应"代表本地市场效应、价格指数效应、市场拥挤效应。集聚力主要由本地市场效应和价格指数效应推动形成，而分散力则是由市场拥挤效应推动形成。

中心—外围模型的数学表达为：假定经济系统中只存在生产单一同质产品且具有完全竞争的农业部门，以及生产差异化产品且具有垄断竞争与规模保持递增的制造业部门，地区间的贸易运输成本为"冰山运输成本"，制造业部门存在"冰山成本"，而农业部门无运输成本，两部门仅使用一种资源，农业部门中劳动力在两个地区均匀分布，制造业中的劳动力可以

① SAMUELSON, PAUL A. The Transfer Problem and Transport Costs: The Terms of Trade When Impediments are Absent [J]. The Economic Journal, 1952, 62 (246): 278-304.

② KRUGMAN P. Scale economies, product differentiation, and the pattern of trade [J]. The American Economic Review, 1980, 70 (5): 950-959.

③ 藤田昌久，克鲁格曼，维纳布尔斯. 空间经济学：城市、区域与国际贸易 [M]. 梁琦，译. 北京：中国人民大学出版社，2005.

在两个地区自由流动。基于上述假定，学者们结合短期和长期均衡条件，通过数理模型推导出中心—外围模型结论。中心—外围模型的建模思路也是新经济地理学中诸多模型的基础。

新经济地理学主要研究经济活动的空间集聚和扩散问题。而本书主要从空间视角研究了长江经济带外商直接投资的空间集聚和扩散对长江经济带经济增长的空间效应。因此，新经济学理论地理为本书理论分析和实证研究提供了一定依据。

2.2 文献综述

2.2.1 外商直接投资的区位选择及影响研究

（1）外商直接投资区位选择的研究

Dunning（1973）率先采用区位分析方法研究外商直接投资，并将区位优势作为外商直接投资区位选择的重要因素，后来他将外商直接投资的区位因素细分为成本、市场、环境和贸易壁垒。

学者们又以 Dunning 的研究为基础，对外商直接投资的区位选择进行了大量研究。Hill et al.（1990）研究发现外商直接投资的区位选择与政策环境、文化差异以及投资风险等因素密切相关[1]。Tatoglu 和 Glaister（1998）以 98 家公司为调查对象，研究跨国企业在土耳其进行投资的主要因素，发现外商直接投资与东道国的经济稳定程度、基础设施以及对外开放政策密切相关[2]。Blanc-Brude et al.（2014）通过分析地理距离、经济距离以及行政距离对跨国企业进行外商直接投资的区位选择的影响，发现经济距离对外商直接投资区位选择的影响最大，地理距离次之，行政距离最弱[3]。杨尚君（2014）选取中国 30 个省份的面板数据分析影响外商直接投

---

① HILL C, HWANG P, KIM W. An Eclectic Theory of the Choice of International Entry Mode [J]. Strategic Management Journal, 1990, 11: 117–128.

② EKREM TATOGLU, KEITH W GLAISTER. An analysis of motives for western FDI in Turkey [J]. International Business Review, 1998, 7 (2): 203–230.

③ FRÉDÉRIC BLANC-BRUDE, GRAHAM COOKSON, JENIFER PIESSE, ROGER STRANGE. The FDI location decision: Distance and the effects of spatial dependence [J]. International Business Review, 2014, 23 (4): 797–810.

资区位选择的因素，发现基础设施建设、人力资本、市场潜力以及对外开放程度等因素都有利于外商直接投资的流入，而金融发展水平的提高会导致外商直接投资流出[①]。王立平和吴瑶（2018）引入空间极值边界分析模型研究中国外商直接投资的区位选择问题，发现中国对外商直接投资的吸引已经开始由成本导向型向市场导向型和技术导向型转变，科技创新能力、基础设施建设以及人力资本等是吸引外商直接投资的重要因素[②]。

也有学者进一步专门从某个视角来分析外商直接投资区位选择的机制和驱动因素。郭建万（2009）通过研究聚集经济和环境管制下外商直接投资的区位选择问题，发现不考虑聚集经济时，中国在一定程度上存在"污染避难所"现象，当考虑到聚集经济时，环境管制的加强能够促进外商直接的流入[③]。张彦博等（2010）运用产量竞争模型研究成本因素对外商直接投资区位选择的影响，发现外商直接投资区位成本越低的地区对外资的吸引能力越强，而区位成本的增加会使得对成本变化敏感的企业撤资[④]。邓玉萍和许和连（2013）发现在财政分权体制下，外商直接投资的区位选择受地方政府间策略性竞争行为的显著影响，本辖区财政分权水平的提高会促进外商直接投资的流入，而邻近辖区财政分权水平的提高则会导致本地外商直接投资的流出[⑤]。张鹏杨等（2016）基于成本视角研究环境管制与环境效率对外商直接投资流向的影响，结果得出加强环境管制会增加外资企业的环境成本，直接导致外商直接投资的流出；而提高环境效率能够使非期望产出减少，进而降低跨国企业的环境成本，间接促进外商直接投资的流入[⑥]。袁晓玲和吕文凯（2019）运用系统矩估计和空间杜宾模型，研究地方政府的引资竞争手段对外商直接投资区位选择的影响，实证结果

①　杨尚君. 区域金融发展抑制了 FDI 流入吗：来自中国省际动态面板数据的证据 [J]. 金融与经济，2014（6）：14-20.

②　王立平，吴瑶. 时空视角下 FDI 区位选择的差异研究：来自省际空间面板数据 EBA 模型的经验证据 [J]. 金融与经济，2018（10）62-67.

③　郭建万，陶锋. 集聚经济、环境规制与外商直接投资区位选择：基于新经济地理学视角的分析 [J]. 产业经济研究，2009（4）：29-37.

④　张彦博，郭亚军，曲洪敏. 成本视角下 FDI 的区位选择与产业转移 [J]. 东北大学学报（自然科学版），2010，31（2）：293-296.

⑤　邓玉萍，许和连. 外商直接投资、地方政府竞争与环境污染：基于财政分权视角的经验研究 [J]. 中国人口·资源与环境，2013，23（7）：155-163.

⑥　张鹏杨，李惠茹，林发勤. 环境管制、环境效率与 FDI：基于成本视角分析 [J]. 国际贸易问题，2016（4）：117-128.

得出：地方政府的行政效率与引资优惠政策都对外商直接投资区位选择有显著影响，并且行政效率对外商直接投资区位选择的影响比引资优惠政策更加显著①。

（2）外商直接投资对区域的影响研究

学者们对区域外商直接投资效应进行了大量研究，发现外商直接投资对经济和社会发展产生重要影响。一方面，引进外商直接投资能够促进东道国产业结构升级、增加就业、提高自主创新能力；另一方面，引进外商直接投资也存在挤占东道国其他企业的市场份额、环境污染、区域差距加大等问题。

关于区域外商直接投资正向效应的研究。初善冰和黄安平（2012）用DEA方法计算"区域生态效率"并建立面板数据 Tobit 模型，研究外商直接投资对区域生态效率的影响，结果表明引进外商直接投资能够显著提高区域生态效率②。张少为等（2012）通过对外商直接投资的就业效应以及影响机理进行研究，发现引进外商直接投资能够增加东道国的就业机会③。Sipikal 和 Bucek（2013）通过研究外商直接投资对斯洛伐克汽车行业的影响，得出外商直接投资存在知识溢出效应，提高了斯洛伐克汽车行业的自主创新能力④。张宇和蒋殿春（2013）通过研究外商直接投资于环境监管对中国能源消耗的影响，发现引进外商直接投资不仅没有使中国的产业结构向高能耗行业转移，还提高了中国的节能技术水平，强化了当地的环境监管作用⑤。葛顺奇等（2016）选用 2007 年中国流动人口调查数据以及工业企业数据，研究外商直接投资在中国减贫进程中的作用，发现总体上外商直接投资使中国居民的生活水平得到提高⑥。吕雁琴和赵斌（2020）通

① 袁晓玲，吕文凯. 从"资源引致"向"效率引致"：基于政府效率、引资优惠及溢出效应对 FDI 的影响分析［J］. 现代经济探讨，2019（7）：10-18.

② 初善冰，黄安平. 外商直接投资对区域生态效率的影响：基于中国省际面板数据的检验［J］. 国际贸易问题，2012（11）128-144.

③ 张少为，王晨佳，吴振磊. 外商直接投资就业效应的经济学分析［J］. 西安交通大学学报（社会科学版），2012，32（4）：46-49.

④ SIPIKAL M，BUCEK M. The role of FDI in regional innovation：Evidence from the automotive industry in western slovakia［J］. Regional Science Policy&Practice，2013，5（4）：475-490.

⑤ 张宇，蒋殿春. FDI、政府监管与中国水污染：基于产业结构与技术进步分解指标的实证检验［J］. 经济学（季刊），2014，13（2）：491-514.

⑥ 葛顺奇，刘晨，罗伟. 外商直接投资的减贫效应：基于流动人口的微观分析［J］. 国际贸易问题，2016（1）：82-92.

过建立静态面板与门限面板模型研究外商直接投资与区域创新对中国城市化发展的作用，实证结果发现外商直接投资与区域创新均对中国的城市化进程具有推动作用①。肖琬君等（2020）通过研究外商直接投资对中国城市产业结构升级的作用效果，发现引进外商直接投资会使当地的低技术产业向高技术产业转移，对产业结构升级有显著的促进作用②。

关于区域外商直接投资负向效应的研究。魏后凯（2002）选取 1985—1999 年的省际面板数据对外商直接投资对中国区域经济增长的影响进行实证研究，发现中国东西部地区之间 GDP 增长率的差异，约 90% 是引进外商直接投资造成的，外商直接投资加剧了中国的区域差异程度③。张瑜和王岳龙（2010）选取中国 1994—2008 年的省级面板数据分析外商直接投资的溢出效应，研究表明引进外商直接投资会挤占当地其他企业的市场份额，形成负向的竞争效应，总体来说不利于中国的经济发展④。加西亚等人（2013）选取西班牙 1990—2002 年近 2 000 家制造公司的数据，研究外国直接投资与东道国公司的创新绩效之间的关系，发现外国直接投资的流入不利于西班牙本地公司的创新发展⑤。张宇和蒋殿春（2014）以水污染为切入点建立污染强度指标，研究外商直接投资和政府监管对水污染的作用，结果得出：外商直接投资的流入会使产业结构向污染性行业转移，加强政府对本地环境的监管，而使得其他地区环境监管恶化，总体上会对中国的环境状况产生负面影响[31]。罗伟等（2018）利用中国制造业企业数据研究外商直接投资对劳动力工资的溢出和关联效应，发现外商直接投资对制造业企业工资具有显著的负向作用⑥。

① 吕雁琴，赵斌. 外商直接投资、区域创新与城市化发展研究：基于政府与市场双重视角 [J]. 技术经济，2020，39（1）：149-155.

② 肖琬君，冼国明，杨芸. 外资进入与产业结构升级：来自中国城市层面的经验证据 [J]. 世界经济研究，2020（3）：33-45，135-136.

③ 魏后凯. 外商直接投资对中国区域经济增长的影响 [J]. 经济研究，2002（4）：19-26，92-93.

④ 张瑜，王岳龙. 外商直接投资、溢出效应与内生经济增长：基于动态面板与中国省际面板数据的经验分析 [J]. 经济与管理研究，2010（3）：112-117.

⑤ FRANCISCO GARCIA, BYUNGCHAE JIN, ROBERT SALOMON. Does inward foreign direct investment improve the innovative performance of local firms? [J]. Research Policy, 2013, 42（1）：231-244.

⑥ 罗伟，刘晨，葛顺奇. 外商直接投资的工资溢出和关联效应研究 [J]. 世界经济，2018，41（5）：147-172.

2.2.2 外商直接投资对经济增长的直接影响研究

（1）外商直接投资对经济增长直接影响的理论研究

经济学家们在很早以前就认识到外商直接投资对经济增长的重要作用。20 世纪 40 年代后期，英国经济学家哈罗德以动态模型为基础模型进行研究，结果发现在一个国家的内部储蓄不充分的时候，外来资本的流入能够提高该国的经济发展水平。基于此，在研究外商直接投资对东道国经济增长作用的初期，大部分研究都把外商直接投资对东道国资本积累的影响作为研究基础。

20 世纪 60 年代，美国经济学家钱纳里构建了用来研究发展中国家储蓄小于投资以及出口小于进口的"双缺口"模型，他指出要发展经济必须正确处理储蓄和投资、出口和进口的关系。而外资的引入能够刺激储蓄，提高出口水平，进而推动国民经济的增长。后来，巴拉萨与麦金农又提出了外汇缺口理论，他们认为外部经济的不平衡是导致发展中国家内部经济不平衡的根源。发展中国家存在外汇收入过少、出口创汇能力较弱的问题，这些问题使得外汇出现缺口，而外汇缺口的出现又导致储蓄出现缺口，最终不利于发展中国家经济水平的提高，所以发展中国家必须解决外汇缺口问题。而外资的引进与利用能够提高发展中国家的进出口能力，弥补外汇缺口，进而提高国家的经济发展水平。

进入 20 世纪 80 年代中期以后，以罗默和卢卡斯为代表的经济学家们提出了新经济增长理论，将技术进步内生化，重视技术进步对经济发展的影响。对发展中国家来说，引进外商直接投资不仅可以缓解储蓄短缺问题，还能够学习和借鉴发达国家的先进技术，发挥发展中国家的"后发优势"，甚至赶超发达国家。Mello（1997）在新经济增长理论的基础上，研究引进外商直接投资对发展中国家的经济增长的影响，发现外商直接投资的引进确实对东道国技术水平以及资本存量的提高起到促进作用，然而外商直接投资对经济增长的作用效果受限于外商直接投资技术溢出效应和东道国的吸收能力[①]。Barrell 和 Pain（1999）运用模型研究欧洲国家持续增加的外商直接投资对东道国以及投资国的作用效果，结果证实外商直接投资的快速增加主要受益于企业的知识积累，外商直接投资是技术和知识溢

---

① DE MELLO. Foreign Direct Investment-led Growth: Evidence from Time Series and Panel Data [J]. Oxford Economic Papers, 1997, 51: 133-151.

出的重要渠道①。

自 21 世纪以来，国内学者也展开对外商直接投资与经济增长关系的理论研究。沈坤荣和耿强（2001）通过建立包含外商直接投资与人力资本的内生经济增长模型，分析人力资本存量和外商直接投资对经济增长的影响，结果表明引进外商直接投资能够提高东道国的经济增长率②。王志鹏和李子奈（2004）以内生经济增长理论为基础，建立新的考虑外商直接投资外溢效应的准内生经济增长模型，研究外商直接投资对经济增长的影响，发现外商直接投资能够促进经济增长③。

（2）外商直接投资对经济增长直接影响的实证研究

自 20 世纪 90 年代以来，国内外的许多学者对外商直接投资与经济增长的关系展开了大量的实证研究。从理论层面来看，几乎所有注重理论研究的相关学者都认为外商直接投资确实能够提高经济发展水平，但是我们通过对进行实证研究的文献进行总结发现，由于研究方法、模型设定、数据处理等方面的差异，学者们得出的结论也不完全相同，主要有以下三种观点：

一是外商直接投资对东道国的经济增长产生促进作用。Alfaro et al.（2002）通过对外商直接投资、金融市场与经济增长之间的关系进行实证研究，发现外商直接投资能够提高经济的发展水平④。Marta 和 Blanca（2003）选取 18 个拉丁美洲国家 1970—1999 年的面板数据，研究外商直接投资对东道国经济增长的影响，实证结果表示，外商直接投资能够显著提高东道国的经济发展水平⑤。Hansen 和 Rand（2006）选取 31 个发展中国家 1970—2000 年的数据，对外商直接投资与经济增长的关系进行实证研

① BARRELL R, PAIN N. Trade Restraints and Japanese Direct Investment Flows. European Economic Review ［J］. 1999, 43: 29–45.

② 沈坤荣，耿强. 外国直接投资，技术外溢与内生经济增长：中国数据的计量检验与实证分析 ［J］. 中国社会科学，2001 (5): 82–93.

③ 王志鹏，李子奈. 外商直接投资、外溢效应与内生经济增长 ［J］. 世界经济文汇，2004 (3): 23–33.

④ ALFARO L, KALEMLI-OZCAN S, SAYEK S, et al. FDI and Economic Growth: The Role of Local Financial Markets ［J］. Macroeconomics, 2002, 64 (1): 89–112.

⑤ MARTA B, BLANCA S R. Foreign Direct Investment, Economic Freedom and Growth: New Evidence from Lartin America ［J］. European Journal of Political Economy, 2003, 19 (3): 529–545.

究，发现外商直接投资能够显著地促进经济增长①。李杏和 Chan（2009）选取中国 1993—2005 年的省级面板数据，从短期和长期两个维度分析外商直接投资对经济增长的影响，发现短期内外商直接投资通过影响国内投资间接促进经济增长，而长期内外商直接投资对国内投资和经济增长都有促进作用②。马立军（2013）将外商直接投资技术外溢效应加入内生经济增长模型中，研究外商直接投资与经济增长的关系，实证结果发现，外商直接投资对经济增长有显著的促进作用③。何雄浪（2014）通过研究外商直接投资对中国区域经济增长的影响，得出外商直接投资的流入能够促进中国西南地区以及华东地区的经济增长的结论④。唐安宝等（2020）通过运用固定效应模型研究外商直接投资对经济高质量发展的作用效果，发现引进外商直接投资能够促进中国经济高质量发展⑤。

二是外商直接投资会抑制东道国的经济增长或者对经济增长的影响不确定。Saltz（1992）通过对发展中国家外商直接投资与经济增长的关系进行实证研究，发现引进外商直接投资会阻碍东道国的经济发展⑥。Easterly（1993）认为引进外商直接投资会对东道国的资本产生挤出效应，总体上不利于东道国经济发展水平的提高⑦。孙力军（2008）通过研究外商直接投资对东道国的资本积累以及经济发展的作用效果，发现外资流入的数量不断增加，其对资本积累以及经济增长的促进作用逐渐减弱，最终产生负向影响⑧。魏立佳和李媛（2011）运用面板向量自回归模型（PVAR）对

① HANSEN H, RAND J. On the causal links between FDI and growth in developing countries [J]. World Economy, 2006, 29（1）：21-41.

② 李杏, M W LUKE CHAN. 外商直接投资及其影响因素：来自中国地域的面板因果关系分析 [J]. 统计研究, 2009, 26（8）：81-89.

③ 马立军. 外商直接投资（FDI）与中国省际经济增长差异：基于 GMM 估计方法 [J]. 国际贸易问题, 2013（10）：149-158.

④ 何雄浪. FDI 技术溢出、吸收能力与经济增长：基于西南地区与华东地区的比较研究 [J]. 西南民族大学学报（人文社会科学版）, 2014, 35（7）：109-115.

⑤ 唐安宝, 李康康, 管方圆. FDI、基础设施投入与经济高质量发展 [J]. 金融与经济, 2020（4）：60-67+74.

⑥ SALTZ I. The Negative Correlation between Foreign Direct Investment and Economic Growth in the Third World：Theory and Evidence [J]. Rivista Internazionale di Scienze Economiche e Commerciali, 1992, 7（39）：617-633.

⑦ EASTERLY. How much do distortions affect growth? [J]. Journal of Monetary Economics, 1993（32）：187-212.

⑧ 孙力军. 金融发展、FDI 与经济增长 [J]. 数量经济技术经济研究, 2008（1）：3-14.

外商直接投资与经济增长率的动态关系进行全面分析，实证结果显示短期内外商直接投资促进经济增长，但从长期来看作用并不明显[①]。Hossain（2016）采用跨国的面板数据对外商直接投资与经济增长的关系进行实证研究，发现外商直接投资的引进并没有促进经济增长[②]。沈国云（2017）对中国汽车行业引进外商直接投资的效果进行研究，发现外商直接投资对经济增长有抑制作用，但是这种负向作用会随着对外开放程度的加大而减小[③]。

三是外商直接投资在特定条件下能够促进经济增长。Borensztein et al.（1998）研究发现外商直接投资对经济增长的作用效果受跨国企业与东道国之间人力资本的交互作用程度的影响，当东道国保持较小的人力资本存量时，外商直接投资能够带来比国内投资更高的生产力，进而促进经济增长[④]。桑秀国（2002）等研究发现外商直接投资主要通过技术转移使东道国的经济发展水平得到提高，而东道国的人力资本存量水平对外商直接投资的技术转移具有决定性作用[⑤]。Omran 和 Bbolbol（2003）选取中东地区11 个国家 1975—1999 年的数据，分析外商直接投资对经济增长的作用效果以及作用的形成途径和机制，实证结果得出只有当一个国家的金融市场处于发达水平时，引进外商直接投资才能提高东道国的经济发展水平[⑥]。罗长远（2007）提出当外商直接投资能够用提高全要素生产率的方式融入东道国的国内投资时，就能够促进经济增长[⑦]。王向阳等（2011）通过研究发现引进外商直接投资对经济增长的促进作用有时滞性，而时滞期的长

---

① 魏立佳，李媛. 外商直接投资与中国省域经济增长动态关系研究：基于 1988~2008 年省际面板数据的实证分析 [J]. 首都经济贸易大学学报，2011，13（2）：52-61.

② HOSSAIN M S. Foreign Direct Investment, Economic Freedom and Economic Growth: Evidence from Developing Countries [J]. International Journal of Economics and Finance, 2016, 8（11）：200-214.

③ 沈国云. 外商直接投资、对外开放与经济增长质量：基于中国汽车产业的经验实证 [J]. 经济问题探索，2017（10）：113-122.

④ BORENSZTEIN E, J DE GREGORIO, J W LEE. How Does Foreign Direct Investment Affects Economic Growth? [J]. Journal of International Economics, 1998, 45：115-135.

⑤ 桑秀国. 利用外资与经济增长：一个基于新经济增长理论的模型及对中国数据的验证 [J]. 管理世界，2002（9）：53-63.

⑥ OMRAN M, BBOLBOL A. Foreign Direct Investment, Finance Development and Economic Growth: Evidence from Arab Countries [J]. Review of Middle East Economics and Finance, 2003（3）：231-245.

⑦ 罗长远. FDI 与国内资本：挤出还是挤入 [J]. 经济学（季刊），2007（2）：381-400.

短受到东道国企业的吸收能力、经济环境、跨国企业的战略目标等方面的影响①。

2.2.3　外商直接投资对经济增长的空间效应研究

近年来，随着区域经济一体化的发展，越来越多的经济现象无法通过现有的主流经济学得到很好的解释，因此，以克鲁格曼为代表的西方经济学家提出的新经济地理学理论重新回到研究者的视野中。部分学者开始基于新经济地理学理论，从空间视角来研究外商直接投资在区域间的空间溢出效应。

Haskel et al.（2002）指出，开展外商直接投资的地区不仅会对本地区的生产率产生影响，还会对周边甚至距离更远地区的生产率产生影响②。Zhou et al.（2002）研究表明外商直接投资在行业上存在负的溢出效应，而在区域上存在正的溢出效应③。Wei 和 Liu（2006）认为外商直接投资在区域间的溢出效应与地区间进行贸易的紧密程度有关，地区之间的经贸来往越密切，外商直接投资区域间的溢出效应越显著④。钟昌标（2010）选取中国各省市的面板数据，建立空间动态计量模型，研究企业进行外商直接投资对地区的影响效果，实证结果表明，外商直接投资不但能够产生地区内溢出效应，在地区间也存在溢出效应⑤。Bode et al.（2012）在区域生产函数中引入外商直接投资，并运用 GMM 估计方法测算外商直接投资的外部性以及空间滞后性对美国各州的全要素生产率的作用效果，结果得出外商直接投资对其他地区产生正的溢出效应⑥。陈海波（2014）通过建立空间面板模型，分析外商直接投资对江苏 13 个市的经济增长的空间效应，得出外商直接投资不但能够促进本市的经济发展，还能够提高邻近市的经济

①　王向阳，卢艳秋，赵英鑫，马思思. FDI 影响中国经济增长的实证研究［J］. 数理统计与管理，2011，30（4）：705-713.

②　HASKEL J E，PEREIRA S C，SLAUGHTER M J. Does Inward Foreign Direct Investment Boost the Productivity of Domestic Firms？［J］. Working Papers，2002.

③　ZHOU D，S LI，D TSE. The Impact of FDI on the Productivity of Domestic Firms：the Case of China［J］. International Business Review，2002，11（4）：465-484.

④　WEI Y，LIU X. Productivity Spillovers From R&D，Exports and FDI in China's Manufacturing Sector［J］. Journal of International Business Studies，2006，37（4）：544-557.

⑤　钟昌标. 外商直接投资地区间溢出效应研究［J］. 经济研究，2010，45（1）：80-89.

⑥　BODE E，NUNNENKAMP P，WALDKIRCH A. Spatial Effects of Foreign Direct Investment in US States［J］. Canadian Journal of Economics，2012，45：16-40.

发展水平①。俞路（2015）运用空间杜宾计量模型，研究外商直接投资在中国各个省市之间的溢出效应，实证结果表明外商直接投资存在区域间的溢出效应，并且这种溢出效应远大于外商直接投资对本地经济的影响②。雷俐等（2020）运用空间杜宾计量模型研究外商直接投资对长江经济带区域经济协调发展的影响，结果表明外商直接投资对经济增长的影响与本地的资本存量有关，本地资本存量越大越能吸引外资，外商直接投资对经济增长的区域间溢出效应越显著③。

2.2.4 外商直接投资对经济增长的影响机制研究

（1）外商直接投资通过技术溢出产生影响

国内外研究认为外商直接投资主要通过技术溢出对东道国经济产生影响。20世纪60年代初期，MacDougall（1960）率先提出"外商直接投资技术溢出效应"，认为当跨国公司在东道国建立子公司时，外商直接投资会对当地经济产生溢出效应④。20世纪90年代，学者们又将策略论、博弈论等方法加入外商直接投资技术溢出的理论研究中。基于外商直接投资的技术溢出，国内外学者进行了大量的实证研究，研究结论也不尽相同，主要分为以下几种：

一是外商直接投资对东道国具有正向的技术溢出效应，有利于促进东道国经济增长。Globerman（1979）通过研究外商直接投资与东道国当地企业的劳动生产率的相关性，发现外商直接投资的技术溢出能够提高东道国当地企业的劳动生产率⑤。何洁和许罗丹（1999）将工业细分为内资部门和外资部门，分别研究引进外商直接投资对内外资部门的影响，实证结果表明外商直接投资对内资部门存在显著的正向技术溢出效应，并且这种效

① 陈海波，张悦. 外商直接投资对江苏区域经济影响的实证分析：基于空间面板模型 [J]. 国际贸易问题，2014（7）：62-71.

② 俞路. 中国FDI地区间溢出效应与渠道影响因素分析 [J]. 世界地理研究，2015，24（4）：94-102.

③ 雷俐，李敬，刘洋. 外商直接投资是否推进了长江经济带区域经济协调发展：空间收敛视阈的研究 [J]. 经济问题探索，2020（3）：123-134.

④ MACDOUGALL G D A. The Benefits and Costs of Private Investment From Abroad：a Theoretical Approach [J]. Bulletin of the Oxford University Institute of Economics & Statistics，1960，22（3）：189-211.

⑤ GLOBERMAN S. Foreign Direct Investment and Spillover Efficiency Benefits in Canadian Manufacturing Industries [J]. Canadian Journal of Economics，1979，（12）：42-56.

应会随着中国对外开放程度的提高而加强①。邱斌等（2008）分析发现外商直接投资对中国制造业企业存在显著的正向技术溢出效应②。李晓钟和王倩倩（2014）选取中国高新技术产业以及电子产业1998—2011年的数据，运用改进后的CD函数研究外商直接投资的技术溢出效应，实证结果表明外商直接投资的技术溢出效应能够提高东道国企业的技术水平③。徐德英和韩伯棠（2016）以信息化发展指数作为门槛变量，建立面板数据门槛回归模型，研究技术获取型外商直接投资溢出对技术进步的影响，发现随着信息化水平的不断提高，技术获取型外商直接投资对技术进步有正向作用④。

二是外商直接投资对东道国存在负向的技术溢出效应，不利于东道国经济增长。Haddad和Harrison（1993）选取摩洛哥的制造业1985—1989年的面板数据研究外商直接投资的技术溢出效应，发现外商直接投资并不存在正向的技术溢出效应⑤。Aitken和Harrison（1999）选取委内瑞拉制造业的数据，研究发现外商直接投资对委内瑞拉当地具有负向的技术溢出效应⑥。Sabirianova et al.（2005）通过研究引进外商直接投资对捷克和俄罗斯这两个国家本土企业的劳动生产率的影响，发现外商直接投资对东道国存在负向的技术溢出效应⑦。罗伟和葛顺奇（2015）以中国制造业为研究对象，出现引进外商直接投资会降低当地的自主研发水平⑧。

三是外商直接投资对东道国的技术溢出效应不显著。Girma et al.（2001）通过对英国制造业企业的数据进行分析，发现外商直接投资对英

① 何洁，许罗丹. 中国工业部门引进外国直接投资外溢效应的实证研究 [J]. 世界经济文汇，1999（2）：16-21.

② 邱斌，杨帅，辛培江. FDI技术溢出渠道与中国制造业生产率增长研究：基于面板数据的分析 [J]. 世界经济，2008（8）：20-31.

③ 李晓钟，王倩倩. 研发投入、外商投资对中国电子与高新技术产业的影响比较：基于全要素生产率的估算与分析 [J]. 国际贸易问题，2014（1）：139-146.

④ 徐德英，韩伯棠. 技术获取型FDI溢出与信息化发展水平门槛效应 [J]. 科研管理，2016，37（1）：20-27.

⑤ HADDAD M，HARRISON A. Are there positive spillovers from direct foreign investment：Evidence from panel data for Morocco [J]. Journal of development economics，1993，42（1）：51-74.

⑥ AITKEN B，HARRISON A E. Do Domestic Firms Benefit from Direct Foreign Investment？Evidence From Venezuela [J]. American Economic Review，1999，89（3）：605-618.

⑦ SABIRIANOVA K，K TERRELL，J SVEJNAR. Distance to the Efficiency Frontier and Foreign Direct InvestmentSpillovers [J]. Journal of the European Economic Association，2005，3（2）：576-586.

⑧ 罗伟，葛顺奇. 跨国公司进入与中国的自主研发：来自制造业企业的证据 [J]. 世界经济，2015，38（12）：29-53.

国的技术溢出效应并不显著①。Damijan et al.（2001）对8个转型经济国家的制造业企业进行研究，发现外商直接投资对这些国家的制造业行业的技术溢出效应均不显著。徐亚静和王华（2011）选取中国30个省份的面板数据研究发现，中国东部地区外商直接投资的技术溢出效应不显著②。何兴强等（2014）从异质性视角进行分析，发现受人力资本、开放程度等因素的影响，外商直接投资的技术溢出效应并不显著③。

（2）外商直接投资通过资本产生影响

也有学者认为外商直接投资通过资本对东道国经济产生影响。发展中国家在经济发展进程中，会遇到进口与出口、投资与储蓄的矛盾。当进口总额大于出口总额时，发展中国家会产生"外汇缺口"；当投资金额大于储蓄金额时，又会形成"储蓄缺口"。外商直接投资进入通过缓解东道国资金不足问题，刺激出口，增加东道国的外汇储备，对东道国的经济增长产生有利影响。

外商直接投资带来的资本溢出效应，除了缓解"外汇缺口"和"储蓄缺口"问题，还会对东道国的融资、产业结构和市场导向等方面产生影响，从而间接影响东道国经济增长。王岳平（1999）将中国外商直接投资的市场导向类型分为出口导向和国内市场导向两种，外资企业先进的技术以及管理经验对中国企业起到示范作用④。苗芳和勾东宁（2002）提出外商直接投资的资本产出率比国内资本的资本产出率高，有助于推动经济快速发展⑤。张淑玲和卢婵君（2007）认为外商直接投资不仅使东道国的资本增加，并且由于外资倾向于选择高新技术产业进行投资，还会促进东道国产业结构升级⑥。陈泽等（2012）通过研究中国企业海外并购问题，发

① SOURAFEL GIRMA, DAVID GREENAWAY, KATHARINE WAKELIN. Who Benefits from Foreign Direct Investment in the UK？ [J]. Scottish Journal of Political Economy, 2013, 60 (5): 575-577.

② 徐亚静, 王华. 开放条件下的外商直接投资与中国技术创新 [J]. 国际贸易问题, 2011 (2): 136-146.

③ 何兴强, 欧燕, 史卫, 刘阳. FDI技术溢出与中国吸收能力门槛研究 [J]. 世界经济, 2014, 37 (10): 52-76.

④ 王岳平. 中国外商直接投资的两种市场导向类型分析 [J]. 国际贸易问题, 1999 (2): 1-7.

⑤ 苗芳, 勾东宁. "两缺口"理论与中国引入外资简析 [J]. 商业研究, 2003 (24): 47-49.

⑥ 张淑玲, 卢婵君. FDI对中国产业结构升级的作用机制研究 [J]. 生产力研究, 2007 (9): 102-104.

现民营企业通过并购创造的价值明显大于国有企业创造的价值①。张宏元和李晓晨（2016）通过研究外商直接投资的溢出效应，发现外商直接投资不仅能够提升东道国劳动力素质、具有竞争效应、培训和人员流动效应等，还能够提升东道国贸易竞争力，促进国民经济发展②。

2.2.5　研究述评

从既有文献可以看出，国内外学者围绕外商直接投资的区位选择、外商直接投资对经济增长的直接影响、外商直接投资对经济增长的空间效应等内容进行了大量理论和实证研究，但依然存在值得深入研究和不断完善的地方：一是在研究视角上，现有文献主要侧重研究外商直接投资对东道国经济增长的影响，较少将研究视角落在代表性较强的区域研究上。而长江经济带作为中国对外开放重要门户和区域协调发展的带动示范区域，为本书研究开放视角下外商直接投资对经济增长的影响提供了一个重要研究视角。二是在理论机制研究上，大多数学者偏好于使用统计数据和计量方法来评价外商直接投资对经济增长的直接和空间影响，缺乏对直接效应和空间效应的传导机制的理论探讨。三是在研究方法上，绝大多数学者采用普通面板回归模型或时间序列模型，较少文献考虑到了外商直接投资的空间效应，即外商直接投资不仅会对本地经济增长产生影响，也会通过空间效应对周边地区的经济增长产生影响。

随着区域协调发展战略和国家"三大战略"的提出，以及"一带一路"、内陆开放高地、陆海新通道等开放通道的完善，长江经济带如何平衡开放与经济协调发展的关系备受关注。基于此，本书以长江经济带为研究对象，尝试基于新经济地理学的空间视角，通过空间计量分析方法探讨长江经济带外商直接投资的经济增长效应；同时从理论和实证两个方面，分析外商直接投资对长江经济带区域经济增长的影响机制，以期为长江经济带优化引资策略，以开放促进区域经济增长及经济协调发展提供相应的依据与参考。

---

① 陈泽，侯俊东，肖人彬. 中国企业海外并购价值创造决定因素实证研究［J］. 中国科技论坛，2012（12）：62-68.

② 张宏元，李晓晨. FDI与自主创新：来自中国省际面板的证据［J］. 宏观经济研究，2016（3）：24-34，61.

3 外商直接投资的经济增长效应的理论分析

已有文献表明，外商直接投资与经济增长之间存在紧密关联。长江经济带作为国家发展战略重点区域，近年来其经济增长与发展开放型经济的联系日益密切。党的十八届三中全会明确提出，要适应经济全球化的新形势，形成全方位开放新格局，而国家共建"一带一路"倡议和长江经济带发展战略对开放转型与对外开放新格局的形成具有重大的现实意义。国务院印发的《关于依托黄金水道推动长江经济带发展的指导意见》，明确指出要全面提升长江经济带开放型经济水平。因此如何通过开放来吸引外商直接投资进而促进经济发展，需要系统地构建外商直接投资与区域经济增长的理论框架。基于此，本章遵循逻辑演化与理论模型相结合的方式，构建外商直接投资对经济增长影响的理论分析框架，分别从外商直接投资对经济增长的直接影响、外商直接投资对经济增长的空间效应、外商直接投资对经济增长的影响机制进行分析，以期为后续实证章节提供理论基础。

3.1 外商直接投资对经济增长的直接效应模型

新古典增长模型中，经济主要依靠外生要素实现长期增长。同时，在资本边际收益递减假设下，外商直接投资未能促进经济持续增长。内生增长理论则将经济增长决定因素内生化。外商直接投资是资本、技术等要素的组合（Balasubramanyam, et al., 1996）[①]，因此，外商直接投资对经济

---

① BALASUBRAMANYAM V N, SALISU M, SAPSFORD D. Foreign Direct Investment and Growth in EP and IS Countries [J]. The Economic Journal, 1996, 106：92−105.

增长具有多渠道的影响路径（Mello & Luiz，1997）[①]。一方面，外商直接投资能够加速地区资本积累；另一方面，外商直接投资进入能促进技术向地区企业转移，外商直接投资带来的资本和技术将有效促进地区经济增长。

但是，外商直接投资对地区经济最根本性的影响是通过技术溢出形成的，外资技术溢出作用于关联企业的生产过程，提高企业技术进步效率，进而影响地区经济增长。本书借鉴 Barro（1995）[②] 和沈坤荣（2001）[③] 提出的模型，构建了外商直接投资对经济增长的直接效应的生产函数模型：

$$Y_t = AL_t{}^{\alpha}K_t{}^{1-\alpha}$$
$$K = \left\{ \int_0^N x\,(j)^{\,1-\alpha}\mathrm{d}j \right\}^{1-\alpha} \qquad (3.1)$$

式中，Y 为最终产出，A 为外生的经济因素，L 为人力资本存量，K 为资本品，也可称为中间产品，$N=n+n^*$ 为国内创造的中间产品种类，n 和 n^* 分别为国内和国外创造的中间产品种类，$x(j)$ 为第 j 类中间产品。

从厂商来看，对于中间产品的供给者来说，可以通过服务获得收益；而对于生产者来说，雇佣要素的最优条件为边际成本等于边际收益。因此，出售 $x(j)$ 的租金收益应与这种中间产品的边际生产率相等，即

$$m(j) = \frac{\partial\,y(j)}{\partial\,x(j)} = (1-\alpha)AL^{\alpha}x^{-\alpha} \qquad (3.2)$$

$$其中：Y(j) = AL^{\alpha}X(^j)\,1-\alpha$$

假定发展中国家各地区的技术扩散多数来自技术先进的外资企业，同时外资引进地需要提供一定基础设施和技术支撑才能对技术扩散进行吸收，这便会产生一定的初始固定成本 F，成本 F 为地区外资比例（n^*/N）与地区技术差距（N/N^*）的函数。外资企业的技术水平通常高于内资企业，外资占比越高，外资企业之间竞争所产生的技术外部性就越强，地区企业吸收外溢的成本 F 越低，即成本 F 与地区外资比例（n^*/N）成反比；同时，成本 F 与地区技术差距（N/N^*）成正比，地区技术差距用该地区

---

① MELLO D, LUIZ R. Foreign direct investment in developing countries and growth：A selective survey［J］. Journal of Development Studies, 1997, 34（1）：1-34.

② BARRO ROBERT J, SALA-I-MARTIN. Economic Growth［M］. New York：McGraw-Hill, 1995.

③ 沈坤荣，耿强. 外国直接投资、技术外溢与内生经济增长：中国数据的计量检验与实证分析［J］. 中国社会科学, 2001（5）：82-93.

企业的资本品生产总量（N）占技术先进的外国生产的资本品总量（N^*）比例表示，地区的资本品生产数量占比越低，地区技术水平与国际技术差距就越大；引进技术越容易，技术带来的效用就越大，模仿的相对成本 F 就越低。同时，除成本 F 以外，中间产品还需要一定的维护成本，假设中间产品 $x(j)$ 的边际成本为1，即中间产品全部折旧，那么中间产品生产者每一期的收益函数为：

$$\pi(j) = [(m(j) - 1)x(j)] - F$$
$$F = (n^*/N, \ N/N^*) \tag{3.3}$$

$$\frac{\partial F}{\partial(n^*/N)} < 0, \quad \frac{\partial F}{\partial(N/N^*)} > 0 \tag{3.4}$$

原则上中间产品生产者会在每一期调整并制定相应价格，以实现利润最大化，因此中间产品生产者的垄断价格可以表示为：

$$x(j) = LA^{\frac{1}{\alpha}}(1-\alpha)^{\frac{2}{\alpha}}m(j) = (1-\alpha)^{-1} \tag{3.5}$$

中间产品生产者的收益函数可以表示为：

$$\pi(j)_t = \int_t^\infty [(m(j) - 1)x(j)]e^{-r(s-t)}\mathrm{d}s - F(n^*/N, \ N/N^*) \tag{3.6}$$

假定存在完全竞争，中间产品的生产不存在进入壁垒的情况，因此长期而言垄断利润也不存在，那么 $\pi(j)_t \to 0$，则：

$$(x(j) - 1)m(j) = A^{\frac{1}{\alpha}}\alpha(1-\alpha)^{\frac{(2-\alpha)}{\alpha}}L \tag{3.7}$$

令式（3.6）中 $\pi(j)_t = 0$，$\varphi = \alpha(1-\alpha)^{(2-\alpha)/\alpha}$，则：

$$F(n^*/N, \ N/N^*) = \int_t^\infty (A^{\frac{1}{\alpha}}\varphi L)e^{-rs}\mathrm{d}s = (A^{\frac{1}{\alpha}}\varphi L)/r \tag{3.8}$$

$$\Rightarrow r = A^{\frac{1}{\alpha}}\varphi L F(n^*/N, \ N/N^*)^{-1} \tag{3.9}$$

借鉴 Ramsey 模型，假定代表性家庭在无限时域上的消费者效用函数为：

$$U_t = \int_t^\infty \frac{c(t)^{1-\sigma}}{1-\sigma}e^{-(\rho-n)t}\mathrm{d}t \tag{3.10}$$

式中，$c(t)$ 表示 t 时刻消费者的消费，σ 表示相对风险回避系数，ρ 表示贴现率，表示人们对于推迟现期消费的偏爱程度，且 $u(c(t)) = c(t)^{1-\sigma}/(1-\sigma)$。

家庭的预算约束为：

$$A(t) = w(t) \cdot L(t) + r(t) \cdot A(t) - C(t) \tag{3.11}$$

其中，$A(t)$ 为 t 时刻家庭拥有的总资产，$w(t)$ 为工资水平，$L(t)$ 为家庭劳动力，$r(t)$ 为资本回报率，$C(t)$ 为 t 时刻家庭总消费水平。定义 $a(t) = A(t) / L(t)$，$c(t) = C(t) / L(t)$，且劳动力增长率为 n，则有：

$$a(t) = w(t) + r(t) \cdot a(t) - c(t) - n \cdot a(t) \tag{3.12}$$

利用汉密尔顿方程，求解家庭最优化问题：

$$
\begin{aligned}
H &= u(c(t)) \cdot e^{-(\rho-n)t} + \lambda [w(t) + r(t) \cdot a(t) - c(t) - n \cdot a(t)] \\
&= u(c(t)) \cdot e^{-(\rho-n)t} + \lambda [w(t) + (r(t) - n) \cdot a(t) - c(t)]
\end{aligned}
\tag{3.13}
$$

$$\frac{\partial H}{\partial c} = 0 \Rightarrow \lambda = u' \cdot e^{-(\rho-n)t} \tag{3.14}$$

$$\frac{\partial H}{\partial a} = -\lambda' \Rightarrow \frac{\partial \lambda}{\partial t} = -(r-n)\lambda \tag{3.15}$$

$$\Rightarrow \frac{\partial \lambda}{\partial t} = \frac{du'}{dt} \cdot e^{-(\rho-n)t} + u' \cdot e^{-(\rho-n)t} \cdot (n-\rho) \tag{3.16}$$

$$\Rightarrow -(r-n) = \frac{du'/dt}{} + (n-\rho) \tag{3.17}$$

$$\Rightarrow \frac{\partial c(t)/\partial t}{c(t)} = g = \frac{1}{\sigma}(r-\rho) \tag{3.18}$$

$$\Rightarrow g = \frac{1}{\sigma}\left[A^{\frac{1}{\alpha}} \varphi LF(n^*/N, N/N^*)^{-1} - \rho \right] \tag{3.19}$$

理论模型分析表明地区的经济增长除了受外生的经济因素、人力资本存量等影响外，还会受该地区引进外资的影响。外商直接投资主要通过向外资引进地区产生技术溢出来推动经济增长，地区吸引外资企业数量越多，地区与技术先进的外国之间技术差距就越大；其引进吸收先进技术的成本越小，越能促进经济增长，即外商直接投资主要通过促进技术进步来推动地区经济增长（桑秀国，2002）[①]。

① 桑秀国. 利用外资与经济增长：一个基于新经济增长理论的模型及对中国数据的验证[J]. 管理世界，2002（9）：53-63.

3.2 外商直接投资对经济增长的空间效应模型

3.2.1 外商直接投资对经济增长的空间效应模型构建——基于霍伊特模型的扩展

20世纪30年代，霍伊特建立了解释城市发展的一个简单模型，被称为输出基础模型[①]。输出基础理论认为，有些市场规模很大的经济体可以依靠自身的力量来实现经济发展，但有些市场规模较小的经济体无法依靠自身的内生力量实现经济发展，这些经济体的发展与外部环境紧密联系在一起。霍伊特模型是以凯恩斯的总需求模型为基础建立起来的，故也称为输出导向的凯恩斯模型。

在霍伊特基础模型中，假定存在消费 C，投资 I，公共支出 G，出口 X，进口 M，税收 T，以及转移支付 R，且 $T = tY$，t 表示税率，可支配收入为 $Y_d = Y - tY + R$，那么总收入或总产出 Y 可以表示为：

$$Y = C + I + G + X - M \qquad (3.20)$$

长江经济带区域是一个开放的系统，开放是推动长江经济带经济发展的重要引擎。基于此，本书将投资 I 分解为国内投资 I_d 和国外投资 I_f（国外投资中，外商直接投资占绝对地位，因此 I_f 主要表示外商直接投资），构建了包含外商直接投资的霍伊特模型：

$$Y = C + I_d + I_f + G + X - M \qquad (3.21)$$

式中，出口 X 由区外需求所决定，有 $X = \bar{X}$，是一个外生变量，消费和进口取决于收入水平，即 $C = cY_d$，$M = mY_d$，c 和 m 分别是消费系数和进口系数，且 $0 < c < 1$，$0 < m < 1$，通常情况下，消费不完全由进口来满足，故 $0 < c - m < 1$。

对式（3.21）进行变换可得：

$$Y = cY_d + I_d + I_f + G + X - mY_d \qquad (3.22)$$

$$\Rightarrow Y = c(Y - tY + R) + I_d + I_f + G + X - m(Y - tY + R) \qquad (3.23)$$

---

① Hoyt H. Homer Hoyt on the Development of Economic Base Concept [J]. Land Economics, 1954 (5): 182-187.

$$\Rightarrow Y - \left[c(Y - tY) - m(Y - tY) \right] = I_d + I_f + G + X + (c - m)R \tag{3.24}$$

$$\Rightarrow Y = \frac{1}{1 - (1 - t)(c - m)} \left[I_d + I_f + G + X + (c - m)R \right] \tag{3.25}$$

如果从经济增长角度来考虑，则式（3.25）可以变为：

$$\Delta Y = \frac{1}{1 - (1 - t)(c - m)} \Delta \left[I_d + I_f + G + X + (c - m)R \right] \tag{3.26}$$

$$= \frac{1}{1 - (1 - t)(c - m)} \left[\Delta I_d + \Delta I_f + \Delta G + \Delta X + (c - m)\Delta R \right]$$

式（3.26）表明，城市经济增长取决于出口、国内投资和国外投资以及公共支出等因素的增长。

假定长江经济带总共有 n 个城市，r 城市出口为其他城市进口的总和，则有：

$$X = \sum_{j}^{n} M_{rj} = \sum_{j}^{n} m_{rj} Y_j^d \tag{3.27}$$

其中，M_{rj} 是 j 地区在 r 地区的进口量，m_{rj} 是进口倾向，Y_j^d 为 j 地区可支配收入。将式（3.27）代入模型，可以得出多区域情况下经济增长模型为：

$$\Delta Y = \frac{\left[\Delta I_d + \Delta I_f + \Delta G + (c - m)\Delta R \right]}{1 - (1 - t)(c - m)} + \frac{\Delta X}{1 - (1 - t)(c - m)}$$

$$= \frac{\left[\Delta I_d + \Delta I_f + \Delta G + (c - m)\Delta R \right]}{1 - (1 - t)(c - m)} + \frac{1}{1 - (1 - t)(c - m)} \left(\sum_{j}^{n} m_{rj} \cdot \Delta Y_j^d \right) \tag{3.28}$$

式（3.28）表明，本地区经济增长受其他区域经济增长的影响，同时也受到其他区域国内投资、外商直接投资、政府支出、进出口等经济增长决定因素的影响，即区域间经济增长以及外商直接投资对区域经济增长影响均存在空间溢出效应，但空间溢出存在不确定性。一方面，外商直接投资通过空间竞争、空间关联、空间扩散以及长江经济带制度溢出效应对区域经济增长产生正向空间溢出效应；另一方面，外商直接投资可能会对周边落后地区的资源要素禀赋产生"虹吸现象"，从而引起极化效应。因此，空间溢出效应具体方向如何需要通过实证进行检验。

3.2.2　外商直接投资对经济增长的空间效应理论分析

改革开放以来，外商直接投资的进入极大地促进了当地经济增长，成为拉动各地区经济发展的重要力量。事实上，一个地区的经济增长不仅会受到区域内各种要素的影响，也会通过渠道效应受到其他地区的要素的影响，即地区间的溢出效应是必然的（滕丽 等，2010[1]）。大量文献研究结果表明，外商直接投资会对东道国产生溢出效应，尤其是对外资企业所在地区产生溢出效应（Aitken & Harrison，1999）[2]。那么外商直接投资的溢出效应是否仅发生在区域内？

Krugman（1991）[3]、Bazo et al.（2004）[4] 指出，并无研究表明企业的溢出会因为地理因素和政治因素的影响只限制在初始投资的地区。区域内的外商直接投资的溢出效应可能会逐渐扩散到邻近地区。在成本最小化目标导向下，甚至延伸到更远的地区。Smarzynska 和 Mariana（2005） 也指出，外商直接投资更多是通过纵向溢出来展现的[5]。钟昌标（2010） 的研究也表明，外商直接投资存在地区间溢出的情况[6]。那么外商直接投资在地区间溢出是如何产生的？接下来，本节将从外商直接投资的空间竞争效应、空间关联效应、制度溢出效应和极化—扩散效应四个维度，深入解析外商直接投资对区域经济增长的空间效应产生机理。具体如图 3.1 所示。

---

① 滕丽，蔡砥，吕拉昌. 经济一体化背景下的区域溢出分析 [J]. 人文地理，2010（2）：116-119.

② 雷俐，李敬，刘洋. 外商直接投资是否推进了长江经济带区域经济协调发展：空间收敛视阈的研究 [J]. 经济问题探索，2020（3）：123-134.

③ KRUGMAN P. Increasing returns and economic geography [J]. Journal of Political Economy，1991，99（3）：483-499.

④ BAZO L，ENRIQUE，VAYA E，MANUEL A."Regional Externalities and Growth ：Evidence from European Regions"[J]. Journal of Regional Science，2004，44（1）：43-73.

⑤ SMARZYNSKA J B，MARIANA S."Disentangling FDI Spillover Effect s：What do Firm Perceptions Tell Us ?"[M]. Washington D. C.，2005.

⑥ 王岳平. 中国外商直接投资的两种市场导向类型分析 [J]. 国际贸易问题，1999（2）：1-7.

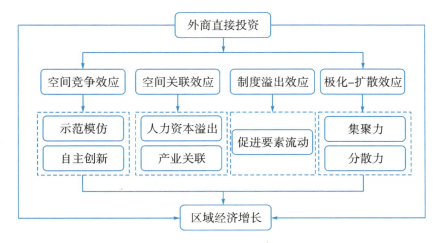

图 3.1　外商直接投资对区域经济增长的空间效应作用路径

（1）外商直接投资的空间竞争效应

外商直接投资的进入通常伴随着市场竞争效应的诞生（邓子梁、陈岩，2013①）。当拥有技术优势和资金优势的外资企业进入境内市场，国内企业既有的稳态格局被打破，一方面对部分垄断企业造成威胁，另一方面对国内中小企业也施加了生存压力。这种外部竞争性，首先直接影响本地区的国内企业，同时对邻近地区企业的间接影响也是存在的，且这种影响可能会随着地理距离的增加而衰减。面对外部竞争，邻近地区会适时作出反应，竞争调动了邻近地区企业的积极性，倒逼企业提升效率，竞争在地区间的溢出效应逐步形成。

邻近地区的中小型企业，由于受自身资本、技术和人才等因素限制，短期内无法通过创新实现技术超越。为防止邻近地区外资企业可能产生的"虹吸效应"以及资本等关键要素的约束，如何以更少成本获取新技术，以维持企业生存和发展显得至关重要，而模仿外资企业的产品和生产技术便为其提供了重要渠道。同时，地理相邻地区的企业通过距离优势能增强信息在企业之间的流动，为其学习外资企业完善的管理制度，模仿和吸收先进技术创造良好条件。

对于邻近地区的大型企业来说，其面临的空间竞争效应主要体现在两

---

① 邓子梁，陈岩. 外商直接投资对国有企业生存的影响：基于企业异质性的研究 [J]. 世界经济，2013（12）：53-69.

个方面：一是外资企业带来的竞争。基于运输成本考量，区域经济贸易会先在地理距离相近的地区间发生。当具有技术和资本比较优势的外资企业进入时，其首先会分割邻近地区企业在外资进入地区的市场份额。随着外资企业规模发展壮大，市场分割会逐渐延伸到邻近地区企业所在地。二是来自外资企业进入地的企业迁移冲击。依据新经济地理学的观点，"市场拥挤效应"会形成离心力，促成企业的空间扩散（白万平 等，2019）①。外资进入将加剧当地市场竞争程度，企业为减少竞争摩擦，可能会迁移至邻近地区或者在邻近地区设置分公司，以分散企业面临的风险。双重竞争驱动下，邻近地区企业为维持市场竞争优势，争夺市场份额，会加大研发投入力度，通过生产技术革新与经营管理完善，提高企业生产效率。

（2）外商直接投资的空间关联效应

地区间通过劳动力流动、技术扩散、贸易所产生的经济溢出效应是空间经济交互作用的结果（孙兆刚 等，2005②）。而外商直接投资的空间关联效应主要是通过人力资本流动和产业关联形成的。

人力资本是生产力中最具决定性的力量。外资企业进入地区后，需要一定水平的人力资本将其带来的先进装备和知识储备转化为生产力。外资企业由于本身的人力资本有限，为确保顺利生产，其必定会雇用当地人员。然而外资企业的劳动力需求缺口与本地人力资源的供给是不匹配的。因此，外企必须对雇佣的劳动力进行培训，以达到外资企业用人标准，使其参与企业生产与经营。当这些参与培训的劳动力流入本地或邻近地区的本土企业中时，劳动力关联效应就此产生。邻近地区企业基于距离优势，能较为准确地掌握外资企业人员的信息，并通过制定人才引进方案，吸引外资企业劳动力。劳动力跨区流动，带来了外资企业成熟的管理模式以及先进的技术，激发了外商直接投资的空间关联效应。

产业关联的空间扩散主要是指地区间产业链的技术扩散效应以及关联效应。地区间产业关联强度越高，空间扩散效应就越大（俞路，2015）。李嘉图的比较优势理论指出：各国产品比较优势的存在是国际贸易的基础。同样，由于自然要素条件和社会经济基础的差异，各区域往往会选择

① 白万平，吕政，刘丽萍.外商直接投资、交通基础设施改善与制造业集聚：基于2003—2016年中国285个地级市面板数据的实证研究 [J].贵州财经大学学报，2019（2）：11-23.

② 孙兆刚，徐雨森，刘则渊.知识溢出效应及其经济学解释 [J].科学学与科学技术管理，2005（1）：87-89.

发展本地具有比较优势的产业以提高经济效益，区域分工逐渐产生，并形成上下游产业链，地区间的经济联系日益紧密。外商直接投资进入的行业会间接与其他地区产生产业关联，这种产业关联性体现在外资企业通过与上下游企业合作，传播先进管理理念和科学技术。产业链在地理空间上的扩张，导致外商直接投资的溢出效应在地区间产生。

（3）长江经济带制度溢出效应

制度因素是外商直接投资产生溢出效应的根本性因素（张相文 等，2014）[①]，它牵制或激励着其他影响外商直接投资溢出的因素。大量文献对制度因素与中国企业对外投资的关系进行研究（王恕立、向姣姣，2015[②]；刘晓光、杨连星，2016[③]；陈培如 等，2017[④]），而对制度因素与外商直接投资的关系的研究较少。蒋殿春和张宇（2008）探讨了国内制度对外商直接投资技术溢出的影响，指出制度影响限制了外商直接投资的技术溢出[⑤]。

长江经济带横跨中国东、中、西三个区域，沿江 11 个省市无论是在自然资源禀赋方面还是社会经济发展方面均存在明显的不平衡，这种差距间接在区域间的要素流动与合作交流方面筑起一道隐形壁垒。同时，经济发展差距导致长江流域基础设施分布也呈现非均衡特征，这就造成某些局限于辖区内的小市场，生产要素难以流动起来，硬件设施的缺失在地区间构筑起一道有形壁垒。因此，要使长江沿岸城市的产业和基础设施连接起来、要素流动起来、市场统一起来，关键是打破行政壁垒、地区分割，实现梯度发展。而外商直接投资主要通过产业关联和人力资本流动产生技术溢出，这便要求地区间要冲破贸易壁垒，打破要素流动壁垒，为外商直接投资在长江经济带地区间溢出搭建桥梁和纽带。

2016 年 3 月，中共中央政治局审议通过《长江经济带发展规划纲要》，指出要创新区域协调发展体制机制，这为长江经济带区域协调发展奠定了

① 张相文，郭宝忠，张超.制度因素对 FDI 溢出效应的影响：基于中国工业企业数据库的实证研究［J］.宏观经济研究，2014（8）：32-46.

② 王恕立，向姣姣.制度质量、投资动机与中国对外直接投资的区位选择［J］.财经研究，2015（5）：134-144.

③ 刘晓光，杨连星.双边政治关系、东道国制度环境与对外直接投资［J］.金融研究，2016（12）：17-31.

④ 陈培如，冼国明，马骆茹.制度环境与中国对外直接投资：基于扩展边际的分析视角［J］.世界经济研究，2017（2）：50-61.

⑤ 蒋殿春，张宇.经济转型与外商直接投资技术溢出效应［J］.经济研究，2008（7）：26-38.

政策性基础。在这个国家区域战略中，党和政府的统筹规划更有利于加强长江经济带各省份的协调机制建设，建立高效的制度化协调运作机制。中央政府通过顶层设计，牵头制定关于跨区域基础设施建设、生产要素布点等政策；通过实施共同权利干预资源分配，调动各省市利益主体参与区域协调发展的积极性，不断创新和深化区域协作模式。长江经济带区域协调发展体制机制的逐步建立与完善，区际开放水平的逐步提升，为地区间的交通融入、产业合作以及人才流动提供了制度保障。地区间壁垒的逐步减弱，也为外商直接投资在长江经济带区域内溢出创造了有利条件。

（4）外商直接投资的极化—扩散效应

城市作为经济发展的空间载体，是区域经济发展过程中重点研究的对象。随着经济联系日益紧密，交通设施逐步完善，地理邻近的城市之间的影响不断增强。新经济地理学认为，城市发展过程中必然存在"中心—外围"模式，中心城市在一定地理范围内的经济社会活动中具有重要的地位，而外围城市是在地理范围内的其他城市。缪尔达尔认为，区域经济在发展过程中会出现极化效应和扩散效应。极化效应是指区域经济发展过程中的增长极会吸引资源要素趋向增长极，从而使增长极得到进一步强化。扩散效应是指随着中心城市经济社会发展条件的改善，外围城市会通过获取中心城市的资本、人才等来促进自身经济发展。

外商直接投资的进入可能会扩大区域内中心城市与外围城市的经济差距，产生极化效应。外商直接投资通常会优先考虑布局在经济基础较好、市场规模较大、产业体系相对完整以及基础设施较为完善的城市，而这些城市往往是一定区域内的中心城市，外商直接投资的进入加速了中心城市资本积累，外资的技术溢出也为城市创新能力的提升创造了条件，助推城市经济发展提质增效。外资的进入进一步放大了中心城市的优势，在本地市场效应和价格指数效应两种集聚力的作用下，中心城市对资源要素的吸引力远远大于区域内其他城市，势必能加速更多资源要素由外围非中心区域向外商直接投资进入的中心城市集聚，中心城市的要素资源越来越丰裕，城市经济的规模不断壮大，经济发展质量越来越高，资源集聚优势更为凸显，外商直接投资带来的中心城市与外围城市的极化效应愈加突出。

外商直接投资进入也可能会通过扩散效应缩小区域内中心城市与外围城市的经济差距。一方面，当外资进入规模相对较大的城市时，外商直接投资带来的资源要素聚集效应，会加剧中心城市企业之间的竞争强度，也可能会导致中心城市的生产成本和生活成本上升，出现聚集不经济问题。在市场拥堵效应的分散力的作用下，中心城市开始向外围城市疏解，将部分外资企业或本地企业向外围城市转移，要素资源也从中心城市流向外围城市，外围城市的经济得到发展。另一方面，随着区域一体化程度的提高，区域间要素流动限制逐渐弱化，而劳动力是知识、技术、信息的主要载体，外资企业的知识溢出通过劳动力在中心城市和外围城市的自由流动得到有效传播，带动了外围城市创新能力的提升，进而促进外围城市经济增长。

3.3　外商直接投资对经济增长的影响机制

3.3.1　外商直接投资对经济增长影响的城市化机制理论分析

（1）外商直接投资与城市化

推动长江经济带发展是党和国家做出的重大战略部署，全面提升长江经济带开放型经济水平成为当下重要的主题。同时，党的十九大报告提出要"以城市群为主体构建中小城市和小城镇协调发展的城镇格局"。而《中共中央 国务院关于建立更加有效的区域协调发展新机制的意见》中对长江经济带发展作出重要指示，即"以中心城市引领城市群发展、城市群带动区域发展从而推动区域板块之间融合发展"。因此，如何形成以开放为前提，以城镇化为载体，通过城镇化建设形成以城市群高质量建设推进长江经济带高质量发展，是值得研究的问题。根据"诺瑟姆曲线"（见图3.2）对城市化发展阶段的划分，当前长江经济带城市化正处于快速发展阶段，对资金和技术的需求较大，通过引进外资，能加速人口聚集和产业结构调整，从而促进城市化向更高阶段发展。

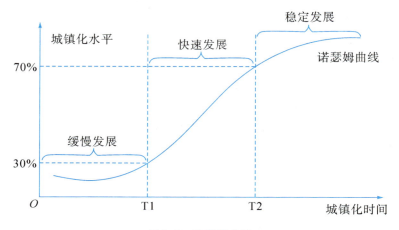

图 3.2　诺瑟姆曲线

外商直接投资对城市化的推动作用已被学者们证实。袁冬梅等（2017）研究发现，当地区金融水平发展到一定程度时，外商直接投资能显著推动城市化[①]。Chen et al.（2017）研究指出，外资能显著推动城市化，但对沿海地区城市化的作用力度要高于内陆地区[②]。陈辉民（2018）研究发现，外商直接投资能对城市化进程产生显著的空间溢出效应[③]。总体而言，外商直接投资主要通过集聚效应和扩散效应作用于城市化发展（见图3.3）。

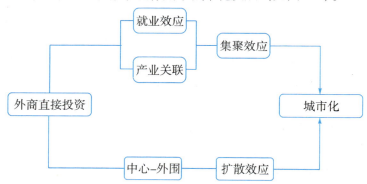

图 3.3　外商直接投资对城市化的作用路径

---

①　袁冬梅，信超辉，于斌. FDI推动中国城镇化了吗：基于金融发展视角的门槛效应检验[J]. 国际贸易问题，2017（5）：126-138.

②　WU C，WEI Y D，HUANG X，et al. Economic transition，spatial development and urban land use efficiency in the Yangtze River Delta，China [J]. Habitat International，2017，63：67-78.

③　陈辉民. 对外贸易、外商直接投资与城市化：基于空间面板杜宾方法的分析 [J]. 国际贸易问题，2018（10）：147-161.

①集聚效应

外资进入具有鲜明的区位性特征，其主要分布在交通基础设施较为完善、区位条件优越的地区，在长江经济带沿岸呈现块状式集聚分布。外资涌入将会带动上下游产业链发展，形成一定范围内的产业集聚。同时，外资进入会加大城市对劳动力的需求，创造就业效应。但由于城市劳动供给数量并没有明显增加，因此外商直接投资将间接推动从事农业生产的农村剩余劳动力向城市的工业部门和服务业部门转移（郭东杰、王晓庆，2013），促进人口集聚，加速城市孵化，为城市化进程增添动力①。

②扩散效应

外资空间上的集聚容易在区域内形成"中心—外围"格局，即形成以高端产业为主导的中心城市和承接以中低端产业为主的外围城市，从而产生城市之间的等级"势差"（王滨，2020）②。这种产业的梯度转移能有效发挥中心城市的带动作用，使各城市能充分发挥各自的资源优势，强化资源的优化配置，形成区域内的错位竞争，释放出互补效应，在地区之间形成有效的协同效应。同时，中心城市利用人才、技术、市场等资源优势，形成"滚雪球效应"，加速地区创新集群，提高地区城市化水平，并通过发挥中心城市的空间溢出效应，促进邻近地区城市化发展。

（2）城市化与区域经济增长

中国高度重视城镇化空间战略，《国家新型城镇化规划（2014—2020年）》中明确指出，城镇化发展有利于持续推动中国经济高质量发展，有利于实现区域协调发展。城市化是经济增长的重要推动力（Lucas，2001）③，城市化通过规模经济效益、分工与专业效益、共享效益等多维渠道作用于区域经济增长（孙祁祥 等，2013）④。基于外部性视角，城市化对区域经济增长具有溢出效应（刘华军 等，2014）⑤。城市化对区域经济增长的作用路径见图3.4。

---

① 郭东杰，王晓庆. 经济开放与人口流动及城镇化发展研究 [J]. 中国人口科学，2013（5）：78-86.

② 王滨. FDI对新型城镇化的空间溢出效应 [J]. 城市问题，2020（1）：20-32.

③ LUCAS R E. Externalities and Cities [J]. Review of Economic Dynamics，2001，4（2）：245-274.

④ 孙祁祥，王向楠，韩文龙. 城镇化对经济增长作用的再审视：基于经济学文献的分析 [J]. 经济学动态，2013（11）：20-28.

⑤ 刘华军，张权，杨骞. 城镇化、空间溢出与区域经济增长：基于空间回归模型偏微分方法及中国的实证 [J]. 农业技术经济，2014（10）：95-105.

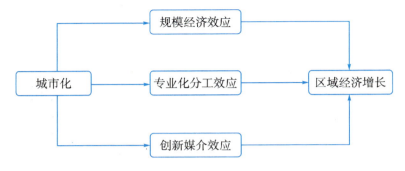

图 3.4　城市化对区域经济增长的作用路径

①规模经济效应

规模经济反映出随着生产要素的逐渐集中，企业或行业规模不断扩张而带来的成本降低，经济效益增加的现象。城市规模经济效应作用于区域经济增长的路径主要是通过产业结构优化、扩大就业和提升消费产生。城市的规模经济效益可以从"供需"关系来解释。供给带来的经济效益更多是通过生产实现的，即城市化进程中必将带来要素集聚，基于成本、市场因素的考量，企业会加速向地区靠拢，从而在地区范围内形成上下游产业链，实现从原材料开发、企业生产到销售等的一体式模型，产生外部经济。而需求带来的经济效益则是通过需求集中倒逼供给集中实现的。城市化进程带来的人口集聚会加速需求集中，但需求并不是同质的。居民消费层次不同，会倒逼企业生产更多样化、更高品质的产品来迎合市场需求。在这个过程中，企业也实现了技术进步，促进了地区经济增长。

②专业化分工效应

大量研究表明，专业化分工可以提高生产效率，促进经济增长（杨小凯 等，2000[①]；李敬 等，2007[②]）。分工将带来经济活动在空间分布的变化，进而对经济增长影响（Desmet & Henderson，2015）[③]。城市化进程是推动分工深化与提升专业化的动力引擎。城市作为制造业和服务业的重要载体，伴随着制造业和服务业在空间上的集聚与扩散动态演变过程，城市

[①]　杨小凯，张永生．新兴古典经济学和超边际分析［M］．北京：中国人民大学出版社，2000．

[②]　李敬，冉光和，温涛．金融影响经济增长的内在机制：基于劳动分工理论的分析［J］．金融研究，2007（6）：80-99．

[③]　DESMET K, HENDERSON J V. The Geography of Development Within Countries［J］. Handbook of Regional and Urban Economics，2015（5）：1457-1517．

之间也会形成"中心—外围"空间格局（赵勇、魏后凯，2015）①。基于不同的功能定位，中心城市和外围城市会依托自身比较优势形成空间专业化分工。一方面分工能提高劳动者的熟练程度，扩大生产规模；另一方面分工还可以加速技术创新，提升生产效率。同时，分工的进一步深化能加强区域间的紧密联系，促进区域经济一体化，推动区域协调发展。

③创新媒介效应

内生增长理论指出，经济增长的动力来自人力资本、创新和知识，即"科学技术是第一生产力"。在经济高速发展的现代社会，创新更是一个国家或地区持续健康发展的核心竞争力。而城市是实现创新的重要媒介，为新知识的产生或传播创造条件。一方面，城市汇聚了大量人力资源和物质资源，人力资源之间通过企业、社会等途径建立起联系，不同观念的碰撞容易孕育出新知识、新技术；另一方面，城市需求的集中也为创新提供动力。城市作为创新媒介，城市要素集聚的特征极大降低了创新成本，推动创新传播与扩散，加速将创新转化为生产力的过程。

3.3.2　外商直接投资对经济增长影响的产业结构升级机制理论分析

（1）外商直接投资与产业结构升级

党的十九大报告指出："中国经济已由高速增长阶段转向高质量发展阶段，正处在转变发展方式、优化经济结构、转换增长动力的攻关期。"这表明，中国经济发展已经到了由量变转向质变，从"重视数量"转向"提升质量"，从"规模扩张"转向"结构升级"，从"要素驱动"转向"创新驱动"的关键时期。这是对中国经济发展阶段变化和现在所处关口作出的一个重大判断，为今后中国经济发展指明了方向，提出了任务，具有重大的现实意义和深远的历史意义。党的十九大报告明确提出要"推进贸易强国建设""促进我国产业迈向全球价值链中高端，培育若干世界级先进制造业集群"。那么如何在全面开放新格局下，完成产业结构升级，加快培育国际竞争新优势也成为长江经济带面临的主要问题。

经济全球化和一体化，加深了各国和地区之间经济的相互依存与联系，提高了开放在促进经济发展中的地位与作用。纵观国内外文献，外商直接投资一直被认为是影响国家或地区产业结构升级的重要因素。外资进

---

① 赵勇，魏后凯.政府干预、城市群空间功能分工与地区差距：兼论中国区域政策的有效性[J].管理世界，2015（8）：14-29+187.

人不仅加速了资本流动，更是技术和人力资源等要素在地区间积累和重构的动态过程，是国内优化资源配置、提升生产效率，进而促进产业结构升级的重要推动力量（Kojima，1978）[①]。基于此，深入探讨外商直接投资对产业结构升级的影响机理，对于优化"引进来"战略，探索新型开放促进产业结构升级的路径，以推动中国经济高质量发展具有重要意义。

一般来说，集聚的产业更容易获取外部性。而外商直接投资对产业结构升级的影响正是通过产业集聚带来的外部性效应所形成的。Krugman 曾把这种外部性分为专业化经济、劳动力市场经济和知识外溢。Glaeser et. al（1992）则在前人的研究基础上开创性将集聚外部性分为 MAR 外部性[②]、Jacobs 外部性和 Porter 外部性[③]。具体而言，外商直接投资带来的地区产业集聚所产生的外部性效应，对产业结构升级的影响路径主要包含三种：一是相同产业集聚引致的产业内集聚效应，诱发产业技术进步，即 MAR 外部性；二是不同产业，比如上下游产业链等引致的产业间集聚效应，诱发的产业分工深化，即 Jacobs 外部性；三是产业内和产业间两种集聚效应的合力，引致的产业结构升级所依赖的市场制度的优化，即 Porter 外部性。外商直接投资对产业结构升级的作用机制见图 3.5。

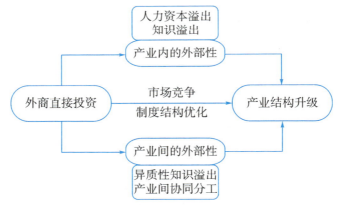

图 3.5　外商直接投资对产业结构升级的作用机制

---

① · KOJIMA K. Direct Foreign Investment：A Model of Multinational Business Operations ［J］. Croom Helm，London，1978：126–135.

② MAR 外部性是以 Marshall（1890）、Arrow（1962）以及 Romer（1986）为代表的外部性理论，MAR 外部性强调的是地方化外部性，其核心为产业专业化溢出。

③ GLAESER E L，KALLAL H D，CHEINKMAN J A，SHLEIFER A. Source：Journal of Political Economy，1992，100（6）：1126–1152.

①产业内的外部性效应

MAR 外部性强调相似产业集聚更容易诱发"技术进步",从而促进产业升级。区域对外对内开放条件下,外商直接投资的进入能加速地区内和地区间相同产业的集聚,通过加速人力资本积累、促进产业内的知识溢出等途径,获取 MAR 外部性收益。外商直接投资进入对具有水平关联产业的企业所产生的外部性主要体现在以下两个方面:

一是人力资本溢出。一方面,外商直接投资流入会对地区企业的人力资源就业质量产生影响(罗军、陈建国,2014)[①]。随着外资进入规模的扩大和质量的改善,其投资的行业领域也呈现动态变化。中国人口红利削减、用人成本逐年攀升迫使外资投资从低端制造业逐步向技术密集型行业过渡,也对中国人力资源提出更高要求。新的需求必然会促进地区人力资源结构的改善与优化,在积累循环效应中逐步实现人力资本提升长久动力(蒋为、黄玖立,2014)[②]。另一方面,相似产业对人力资源结构的需求是类似的,因此人力资源在产业内的流动性较高。内资企业可以通过与外资企业共享市场人力资源,降低自身用人成本,减小雇佣的人力资源为企业带来的不确定性,提高内资企业人力资源市场匹配效率。

二是知识溢出。外资的进入常常带来先进的技术与丰富的管理经验,而体系内产业更有利于先进知识与新的管理经验在内外资企业之间传播与消化,从而提高内资企业生产经营效率。同时,为减少对外资技术溢出的依附性,也倒逼集聚区内的企业,通过"干中学"机制提高研发与自主创新能力,加大自主创新研发投入力度,提升技术创新效率,实现企业内生技术增长。

由此可知,外商直接投资通常是通过人力资本溢出和知识溢出对产业结构产生影响。而这种外部性的根本在于生产要素的不断积累,尤其是专业性人力资本要素的积累,会持续提升产业专业化水平,诱导区域内技术进步,从而带动地区产业结构升级。

②产业间的外部性效应

Jacobs(1969)指出不同行业的集聚通过知识外溢,有利于企业之间

---

① 罗军,陈建国. FDI、人力资本门槛与就业:基于门槛效应的检验 [J]. 世界经济研究,2014(7):74-79.

② 蒋为,黄玖立. 国际生产分割、要素禀赋与劳动收入份额:理论与经验研究 [J]. 世界经济,2014(5):30-52.

形成知识互补、合成创新技术①。Jacobs 强调产业间外部性引发的"深化产业分工"是地区产业升级的主要原因。外商直接投资进入也可以增强地区内和地区间不同产业的协同集聚。而这种多样化产业集聚将通过异质性知识溢出、产业间协同分工两个层面，加速地区产业结构升级。

一是异质性知识溢出。外商直接投资进入地区后，外资引致的产业集聚不仅会对产业内的生产主体产生影响，对不同产业体系生产主体的影响同样存在。尽管不同产业的人力资源在工作背景、知识结构甚至意识形态等层面存在一定差异，导致产业间人力资源流动存在较高的行业壁垒，然而人力资源异质性的存在也为不同产业的纵向联系孕育出新机遇。外资企业往往具有更前沿的技术知识，而内资企业为维持市场占有率，提高技术创新能力，缩减产业间协同的搜寻成本，选择与外资企业合作是大势所趋。同时，集聚区内企业之间关联网络的不断加强，间接推动了内外资企业分工合作。不同产业厂商与外资企业展开交流可以学习借鉴外资企业前沿的生产技术，深化与外资合作，并通过知识互补、协作互动激发产业间新技术的创造、传播与推广（赵伟、王春晖，2013），从而实现地区产业升级②。

二是产业间协同分工。外商直接投资流入地区后，与之相关联的生产企业以及与之配套的服务企业为降低贸易和运输成本，分享溢出效应会加速向外资所在地区域内或外围集聚。外资企业通过产业关联效应逐步吸引其上下游企业的靠拢，完善地区的产业链。同时，不同产业的厂商在与外资企业的互动交流过程中，通过掌握外资需求动向，推动产业供给侧改革，孵化具有发展潜力且与需求相匹配的新产业，拓展地区产业链。总之，不同产业的多样化协同聚集，通过被动吸引已有的产业链、主动孵化新的产业链，进一步引致产业间的专业分工。而这种分工细化的过程，使得地区产业布局不断优化，产业效率逐步提升，进而实现地区产业结构升级。

③市场竞争效应

Porter（1990）强调区域竞争是创新的主要驱动力③。陆立军（2009）

---

① JACOBS J. The economy of cities ［M］. New York：Random House, 1969.

② 赵伟，王春晖. 区域开放与产业集聚：一个基于交易费用视角的模型 ［J］. 国际贸易问题，2013（7）：40-51.

③ PORTER M E. The Competitive Advantage of Nations ［M］. New York：Free Press, 1990.

56 长江经济带外商直接投资的经济增长效应与机制研究

认为合理的竞争模式是企业技术创新的推动器[①]。波特认为，产业内和产业间的市场竞争，将带来制度结构的不断优化，为产业结构升级提供一定制度保障。

在世界经济下行和中国经济新常态的背景下，企业间的竞争加剧。外资企业的流入会对国内企业产生"鲶鱼效应"，即处于相对弱势的国内企业会通过模仿或加强技术创新研发等手段积极参与市场竞争，以谋求生存发展空间。基于优胜劣汰机制，市场将淘汰生产效率较低的企业。而竞争是一种动态博弈的过程，因此在外资企业与内资企业的持续竞争过程中，企业的潜能被深入挖掘，形成创新良性循环，从而提升集聚区域整体生产效率，带动产业结构持续升级。

而在竞争的过程中，具有机会主义倾向的企业，随着竞争加剧也将逐渐退出市场，企业间市场竞争机制越来越公开透明，使得外资进入地的制度环境不断改善和优化，市场化水平得以提升，这为产业结构升级营造了良好制度环境。王静（2014）的研究也表明市场化程度越高，外商直接投资对产业结构升级的促进作用越明显[②]。

（2）产业结构升级与区域经济增长

加大要素投入与提升生产效率是促进经济增长的重要因素（Vittorio & Donatella，2009）[③]。但由于大部分资源要素的不可再生性和限制性，依托加大要素投入来实现经济增长是不可持续的（王鹏、尤济红，2015），因此提升生产效率成为了促进经济长期增长的主要途径[④]。而产业结构升级便是产业经济效率提高的主要表现（余泳泽 等，2016）[⑤]。产业结构升级主要通过优化资源配置、产业技术溢出、细化产业分工等路径来带动区域经济增长（见图3.6）。

---

① 陆立军. 产业集聚、动态外部性与专业市场发展：来自浙江省义乌市的证据 [J]. 开发研究，2009 (4)：17-21.

② 王静. FDI 促进中国各地区产业结构优化的门限效应研究 [J]. 世界经济研究，2014 (3)：3-79，89.

③ VALLI V，SACCONE D. Structural Change and Economic Development in China and India [J]. European Journal of Comparative Economics，2009，6：101-129.

④ 王鹏，尤济红. 产业结构调整中的要素配置效率：兼对"结构红利假说"的再检验 [J]. 经济学动态，2015 (10)：70-80.

⑤ 余泳泽，刘冉，杨晓章. 中国产业结构升级对全要素生产率的影响研究 [J]. 产经评论，2016，7 (4)：45-58.

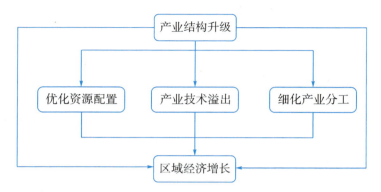

图 3.6　产业结构升级对区域经济增长的作用机制

①优化资源配置

结构主义观点认为，产业结构与经济总量增长是紧密联系的，产业所需的要素资源由低生产效率部门向高生产效率部门的流动，能加快经济增长。因此，产业结构升级首先通过优化资源配置，提高资源配置效率来促进区域经济增长。地区产业结构升级往往表现为生产要素资源在不同产业部门的转移与重新配置。其实质就是在三次产业间对要素的重新分工与组合，在这个过程中，地区的主导产业也将随着要素的变动而发生改变。改革开放以来，长江经济带的产业结构总体呈现由"二一三"向"二三一"，并逐步向"三二一"的演变态势。受资源禀赋、技术条件等影响，产业之间的产出效率存在一定差距，而产业结构升级就是要将资本、技术、劳动力等要素资源从低生产效率行业向高生产效率行业进行转移和重新配置，资源要素的再配置有利于提高要素回报率。而这种要素资源从低生产效率流向高生产效率的过程，将提升总的经济生产效率，促进经济增长，释放"结构红利"。

②产业技术溢出

产业结构升级的本质是发展新产业或者更高级的产业，淘汰落后产业的过程，根本核心是提升产品的附加值。产业结构升级是要调整生产方式内部的要素结构，这也表示经济增长模式呈现要素驱动转向投资驱动再到创新驱动过程的转变，因此要实现创新驱动的动能转化，我们要逐步提高高技术产业占整个行业的比重，并将技术程度高、对区域其他产业的关联性和带动性强的产业发展为主导产业。主导产业不一定是支柱产业，而是调整经济结构的新动力，促进经济增长的新引擎。这些高技术的主导产业与其他产业关联性较强，且高技术产业更容易实现技术创新与进步。高技术产业通过人力资本和物质产品的流动以及产业合作与知识共享，将创新技术逐步向其他产业传播与扩散，在空间上呈现溢出效应（王庆喜，2013①；王鹏、吴思霖，2020②），从而间接提高其他产业的技术效率和生产效率，进而提高社会总的经济效率，实现经济增长。

③细化产业分工

亚当·斯密的《国富论》指出，专业化分工能提高劳动生产率。大量文献研究也表明，分工是经济增长的重要推力（杨小凯、张永生，2001)③。阿林·杨格认为产业结构演变的实质是深化分工。分工能促进研发市场的孵化，从而引致技术进步。随着产业结构升级的不断推进，原本的生产环节被拆分，剥离出许多新兴的产业，而分工细化则对生产技术提出更高要求，倒逼企业加大科技创新力度，提升自身生产效率。分离产业的生产效率持续提高，也间接推动了整个产业的生产效率，进而提高经济效率，促进经济增长。

3.4　本章小结

本章遵循逻辑演化与理论模型相结合方式，主要从外商直接投资对经济增长的直接效应、空间效应以及影响机制三个方面进行理论分析。

首先，构建外商直接投资对经济增长的直接效应的理论框架，分析表明外商直接投资通过投资乘数、技术转移以及技术溢出等渠道对本地区经济增长产生直接影响。

其次，基于霍伊特扩展模型构建了外商直接投资对经济增长的空间溢出效应数理模型，研究表明外商直接投资对长江经济带区域内经济增长存在空间溢出效应，并从空间竞争效应、空间关联效应、制度溢出效应以及极化—扩散效应四个层面解释外商直接投资对长江经济带区域经济增长的

---

①　王庆喜. 多维邻近与中国高技术产业区域知识溢出：一项空间面板数据分析（1995-2010）[J]. 科学学研究，2013，31（7）：1068-1076.

②　王鹏，吴思霖. 中国高技术产业集聚的空间溢出效应及其区域差异性：基于技术距离加权的空间计量研究 [J]. 经济经纬，2020，37（2）：86-96.

③　杨小凯，张永生. 新贸易理论、比较利益理论及其经验研究的新成果：文献综述 [J]. 经济学（季刊），2001（1）：19-44.

空间效应的理论机理。由于溢出途径的多样化，空间溢出效应可能是正向溢出，也可能是负向溢出。

最后，探讨了外商直接投资对经济增长的影响机制，分别从"外商直接投资—城市化—区域经济增长"和"外商直接投资—产业结构升级—区域经济增长"两种路径，深入分析了外商直接投资通过城市化与产业结构升级作用于区域经济增长内在机理。外商直接投资将通过集聚效应和扩散效应促进城市化进程，而城市化又将通过规模经济效应、专业化分工效应、创新媒介效应促进区域经济增长；外商直接投资通过产业内的外部性效应、产业间的外部性效应、市场竞争效应促进产业结构升级，产业结构升级又通过优化资源配置、产业技术溢出、细化产业分工等路径来带动区域经济增长。

4 长江经济带外商直接投资与经济增长的现状分析

研究长江经济带外商直接投资与经济增长之间的关系，不仅需要构建外商直接投资与经济增长关系的理论分析框架，还需要全面了解长江经济带外商直接投资与经济增长的现状、特征和趋势。故本章将在梳理长江经济带对外开放发展历程的基础上，从时间和地区两个维度系统分析长江经济带外商直接投资与经济增长的现状及特征，以期为后续章节的实证研究夯实理论根基和提供充分的现实依据。

4.1 长江经济带对外开放的发展历程

4.1.1 政策探索时期：1984—1991 年

1979 年 7 月 1 日，中国第一部关于外商直接投资的政策性法规《中华人民共和国中外合资经营企业法》出台，意味着中国利用外商直接投资正式进入起步阶段。1980—1988 年，党中央先后设立了深圳、珠海、汕头、厦门和海南五个经济特区。与此同时，国务院发展研究中心原名誉主任马洪提出了"一线一轴"战略构想，"一线"指东部沿海一线，"一轴"即为长江。1984 年 5 月，中共中央、国务院批转了《沿海部分城市座谈会纪要》，决定开放包括上海在内的 14 个沿海港口城市。1985 年 2 月，中共中央、国务院批转了《长江、珠江三角洲和闽南厦漳泉三角地区座谈会纪要》，将长江三角洲、珠江三角洲和闽南三角区一同设立为沿海经济开放区。沿海开放城市的设立让中国外资优惠政策惠及更多地区，为地区引进外资营造了良好的外部环境。1992 年 10 月，党中央、国务院批复设立上海浦东新区，旨在将上海建设成国际金融、贸易、经济中心。沿海开放城市是对内发展经济和对外开展贸易的重要窗口，对中国改革开放形势有着深远影响。

总的来看，这一时期中国外资引进政策处于"试水"初期。虽然在外资进入方式和进入行业上具有一定的限制条件，但中国外商直接投资总体规模较小，且多集中于中小型劳动密集型加工企业。在全国开放政策的推动下，上海作为长江经济带开放的排头兵，得到了党和国家在政策上的大力支持，带领着长江经济带开启对外开放和引进外资的新阶段。

4.1.2 多元布局时期：1992—2001 年

进入 20 世纪 90 年代后，中国对外开放的步伐逐步由沿海向沿江、内陆和沿边城市延伸，基本形成全国范围内的多层次和多渠道的对外开放格局。1992 年，邓小平南方谈话为深化改革开放注入新动力，开启了中国对外开放的又一个新局面。同年，国务院先后批准浙江和江苏设立温州经济技术开发区和昆山经济技术开发区。党的第十四次全国代表大会明确指出"要以上海浦东开发开放为龙头，进一步开放长江沿岸城市"，以此带动长江三角洲和整个长江流域地区经济的新飞跃。在设立经济特区和沿海港口开放城市后，中央政府决定陆续将芜湖、九江、岳阳、武汉和重庆五个长江沿岸城市，合肥、南昌、长沙、成都、贵阳、昆明等十七个内陆省会城市，以及瑞丽、畹町、河口等分布于东北、西北、西南地区的十三个内陆边境沿边城市划为开放城市。1993 年，国务院批准设立了湖北武汉经济技术开发区、浙江杭州经济技术开发区、安徽芜湖经济技术开发区、重庆经济技术开发区、浙江萧山经济技术开发区。1994 年，国务院又设立长江三峡经济开放区。到 1996 年，我国已经设立了包括上海浦东新区的外高桥保税区、江苏张家港保税区、浙江宁波保税区在内的 15 个保税区。沿江、内陆和沿边开放不仅带动长江流域地区经济的迅速发展，也加速了中国全方位开放新格局的形成。2000 年，国家正式实施西部大开发战略，指出外资引进是西部大开发的重要内容。为鼓励中西部地区扩大对外开放，政府加大了对中西部地区外商投资税收政策的优惠力度。西部大开发战略，进一步加速了长江上游地区对外开放和引进外资的进度，对带动长江沿岸地区经济发展具有重要意义。2001 年 11 月，中国在历经 15 年的艰辛谈判后成功加入世界贸易组织（WTO），重新登上世界经济的舞台，为长江经济带的进一步开放按下了加速键。

综上所述，这一时期长江经济带的开放进程也步入快速发展时期。从全国开放格局来看，中国沿着"经济特区、沿海港口城市、经济技术开发区、沿海经济开放区、内陆地区"开放模式，形成了沿海、沿江、沿边，以及贯穿东西南北中的多层次、多渠道、全方位的对外开放局面。而从长江经济带的开放格局来看，其形成了以上海开放为重点，沿江、沿边开放城市为支撑的带状式开放模式，外资的经济效应也逐渐辐射至整个长江流域。

4.1.3 纵深推进时期：2002—2012年

2001年年底，中国加入世界贸易组织（WTO），是中国对外开放的又一个重要里程碑，对外开放政策逐步由局部式、渐进式向全方位、推进式转换。在此背景下，为顺应入世后对外开放的发展形势以及创造良好的政策环境以吸引外资，中国对之前的《外商投资产业指导目录》进行相应调整，同时制定并颁布了一系列法律法规。一系列重大举措的实施增强了中国对全球投资的吸引力，外商直接投资呈现井喷式增长。外资企业的蜂拥流入，推动中国东部沿海和长江下游地区迅速形成"世界工厂"。同时期，《国民经济和社会发展第十个五年计划纲要》指出国家要通过增加对西部地区财政投入，给予西部地区税收、对外开放、人才引进等优惠政策，继续推进西部大开发战略。此后，伴随着东部沿海地区和长江下游地区外资企业市场饱和度以及生产成本的逐年攀升，以重庆为引领的长江上游地区逐渐成为东部制造业产业转移的承接重地。

这一时期，长江经济带的对外开放不断纵深推进。2005年，长江沿线的上海、江苏、安徽、江西、湖北、湖南、重庆、四川和云南签订了《长江经济带合作协议》，确定以上海为"龙头"，重庆为"龙尾"的首尾呼应、联动发展战略格局。以此为雏形的长江经济带区域内开放的构想初步形成，但因行政壁垒等因素制约，长江经济带沿线经济处于割裂状态，区域内开放统筹规划难以推进。2010年，国务院批复《长江三角洲地区区域规划》，提出长江三角洲是亚太地区重要的国际门户、全球重要的现代服务业和先进制造业中心，具有较强国际竞争力的世界级城市群。这是由于中国"经济特区—沿海开放城市—沿海经济开放区"的对外开放路径为长江经济带下游地区塑造了良好的营商环境。而成渝地区强劲的内陆型经济特征，为长江上游内陆地区进一步对外开放增加了难度。因此，国务院于2011年正式同意批复《成渝经济区区域规划》，为深化内陆开放探索新路径。我国通过加快成渝经济区建设，改善内陆开放环境，构建内陆开放门户和平台，发挥成都和重庆在西部内陆地区的辐射引领作用，提升内陆开放水平。成渝经济区作为长江上游地区的经济增长极，通过长江中游地区的传送，与长江三角洲首尾呼应，逐渐形成长江经济带对内联动、对外开放的格局。

综上所述，这一时期在中国加入世界贸易组织的积极影响下，中国对外开放的格局迎来了重大转变期和机遇期。长江经济带的对外开放也进入了纵深推进时期：一方面，长江经济带9省市初步形成了联动发展战略格局；另一方面，长三角地区的区域规划为长江经济带的进一步开放提供了支撑和引领。此外，《成渝经济区区域规划》的出台，为长江经济带上游地区的内陆开放探索了新的路径。总而言之，长江经济带的对外开放进入到纵深推进时期，随着长江上游内陆地区的逐步开放发展，长江经济带形成了对内联动、对外开放的格局。

4.1.4　全方位开放时期：2013年至今

改革开放以来，中国经济开放发展的步伐从未停歇，如今在全球经济贸易体系中，中国已成为举足轻重的外商直接投资东道国和来源国。与此同时，中国积极推进由外贸大国向外贸强国转变，并积极参与全球经济治理体系变革，中国逐步迈入大国开放阶段。这一时期，长江经济带对外开放也实现质的飞跃。2013年，国家发布了《中西部地区外商投资优势产业目录（2013年修订）》，旨在进一步扩宽长江经济带上游和中游地区外资投资领域，优化外资营商环境。同年，国家提出共建"一带一路"倡议和长江经济带发展战略。共建"一带一路"倡议和长江经济带发展战略以长江经济带为依托，旨在稳定向东开放优势，扩展西进与南向开放空间，平衡开放集中性与分散性，形成全方位开放格局，打造中国经济新支撑带。2014年9月，国务院颁布《关于依托黄金水道推动长江经济带发展的指导意见》（以下简称《意见》），标志着长江经济带上升为国家战略。《意见》强调要将长江经济带建设成沿海沿江沿边全面推进的对内对外开放带，通过利用区位优势，创新开放模式，培育内陆开放高地，使之成为贯穿东中西、连接南北的开放合作走廊。2016年9月，《长江经济带发展规划纲要》正式印发，目的在于构建长江经济带陆海统筹、东西双向，与世界共建"一带一路"倡议深度融合的全方位对外开放新格局。

同一时期，长江经济带以自由贸易试验区为引领，积极构建开放型经济新体制。2013年8月17日，国务院批准设立中国（上海）自由贸易试验区，同年9月29日正式挂牌，2017年4月1日，中国（浙江）自由贸易试验区、中国（湖北）自由贸易试验区、中国（重庆）自由贸易试验区、中国（四川）自由贸易试验区正式挂牌。2019年8月30日，中国（江苏）自由贸易试验区和中国（云南）自由贸易试验区正式挂牌。国家对自由贸易试验区（自贸区）的设立着眼于全局，因此长江经济带各个自贸区的功能定位各有不同：上海自贸试验区、江苏自贸试验区、浙江自贸试验区的功能定位是发挥其在长江经济带的引领作用，积极打造开放创新政策先行区；湖北自贸试验区的功能定位是加快推进中部崛起，构筑东西部之间的传送枢纽；四川自贸试验区、重庆自贸试验区的功能定位则是建设内陆开放型经济高地，增强长江经济带乃至中国西部门户的开放力度；云南自贸试验区的功能定位是建设成面向南亚和东南亚的辐射中心。各个自贸试验区既是连接长江经济带的重要载体，也是长江经济带对外开放的重要门户。贸易制度改革有利于深化长江经济带区域内互联互通，加速对外开放的整体进程。

综上所述，随着长江经济带发展战略的正式提出，长江经济带发展战略已成为中国三大发展战略之一，长江经济带的对外开放进入了全方位开放时期。这一时期长江经济带的全方位开放特征表现为两个方面：一是区域内各开放通道的统筹并重，即《长江经济带发展规划纲要》提出要构建陆海统筹、东西双向，与共建"一带一路"倡议深度融合的全方位开放格局；二是区域内各地方（城市）的互联互通，各自贸区不同的功能定位促使长江经济带的对外开放由区域内各自为战转变为协调推进和互联互通的新时代开放格局。

4.2　长江经济带外商直接投资的现状与特征

全面分析长江经济带利用外商直接投资的现状与特征，是后续实证研究长江经济带外商直接投资与经济增长关系的现实基础。基于此，本节将利用长江经济带外商直接投资的相关数据，对长江经济带利用外商直接投资的总体规模、区域差异以及来源地、投资方式和产业等分布特征进行描述和分析，以全面了解长江经济带利用外商直接投资的现状。

4.2.1 长江经济带利用外商直接投资的总体规模

近年来，随着长江经济带发展战略地位的不断提升和全方位开放格局的日趋形成，长江经济带逐渐成为中国外商直接投资的热点区域之一，被称为外商直接投资的"黄金水道"。虽然 2008 年国际金融危机、2009 年欧债危机等事件的影响波及全球，然而就长江经济带利用外商直接投资的情况来看，尽管增长率有所波动，但自 1984 年以来长江经济带实际利用外商直接投资的总量一直保持着稳中有增的态势（如图 4.1 所示）。

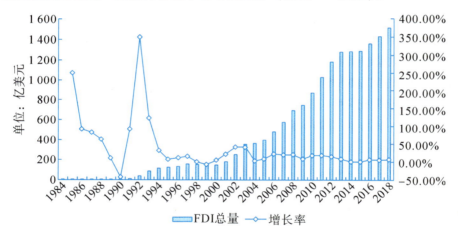

图 4.1　1984—2018 年长江经济带实际利用外商直接投资概况

从图 4.1 可以看出，从 1984 年到 2018 年的 30 多年间，长江经济带实际利用外商直接投资的总量发生了巨大变化，实际利用外商直接投资的增长率从早期的大幅波动逐渐趋于稳定。根据图 4.1 中长江经济带实际利用的外商直接投资总量及增长率的变化趋势，并结合期间中国发生的有利于经济发展的重大事件，可以将 1992 年邓小平南方谈话、2001 年中国加入世界贸易组织以及 2013 年国家提出共建"一带一路"倡议和长江经济带发展战略作为分界点，进一步将长江经济带利用外商直接投资的发展历程划分为四个阶段。

（1）起步发展阶段（1984—1991 年）。上海和长江三角洲的逐步对外开放，标志着长江经济带利用外商直接投资进入起步发展阶段。1984 年，长江经济带实际利用外资仅为 0.36 亿美元，1985 年增长到 1.26 亿美元，此后逐年增长，虽然 1990 年有所下降，但到 1991 年实际利用外资增加到 8.65 亿美元。这一时期，长江经济带主要依托国家引资优惠政策来吸引外商直接投资，但由于对外开放的时间较短，且开放门户数量不多，长江经济带实际利用外商直接投资总体规模较小，且增长率波动幅度较大。

（2）加速发展阶段（1992—2001 年）。这一时期，随着长江沿岸城市、长江沿线内陆沿边城市、开发区、保税区等多层次、多渠道开放格局的逐渐形成，以及国家西部大开发战略的推进，长江经济带利用外资的规模实现快速增长。1992 年长江经济带实际利用外资为 38.78 亿美元，1994 年这一数据已经突破百亿美元，达到 113.53 亿美元，到 2001 年长江经济带实际利用外资已增长到 178.18 亿美元，其间年均增长率为 18.46%。尽管 1999 年受亚洲金融危机影响，长江经济带实际利用外资出现负增长，但整体而言，这一时期长江经济带实际利用外商直接投资规模呈高速增长趋势。这一阶段，在国家外资优惠政策的引导下，长江经济带实际利用外资呈现以长三角为核心，逐渐向长江经济带中游地区和上游地区辐射的态势。

（3）高速发展阶段（2002—2012 年）。2001 年年底，中国成功加入世界贸易组织，为中国新一轮开放创造了良好的政策环境。随着中国对外开放政策的逐步完善和调整，长江经济带的外商直接投资也迎来新一轮跳跃式增长，2002 年长江经济带实际利用外资的增长幅度高达 41.06%。然而，在中国对外开放热潮和外商投资红利双重福利驱动下，大量外资涌入造成国内某些行业的过度投资，对经济健康发展产生不利影响。中央政府通过加强顶层设计，对过度投资采取了相应的宏观调控。受当期宏观政策影响，2004 年长江经济带实际利用外资增长率出现大幅下跌，但随后又呈现回旋式增长。2009 年，受全球金融危机影响，长江经济带利用外资增速有所回落，但总量依然呈现上升态势。整体来看，这一阶段长江经济带实际利用外资的总量呈飞速发展态势，从 2002 年的 251.35 亿美元增长到 2012 年的 1 175.94 亿美元，年均增长率为 16.68%，呈波动上升的"拱形"发展特征。

（4）调整稳定阶段（2013 年至今）。2013 年以来，中央提出要依托黄金水道建设长江经济带，为中国经济持续发展提供重要支撑。2016 年，习近平总书记在重庆召开推动长江经济带发展座谈会并指出，长江经济带发展必须坚持走生态优先、绿色发展之路，共抓大保护，不搞大开发。这一阶段长江经济带外商直接投资的政策日渐完善，实际利用外资的规模持续增长，从 2013 年的 1 274.72 亿美元增长到 2018 年的 1 513.04 亿美元；与此同时，长江经济带吸引外商直接投资也进入了调整阶段，实际利用外资的增长率有所放缓，年均增长率为 3.49%。从发展趋势来看，随着长江经济带对共建"一带一路"国家贸易往来的深度融入，长江经济带外商直接投资仍然会保持稳定增长态势，但随着政策的不断调整，外资进入门槛逐渐提高，长江经济带绿色发展定位迫使其引资模式将逐渐从"追求数量"向"重视质量"转变，因此长江经济带利用外资的增速有所放缓。

4.2.2　长江经济带利用外商直接投资的区域差异

改革开放初期，中国实施的是东部沿海率先开放的非平衡发展战略，东部沿海基于制度优越性和地域优势，对外开放程度高，吸引了大量外资。中西部地区受制度、地域以及自身发展水平的限制，对外开放起步晚，对外资的吸引能力较弱。目前，长江经济带几乎占据我国经济的"半壁江山"，是我国经济发展强有力的支撑，但同时其横跨我国东、中、西部三个区域，受多种因素的综合影响，区域间利用外商直接投资难免存在差异。由于重庆 1997 年成为直辖市，因此结合数据的可得性，本节将利用 1997 以来年长江经济带外商直接投资的相关数据，从城市、省际、区域、城市群四个层面对长江经济带利用外商直接投资的区域差异状况进行全面考察。

（1）长江经济带利用外商直接投资的城市差异

本书选择了长江经济带 105 个地级及以上城市作为研究样本，通过进一步对其实际利用外资数据的收集和整理，以反映长江经济带实际利用外商直接投资的城市分布特征和变化趋势。表 4.1 反映了长江经济带 105 个地级及以上城市 1997—2018 年部分年份实际利用外商直接投资的情况。

表 4.1　1997—2018 年长江经济带 105 个地级及以上城市实际利用外商直接投资概况

城市	实际利用外商直接投资数额/亿美元				城市	实际利用外商直接投资数额/亿美元			
	1997 年	2004 年	2011 年	2018 年		1997 年	2004 年	2011 年	2018 年
上海	48.081 6	65.407 3	126.005 5	173.000 9	黄石	0.648 1	2.004 9	3.260 4	1.814 5
南京	4.942 2	25.663 6	35.658 8	38.533 9	十堰	0.026 2	0.375 0	1.072 5	3.305 9

城市	实际利用外商直接投资数额/亿美元				城市	实际利用外商直接投资数额/亿美元			
	1997 年	2004 年	2011 年	2018 年		1997 年	2004 年	2011 年	2018 年
无锡	8.724 1	20.956 7	35.048 0	36.913 3	宜昌	1.034 3	3.360 2	1.852 0	2.769 6
徐州	0.892 9	3.291 7	14.656 9	18.984 8	襄樊	0.160 0	0.801 3	3.129 0	8.801 5
常州	4.103 2	5.800 0	30.523 8	24.218 9	鄂州	0.180 7	0.592 6	1.380 0	0.385 7
苏州	24.472 3	50.331 4	90.162 3	45.249 8	荆门	0.220 5	0.682 5	1.868 7	4.606 5
南通	6.080 7	11.043 4	21.664 4	25.814 0	孝感	0.183 6	0.741 3	2.004 4	3.497 9
连云港	1.061 3	2.465 9	6.098 6	6.034 5	荆州	0.495 0	0.606 3	0.742 9	0.290 1
淮安	0.410 0	1.205 1	16.199 6	11.821 3	黄冈	0.253 8	0.570 7	0.230 8	0.536 0
盐城	1.097 9	1.538 9	16.878 0	9.131 3	咸宁	0.076 2	0.517 0	1.710 8	0.403 1
扬州	0.737 1	8.139 8	21.026 4	12.204 4	随州	0.018 5	0.150 0	0.621 3	1.522 3
镇江	4.417 6	6.060 1	18.075 6	8.677 4	长沙	2.908 6	5.011 4	26.011 6	57.799 7
泰州	0.963 9	4.147 2	14.172 6	15.073 1	株洲	0.620 9	1.278 1	4.914 0	13.541 2
宿迁	0.002 7	0.158 2	1.897 1	3.768 4	湘潭	0.402 9	1.407 0	4.839 7	13.605 1
杭州	4.118 7	14.098 2	47.223 0	68.265 8	衡阳	1.109 6	1.527 3	4.969 8	14.254 7
宁波	5.540 8	21.033 2	28.092 9	43.201 7	邵阳	0.204 3	0.457 4	0.911 0	3.023 5
温州	0.602 5	2.091 6	1.021 5	5.230 7	岳阳	0.872 5	1.031 8	1.867 2	5.587 2
嘉兴	1.478 0	10.218 7	17.206 6	31.398 0	常德	1.011 7	1.298 8	3.080 0	12.500 1
湖州	0.554 3	6.112 1	9.403 8	12.714 4	张家界	0.067 5	0.180 0	0.425 6	1.306 2
绍兴	1.148 1	8.234 4	8.046 8	13.514 1	益阳	0.137 2	0.731 7	1.226 0	3.119 2
金华	0.373 0	4.298 3	2.331 5	3.185 4	郴州	0.568 1	1.988 2	6.580 3	19.056 5
衢州	0.146 8	0.208 0	0.454 1	0.743 1	永州	0.301 7	1.332 2	4.600 0	12.124 7
舟山	0.116 2	0.225 1	1.078 8	4.176 2	怀化	0.305 0	0.207 3	0.711 2	0.564 0
台州	0.369 7	3.029 6	1.430 1	2.889 3	娄底	0.118 2	0.693 9	1.679 8	5.390 0
丽水	0.029 7	0.205 1	0.443 0	1.069 1	重庆	3.846 6	4.050 8	105.294 8	102.734 4
合肥	0.505 3	3.159 8	18.129 1	32.300 0	成都	1.366 8	3.317 3	65.529 9	122.750 0 0
芜湖	0.413 9	2.183 1	10.407 7	29.164 2	自贡	0.026 9	0.199 5	0.206 2	0.109 7
蚌埠	0.410 9	1.002 2	5.075 7	13.984 8	攀枝花	0.041 2	0.053 3	1.517 6	1.360 0
淮南	0.030 2	0.188 0	1.620 2	2.852 5	泸州	0.000 3	0.081 7	0.386 2	1.596 8
马鞍山	0.063 4	0.530 7	9.917 2	24.849 0	德阳	0.069 6	0.454 1	1.916 9	0.894 8
淮北	0.102 6	0.350 4	3.012 3	2.569 7	绵阳	0.125 3	0.353 6	3.178 2	2.897 5
铜陵	0.037 3	0.522 9	2.380 7	3.280 6	广元	0.003 0	0.018 1	0.231 1	0.230 5
安庆	0.070 8	0.164 0	2.729 1	2.549 4	遂宁	0.016 1	0.209 2	0.340 9	0.404 2

表4.1(续)

城市	实际利用外商直接投资数额/亿美元				城市	实际利用外商直接投资数额/亿美元			
	1997 年	2004 年	2011 年	2018 年		1997 年	2004 年	2011 年	2018 年
黄山	0.097 1	0.421 1	2.093 7	2.001 4	内江	0.010 3	0.062 0	1.239 7	0.443 3
滁州	0.320 0	0.464 9	3.628 0	13.923 0	乐山	1.009 8	1.285 0	1.211 9	0.576 5
阜阳	0.373 1	0.277 0	0.648 8	4.121 3	南充	0.052 7	0.435 0	0.840 0	0.850 0
宿州	0.038 4	0.088 6	2.799 5	9.180 5	眉山	0.071 9	0.177 2	1.661 0	1.023 7
六安	0.038 5	0.178 2	2.224 6	5.030 6	宜宾	0.008 7	0.070 3	0.501 0	0.401 0
亳州	0.003 9	0.081 5	2.673 3	9.010 8	广安	0.000 1	0.034 6	0.341 6	0.483 6
池州	0.010 5	0.303 7	1.807 7	3.958 8	达州	0.008 6	0.013 8	0.508 0	0.309 5
宣城	0.025 1	0.363 6	3.119 5	11.239 7	雅安	0.000 1	0.002 5	0.368 6	0.102 8
南昌	1.258 6	7.303 3	22.873 7	34.889 9	巴中	0.010 1	0.001 2	0.083 1	0.050 0
景德镇	0.103 0	0.141 7	0.735 8	2.230 9	资阳	0.008 4	0.038 2	0.385 1	0.820 0
萍乡	0.114 2	0.512 9	1.799 0	4.011 1	贵阳	0.236 5	0.781 7	2.787 4	15.890 6
九江	0.700 0	3.080 0	7.725 8	21.722 3	六盘水	0.004 3	0.002 3	0.298 2	2.613 5
新余	0.104 1	0.515 9	5.938 3	4.750 8	遵义	0.035 8	0.103 6	0.333 1	0.076 5
鹰潭	2.703 5	0.357 8	1.453 3	3.158 9	安顺	0.001 1	0.013 9	0.412 0	0.940 0
赣州	1.151 3	5.390 0	9.286 2	18.442 0	昆明	0.503 4	0.622 8	12.744 3	8.501 3
吉安	0.212 8	1.520 0	5.024 6	11.722 5	曲靖	0.034 8	0.113 8	0.280 1	0.145 4
宜春	0.344 8	1.293 3	4.307 5	8.447 1	玉溪	0.012 6	0.098 6	0.379 6	0.049 9
抚州	0.264 9	0.433 0	1.763 0	3.850 4	保山	0.000 8	0.004 5	0.523 2	0.236 7
上饶	0.219 0	1.322 8	5.936 6	12.490 7	昭通	0.012 4	0.011 7	0.040 0	0.042 4
武汉	4.533 3	15.200 3	37.601 5	109.268 4	平均值	1.468 2	3.461 6	9.759 4	14.068 1

从表 4.1 中可以看出，1997—2018 年长江经济带 105 个地级及以上城市实际利用外商直接投资的数额普遍呈增长趋势。具体来看，1997 年所有城市实际利用外商直接投资的数额的平均值仅为 1.468 2 亿美元，其中高于 1 亿美元的城市仅为 24 个；2004 年和 2011 年实际利用外商直接投资数额的平均值分别增长到 3.461 6 亿美元和 9.759 4 亿美元，高于 1 亿美元的城市分别为 44 个和 77 个；2018 年所有城市实际利用外商直接投资的数额的平均值增加到 14.068 1 亿美元，其中高于 1 亿美元的城市增加到 80 个。从表 4.1 还可看出，长江经济带 105 个地级及以上城市实际利用外商直接投资的数额存在较大的差异。1997 年实际利用外商直接投资的数额最高的城市为上海，其实际利用外商直接投资达 48.081 6 亿美元，而广安和雅安

仅为 0.000 1 亿美元。到 2018 年，上海、成都、武汉和重庆等城市的实际利用外商直接投资的数额已超过 100 亿美元，而遵义、巴中、玉溪和邵通等城市实际利用外商直接投资的数额还低于 0.1 亿美元，与上海、成都等城市的差距十分显著。总的来看，长江经济带 105 个地级及以上城市实际利用外商直接投资的数额呈现出明显的空间差异，主要表现为实际利用外商直接投资的数额由东部城市向中西部城市递减，由沿海、沿江城市向内陆城市递减，以及由直辖市、省会城市向地级市递减的特征。

（2）长江经济带利用外商直接投资的省际差异

表 4.2 反映了 1997—2018 年长江经济带各省市部分年份实际利用外商直接投资及其占比的情况。从实际利用外商直接投资绝对额来看，长江经济带各省市实际利用外商直接投资都呈增长趋势，但省际差异明显，江苏、上海和浙江等省市长期占据主导地位。1997 年，江苏实际利用外商直接投资绝对额为 57.91 亿美元，占长江经济带的份额为 37.56%，位居第一位；其次为上海和浙江，实际利用外商直接投资绝对额占长江经济带的比重分别为 31.19% 和 9.39%，三个省市实际利用外商直接投资总额占长江经济带的比例高达 78.14%。2004 年，长江经济带实际利用外商直接投资绝对额排名前三的为江苏、浙江和上海，占比分别为 38.74%、19.19% 和 18%；与 1997 年相比，江苏和浙江的占比均有所上升，而上海的占比下降幅度较大，三个省市实际利用外商直接投资合计占长江经济带的比重为 75.93%。到 2011 年，江苏实际利用外商直接投资绝对额依然排名第一，达到 322.06 亿美元，但其利用外商直接投资占长江经济带比重下降为 31.43%。上海和浙江紧随其后，实际利用外商直接投资占长江经济带的比重分别为 12.30% 和 11.39%，三个省市实际利用外商直接投资总额占长江经济带的比例下降至 55.12%。到 2018 年，江苏实际利用外商直接投资的总额下降到 256.43 亿美元，占比下降至 16.95%，但仍排名第一。浙江和上海次之，其实际利用外商直接投资的总量分别增长到 186.39 亿美元和 173 亿美元，但江苏、浙江和上海三个省市实际利用外商直接投资合计占长江经济带的比重下降到 40.70%。

表 4.2 长江经济带各省市实际利用外商直接投资概况

省份	1997 年		2004 年		2011 年		2018 年	
	绝对额/亿美元	占比/%	绝对额/亿美元	占比/%	绝对额/亿美元	占比/%	绝对额/亿美元	占比/%
上海	48.08	31.19	65.41	18.00	126.01	12.30	173.00	11.43
江苏	57.91	37.56	140.80	38.74	322.06	31.43	256.43	16.95
浙江	14.48	9.39	69.75	19.19	116.73	11.40	186.39	12.32
安徽	2.54	1.65	10.28	2.83	72.27	7.05	170.02	11.24
江西	7.18	4.66	21.87	6.02	66.84	6.52	125.72	8.31
湖北	7.83	5.08	25.60	7.04	55.47	5.41	137.20	9.07
湖南	8.63	5.60	17.15	4.72	61.82	6.03	161.87	10.70
重庆	3.85	2.49	4.05	1.11	105.29	10.28	102.73	6.79
四川	2.83	1.84	6.81	1.87	80.45	7.85	135.30	8.94
云南	0.28	0.18	0.90	0.25	3.83	0.37	19.52	1.29
贵州	0.56	0.36	0.85	0.23	13.97	1.36	44.86	2.96

根据表 4.2，从 1997—2018 年长江经济带各省市实际利用外商直接投资的整体情况和发展趋势来看，东部省份的排名普遍靠前，但随着长江经济带开放通道的向西延伸，中西部省份对外开放程度提高，东部地区外资市场份额逐渐被中西部地区分割。其中，长江经济带中部省份依托承东启西的地理优势，其实际利用外商直接投资占长江经济带的比重持续上升。以湖南为例，其实际利用外商直接投资绝对额从 1997 年的 8.63 亿美元增加到 2018 年的 161.87 亿美元，占长江经济带的比重从 5.60% 增加到10.70%。此外，随着中国内陆开放高地建设的推进，西部地区对外开放门户数量逐渐增加，重庆、四川、云南和贵州等西部省市以丝绸之路经济带和南向通道为支撑，更加积极主动吸收外资，其实际利用外商直接投资总额占长江经济带的比重也有所提高，总体呈上升态势。其中四川的增幅最为明显，其实际利用外商直接投资绝对额从 1997 年的 2.83 亿美元增长到2018 年的 135.30 亿美元，占长江经济带的比重由 1.84% 提升到 8.94%。

（3）长江经济带利用外商直接投资的上中下游差异

从地理学角度来看，长江上、中、下游的分界点是宜昌和湖口。而现有相关研究仍主要沿用传统的东中西部划分标准，将长江经济带划分为上、中、下游三大区域（黄和平 等，2019）①。本书参照国家推动长江经济带发展领导小组的划分标准，将长江经济带划分为上游、中游、下游三个地区。其中上游地区包括云南、贵州、四川、重庆四个省市，中游地区包括江西、湖北、湖南三个省份，下游地区包括上海、江苏、浙江、安徽四个省市。

图 4.2 反映了 1997—2018 年长江经济带上、中、下游三大区域实际利用外商直接投资的规模及其变动趋势。从图 4.2 中可以看出，长江经济带实际利用外商直接投资的规模总体呈下游地区、中游地区、上游地区依次递减的空间分布特征。长江经济带下游地区实际利用外商直接投资的规模从 1997 年的 123.01 亿美元波动上升至 2018 年的 785.83 亿美元，年均增长率为 9.23%。中游地区实际利用外商直接投资的规模由 1997 年的 23.63 亿美元持续上升至 2018 年的 424.79 亿美元，年均增长率为 14.75%。上游地区实际利用外商直接投资的规模由 1997 年的 7.52 亿美元波动上升至 2018 年的 302.42 亿美元，年均增长幅度为 19.23%。

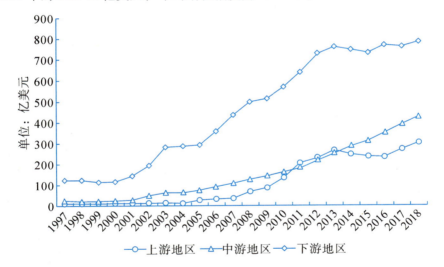

图 4.2 1997—2018 年长江经济带三大区域实际利用外商直接投资总量的变化趋势

与此同时，1997—2018 年长江经济带上、中、下游三大地域实际利用外商直接投资的占比也发生了很大变化，上游地区和中游地区的占比整体

---

① 黄和平，乔学忠，张瑾，李亚丽，曾永明. 绿色发展背景下区域旅游业碳排放时空分异与影响因素研究：以长江经济带为例［J］. 经济地理，2019，39（11）：214-224.

呈上升趋势，而下游地区的占比呈下降趋势（如表4.3所示）。从表4.3可知，上游地区实际利用外商直接投资的占比从1997年的4.88%波动上升到2018年的19.99%，占比提升幅度较大；中游地区实际利用外商直接投资的占比从1997年的15.33%波动上升到2018年的28.07%，占比提升幅度略小于上游地区；下游地区实际利用外商直接投资的占比历年均为最高，但考察期间整体呈下降的趋势，占比从1997年的79.79%波动下降到2018年的51.94%。虽然下游地区实际利用外商直接投资的规模在长江经济带始终占据绝对优势，但随着时间的推移，其占据长江经济带实际利用外商直接投资的比重在下降，而中游和上游地区的比重则在增加。

表4.3 1997—2018年长江经济带三大地区实际利用外商直接投资占比情况

区域	1997年	2000年	2003年	2006年	2009年	2012年	2015年	2018年
上游地区/%	4.88	6.51	3.44	6.80	11.67	19.53	18.47	19.99
中游地区/%	15.33	14.73	17.37	18.67	19.13	18.40	24.41	28.07
下游地区/%	79.79	78.76	79.19	74.53	69.20	62.07	57.12	51.94

综上可知，长江经济带下游地区在吸引外资上具有明显的比较优势，实际利用外资规模远大于中游地区和上游地区。但近年来，因资源环境约束和劳动力要素成本上升等条件限制，下游地区的开放优势正在"钝化"，开放经济面临着转型升级压力，实际利用外资所占比重有所下降。与此同时，中游地区通过把握中部崛起战略红利，依托中游地区资源、劳动力比较优势，发挥与东部沿海的比邻优势，加快发展开放型经济，实际利用外资持续增长。长江经济带上游地区与中下游地区具有一定的经济梯度与产业带差，同时其人口红利普遍高于全国平均水平，存在巨大的发展潜力。在西部大开发战略推动下，上游地区通过积极承接下游地区劳动密集型外资企业梯度转移，不断提升外资利用规模。但随着长江经济带绿色发展基调的确定，长江上游地区作为整个长江流域的生态基础和屏障，是整个长江经济带生态环境保护最为关键的区域，因此近年来长江经济带上游地区的外资进入门槛有所提高，实际利用外资的规模存在一定波动，增速有所放缓。

（4）长江经济带利用外商直接投资的城市群差异

2018 年 11 月 18 日，中共中央、国务院发布的《中共中央 国务院关于建立更加有效的区域协调发展新机制的意见》明确指出，以京津冀城市群、长三角城市群、粤港澳大湾区、成渝城市群、长江中游城市群、中原城市群、关中平原城市群等城市群为主体，推动国家重大区域战略融合发展，即建立以中心城市引领城市群发展、城市群带动区域发展新模式，进而推动区域板块之间融合互动发展。城市群成为推进我国以及长江经济带城镇化的主体形态。目前，长三角城市群、长江中游城市群以及成渝城市群成为长江经济带的三大引擎，是长江经济带经济发展的重要增长极。其中，长三角城市群主要覆盖了上海、江苏、浙江和安徽三省一市 26 城市①；长江中游城市群覆盖了江西、湖北、湖南三个省份 31 城市②；成渝城市群覆盖了重庆和四川两个省市的 16 城市③。

表 4.4 反映了 1997—2018 年长江经济带三大城市群实际利用外商直接投资的规模及其变动趋势。整体而言，长江经济带三大城市群实际利用外商直接投资的规模呈长三角城市群、中游城市群、成渝城市群依次递减的空间分布特征。长三角城市群实际利用外商直接投资的规模从 1997 年的 118.77 亿美元波动上升至 2018 年的 689.43 亿美元，年均增长率为 8.32%。中游城市群实际利用外商直接投资的规模由 1997 年的 20.99 亿美元持续上升至 2018 年的 365.45 亿美元，年均增长率为 13.87%。成渝城市群实际利用外商直接投资规模由 1997 年的 6.62 亿美元波动上升至 2018 年的 236.40 亿美元，年均增长幅度为 17.65%。

从实际利用外商直接投资占长江经济带的比例来看，长三角城市群的占比呈逐年下降趋势，而中游城市群和成渝城市群的占比呈波动上升趋势。长三角城市群实际利用外商直接投资的占比从 1997 年的 77.04% 下降至 2018 年的 45.57%；中游城市群实际利用外商直接投资的占比从 1997 年的 13.62% 波动上升到 2018 年的 24.15%；成渝城市群实际利用外商直接投资的占比从 1997 年 4.30% 波动上升到 2018 年的 15.62%。三大城市群在初始资源禀赋以

① 2016 年 5 月 22 日，国务院向上海、江苏、浙江、安徽四个省市人民政府和国家发展改革委、住房和城乡建设部批复同意《长江三角洲城市群发展规划》。

② 2015 年 3 月 26 日，国务院向江西、湖北、湖南三个省份人民政府和国家发展改革委批复《长江中游城市群发展规划》。

③ 2016 年 4 月 12 日，国务院向重庆市、四川省人民政府和国家发展改革委、住房和城乡建设部批复同意《成渝城市群发展规划》。

及功能定位的异质性，使三大城市群在吸引和利用外商直接投资方面也存在一定差距。作为开放创新政策先行区，长三角城市群实际利用的外商直接投资始终占据绝对优势，但中游城市群和成渝城市群内陆开放模式的持续创新，开放门户和通道的拓展，逐渐削弱了长三角城市群的绝对优势。

表 4.4　1997—2018 年长江经济带三大城市群实际利用外商直接投资概况

年份	长三角城市群		长江中游城市群		成渝城市群	
	绝对额 /亿美元	占比 /%	绝对额 /亿美元	占比 /%	绝对额 /亿美元	占比 /%
1997	118.77	77.04	20.99	13.62	6.62	4.30
1998	116.16	76.09	17.46	11.44	10.36	6.79
1999	107.78	76.42	17.24	12.23	7.36	5.22
2000	110.87	75.63	18.88	12.88	7.31	4.99
2001	136.73	76.73	23.77	13.34	7.87	4.41
2002	186.59	74.24	40.92	16.28	9.62	3.83
2003	269.43	76.09	53.00	14.97	9.98	2.82
2004	274.03	75.39	54.54	15.00	10.78	2.97
2005	278.92	70.88	63.94	16.25	22.52	5.72
2006	339.72	70.73	76.46	15.92	29.27	6.09
2007	405.27	70.42	91.00	15.81	28.87	5.02
2008	463.24	67.22	107.89	15.66	56.41	8.19
2009	474.97	64.05	122.57	16.53	75.15	10.13
2010	519.89	60.02	141.36	16.32	120.28	13.89
2011	576.15	56.22	159.93	15.61	183.91	17.95
2012	646.65	54.99	188.14	16.00	204.17	17.36
2013	677.99	53.19	218.10	17.11	230.43	18.08
2014	654.56	51.11	248.01	19.37	207.12	16.17
2015	647.84	50.43	270.53	21.06	196.21	15.27
2016	682.34	50.27	304.59	22.44	182.78	13.47
2017	667.89	46.80	337.47	23.65	211.00	14.79
2018	689.43	45.57	365.45	24.15	236.40	15.62

4.2.3　长江经济带利用外商直接投资的分布特征

（1）长江经济带利用外商直接投资的来源地分布

表 4.5 反映了 2000—2017 年长江经济带实际利用外商直接投资在六大洲的来源数额及分布占比情况。由表 4.5 可知，2000 年以来长江经济带实际利用外商直接投资主要来自亚洲、欧洲、北美洲和拉丁美洲，六大洲中亚洲占比最高，而非洲占比最低。具体来看，长江经济带实际利用外商直接投资来自亚洲的外资从 2000 年的 80.7 亿美元增长至 2017 年的 928.3 亿美元，其外商直接投资占比由 63.04% 稳定上升至 85.93%。2013 年之前，长江经济带实际利用外商直接投资来自欧洲的外资占比呈下滑趋势，但随着 2013 年丝绸之路经济带的提出，长江经济带与欧洲国家的贸易投资往来变得更加密切，来自欧洲的外资占比逐渐回升。但整体来看，考察期内来自欧美发达国家以及非洲、拉丁美洲等发展中国家的外资占比都有所下降。

表 4.5　2000—2017 年长江经济带实际利用外商直接投资来源地分布及占比情况①

年份	亚洲		非洲		欧洲		拉丁美洲		北美洲		大洋洲	
	数额/亿美元	占比/%	数额/亿美元	占比/%	数额/亿美元	占比/%	数额/亿美元	占比/%	数额/亿美元	占比/%	数额/亿美元	占比/%
2000	80.70	63.04	0.58	0.46	21.92	17.12	7.17	5.60	15.60	12.18	2.05	1.60
2001	102.23	65.39	1.12	0.72	19.21	12.29	12.60	8.06	18.51	11.84	2.65	1.70
2002	133.39	65.53	2.21	1.09	19.2	9.43	20.57	10.10	21.81	10.72	6.38	3.13
2003	194.46	65.36	2.85	0.96	25.87	8.69	30.07	10.10	34.31	11.53	9.99	3.36
2004	199.60	67.01	2.57	0.86	23.95	8.04	27.78	9.33	35.90	12.05	8.05	2.70
2005	200.57	64.83	3.51	1.14	30.79	9.95	30.66	9.91	35.17	11.37	8.68	2.81
2006	223.93	63.08	5.88	1.66	34.11	9.61	37.81	10.65	41.73	11.76	11.55	3.25
2007	305.33	64.38	6.41	1.35	38.04	8.02	58.28	12.29	54.23	11.44	11.96	2.52
2008	398.78	69.03	7.25	1.25	38.94	6.74	65.45	11.33	49.25	8.52	18.04	3.12
2009	461.14	74.21	8.56	1.38	41.30	6.65	53.58	8.62	42.49	6.84	14.32	2.30
2010	594.15	79.81	5.17	0.69	42.43	5.70	49.94	6.71	42.17	5.66	10.57	1.42

---

① 本节长江经济带外商直接投资的分布特征数据均由长江经济带 11 个省（市）加总而得，由于部分省（市）在某些年份相关数据缺失，因此在分析外商直接投资来源地分布、外商直接投资主要方式分布、外商直接投资行业分布特征时，所选取的数据区间存在一定差异。

表4.5(续)

年份	亚洲		非洲		欧洲		拉丁美洲		北美洲		大洋洲	
	数额/亿美元	占比/%	数额/亿美元	占比/%	数额/亿美元	占比/%	数额/亿美元	占比/%	数额/亿美元	占比/%	数额/亿美元	占比/%
2011	723.51	84.17	5.24	0.61	43.64	5.08	38.98	4.53	37.03	4.31	11.16	1.30
2012	804.53	84.49	5.43	0.57	44.19	4.64	30.86	3.24	54.11	5.68	13.15	1.38
2013	869.73	84.90	4.96	0.48	53.97	5.27	29.25	2.86	54.48	5.32	11.99	1.17
2014	925.37	85.70	5.04	0.47	63.60	5.89	24.79	2.30	50.46	4.67	10.54	0.98
2015	930.19	83.83	2.81	0.25	77.87	7.02	30.83	2.78	54.47	4.91	13.44	1.21
2016	963.11	84.83	3.24	0.29	71.68	6.31	26.59	2.34	60.96	5.37	9.83	0.87
2017	928.30	85.93	3.04	0.28	69.14	6.40	32.67	3.02	35.58	3.29	11.55	1.07

从具体来源国家（地区）来看（如表4.6所示），2017年长江经济带实际利用外商直接投资排名前十位的来源地依次为中国香港、新加坡、日本、中国台湾、美国、韩国、德国、英国、法国、维尔京群岛，且前十个来源地合计占比高达97.02%。其中，由于中国香港具有特殊的国际化背景和得天独厚的区位优势等因素，大部分外商直接投资通过其转向中国内地，而长江经济带拥有独特的区位优势、丰富的资源禀赋、雄厚的产业基础，是外商直接投资的理想之地。长江经济带引进来自中国香港的外资也一直处于稳定增长态势，外资从2000年的37.43亿美元增加到2017年的777.76亿美元，外资占比由29.24%提升至76.99%。实际利用新加坡外资占比从2000年的9.02%下降至2017年的4.09%，但占比排名从第四位上升至第二位；实际利用日本外资占比从2000年的10.43%下降至2017年的3.91%，排名维持在第三；实际利用中国台湾外资占比从2000年的8.12%下降至2017年的3.12%，排名维持在第四位。来源于美国的外资占比也呈下滑态势，从2000年的11.45%下滑至2017年的2.51%。此外，来源于韩国、德国、英国、法国、维尔京群岛等国家（地区）的外资占比也有所波动下降，但占比均比较小，2017年来源于这5个国家（地区）的外资占比均未超过2%。

表 4.6　2017 年长江经济带实际利用外商直接投资排名前十的来源地

排名	来源国家（地区）	实际利用外商直接投资金额/亿美元	占长江经济带比重/%
1	中国香港	777.76	76.99
2	新加坡	41.31	4.09
3	日本	39.51	3.91
4	中国台湾	31.52	3.12
5	美国	25.32	2.51
6	韩国	18.79	1.86
7	德国	13.65	1.35
8	英国	12.50	1.24
9	法国	10.90	1.08
10	维尔京群岛	8.80	0.87

综上所述，从长江经济带实际利用外商直接投资来源的具体国家（地区）来看，当前长江经济带的外商直接投资主要来自中国香港，占比已超过四分之三，这反映出中国香港在长江经济带开放型经济发展中有着举足轻重的地位。其次外资来源较多的为同处于亚洲的新加坡、日本、中国台湾和韩国，而来自西方发达经济体（美国、德国、英国、法国等）的外资较少。究其原因，可能主要是长江经济带的开放水平还不够高，对西方发达经济体的投资主体，尤其是对高端技术型企业的吸引力较弱，且随着劳动力成本的上升，长江经济带对劳动密集型外资的吸引力也不断下降。

（2）长江经济带利用外商直接投资的方式分布

改革开放之初，由于外资进入政策限制，只有国有经济和外资企业合作这一合资经营方式。随着中国资本市场的发展和投资环境的不断改善，中国利用外商直接投资先后出现了中外合作经营和外商独资经营这两种模式，这也丰富了中国利用外商直接投资的方式，使其更具灵活性。20 世纪 90 年代以后，中国诞生了股份制公司，随即又出现了外商投资股份制企业和合资企业。如今，中国引进外资的方式越来越多元化，并形成了以合资经营、合作经营、外商独资以及外商投资股份制为主的外资来源结构（见表 4.7）。

表 4.7　2002—2018 年长江经济带实际利用外商直接投资的主要方式

年份	合资经营		合作经营		独资经营		外商投资股份制	
	实际利用额/亿美元	占比/%	实际利用额/亿美元	占比/%	实际利用额/亿美元	占比/%	实际利用额/亿美元	占比/%
2002	70.85	30.45	15.29	6.57	145.94	62.73	0.57	0.25
2003	99.34	29.90	13.01	3.92	219.35	66.00	0.59	0.18
2004	98.02	29.69	11.76	3.56	216.94	65.72	3.40	1.03
2005	86.46	24.33	8.85	2.49	254.74	71.68	5.35	1.50
2006	107.82	24.66	7.77	1.78	319.95	73.19	1.61	0.37
2007	116.60	21.60	9.67	1.79	410.84	76.12	2.64	0.49
2008	133.55	20.13	14.62	2.20	508.96	76.70	6.40	0.96
2009	148.45	21.02	12.59	1.78	530.31	75.10	14.79	2.10
2010	174.98	21.26	10.51	1.28	620.25	75.34	17.51	2.12
2011	220.65	21.79	14.23	1.41	761.24	75.19	16.32	1.61
2012	248.78	21.80	15.44	1.35	854.64	74.90	22.25	1.95
2013	237.56	20.60	29.60	2.57	871.58	75.57	14.64	1.27
2014	223.52	18.84	107.54	9.06	828.86	69.87	26.51	2.23
2015	279.81	23.26	20.93	1.74	858.21	71.35	43.86	3.65
2016	249.78	20.96	77.33	6.49	829.08	69.57	35.62	2.98
2017	287.67	23.28	62.68	5.07	845.08	68.39	40.23	3.25
2018	393.15	26.00	14.93	0.99	1 021.76	67.55	82.55	5.46

　　由表 4.7 可知，在长江经济带实际利用外商直接投资的四种主要方式中，独资经营始终占据主导地位，其次是合资经营和合作经营，而外商投资股份制所占的比重最低。独资经营类外商直接投资的利用额从 2002 年的 145.94 亿美元增长到 2018 年的 1 021.76 亿美元，其占比始终保持在 60% 的水平以上，从 2002 年的 62.73% 波动上升至 2018 年的 67.56%。其次，中外合资经营方式也一直占据着重要的地位，2018 年长江经济带外商直接投资合资经营占比为 26.00%，位居第二，虽然实际利用额从 2002 年的 70.85 亿美元增长到 2018 年的 393.15 亿美元，但外商合资经营占比却从 30.45% 波动下降到 26.00%。相同的是，中外合作经营方式外资的实际利用额虽有所增长，但其占比也呈下降趋势，从 2002 年的 6.57% 波动下滑至

2018 年 0.99%。此外，长江经济带外商投资股份制方式外资的实际利用额上升幅度较大，从 2002 年的 0.57 亿美元增长到 2018 年的 82.55 亿美元，其占比从 0.25% 提高到了 5.46%。

（3）长江经济带利用外商直接投资的产业分布

1995 年，中国政府出台了《外商投资产业指导目录》《指导外商投资方向暂行规定》等方针政策，并推行鼓励、允许、限制和禁止投资政策，其好处在于提升了相关政策的透明度，实现了产业和引资政策的良性互动。至此，除少数涉及国家安全的行业之外，中国金融、保险和律师事务所等诸多行业逐步开始向外商直接投资敞开大门。

表 4.8 展示了 2005—2018 年长江经济带实际利用外商直接投资在第一、第二、第三产业中的分布状况。从表 4.2 可知，外商直接投资主要投向了长江经济带的第二、第三产业，而第一产业外商直接投资占比始终处于较低水平，这与长江经济带当前的经济结构紧密联系。从发展趋势来看，2005—2018 年，流向长江经济带第二产业的外商直接投资占比从71.36% 逐渐下滑至 42.30%。其中，2012 年之前，第二产业实际利用外商直接投资占绝对优势。流向长江经济带第三产业的外商直接投资占比从2005 年的 27.34% 波动上升到 2018 年的 56.32%，并在 2013 年一举超越了第二产业。而流入长江经济带第一产业的外商直接投资波动幅度较小，且占比较低。综上所述，当前长江经济带实际利用外商直接投资的产业以第二、第三产业为主。近年来，第二产业的外商直接投资占比逐年下降，第三产业所占的外商直接投资增长迅猛，并逐渐占据主导地位，这在一定程度上反映出长江经济带外资进入结构在不断优化调整。

表 4.8　2005—2018 年长江经济带实际利用外商直接投资的三次产业分布

年份	第一产业		第二产业		第三产业	
	实际利用额 /亿美元	占比 /%	实际利用额 /亿美元	占比 /%	实际利用额 /亿美元	占比 /%
2005	4.79	1.30	263.73	71.36	101.04	27.34
2006	4.59	1.02	314.69	69.86	131.17	29.12
2007	7.77	1.40	361.31	64.92	187.46	33.68
2008	12.19	1.84	407.64	61.40	244.03	36.76
2009	16.53	2.34	426.38	60.37	263.33	37.29

表4.8(续)

年份	第一产业		第二产业		第三产业	
	实际利用额 /亿美元	占比 /%	实际利用额 /亿美元	占比 /%	实际利用额 /亿美元	占比 /%
2010	21.52	2.56	474.79	56.47	344.47	40.97
2011	23.43	2.29	529.12	51.75	469.98	45.96
2012	28.05	2.43	618.06	53.54	508.35	44.03
2013	26.66	2.31	555.08	48.03	573.99	49.66
2014	24.18	2.03	518.06	43.57	646.84	54.40
2015	22.97	1.82	575.58	45.57	664.65	52.61
2016	23.28	1.79	604.54	46.50	672.38	51.71
2017	20.10	1.61	548.81	43.85	682.58	54.54
2018	20.97	1.38	639.77	42.30	851.82	56.32

表4.9为长江经济带2018年实际利用外商直接投资在具体行业中的分布情况。从表4.9可知，长江经济带各行业均有一定的外资利用额度，各行业都放宽了外资准入条件。在所有行业中，长江经济带实际利用外商直接投资额度的前四位依次是制造业、房地产业、租赁和商务服务业、批发和零售业，四个行业的占比依次为36.89%、15.91%、12.59%和7.21%，合计占比高达72.60%。而其余行业实际利用外商直接投资的额度较少，尤其是采矿业、水利、环境和公共设施管理业、居民服务、修理和其他服务业、教育、卫生和社会工作、文化、体育和娱乐业以及其他行业，这些行业的占比均在1%的水平以下。由此可见，长江经济带实际利用外商直接投资的行业呈现出非均衡分布特征，且主要集中在制造业领域。

表4.9　2018年长江经济带实际利用外商直接投资的主要行业分布

行业分类	实际利用额 /亿美元	占比/%
农、林、牧、渔业	20.97	1.39
采矿业	4.01	0.27
制造业	557.96	36.89
电力、热力、燃气及水生产和供应业	59.31	3.92

表4.9(续)

行业分类	实际利用额/亿美元	占比/%
建筑业	18.48	1.22
交通运输、仓储和邮政业	45.86	3.03
信息传输、软件和信息技术服务业	89.66	5.93
批发和零售业	109.03	7.21
住宿和餐饮业	19.87	1.31
金融业	83.83	5.54
房地产业	240.60	15.91
租赁和商务服务业	190.37	12.58
科学研究和技术服务业	48.24	3.19
水利、环境和公共设施管理业	9.69	0.64
居民服务、修理和其他服务业	7.27	0.48
教育	0.16	0.01
卫生和社会工作	3.31	0.22
文化、体育和娱乐业	3.86	0.26
其他行业	0.06	0.00

4.3　长江经济带经济增长的总体趋势与区域差异

前文分析了长江经济带对外开放的历程和利用外商直接投资的现状，本节将重点分析长江经济带经济增长的现状。利用1997—2018年长江经济带的地级及以上城市、省际数据，从经济总量、经济增长速度和产业结构等方面对长江经济带经济增长的规模和趋势进行描述性分析。

4.3.1　长江经济带经济增长的总体趋势

改革开放以来，中国政府高度重视对外开放对经济增长的作用，在国家政策倾斜和发展战略规划的指导下，长江经济带的对外开放水平不断提升，为经济发展注入了能量十足的新兴动力，经济建设取得了瞩目的成就。图 4.3 描绘了 1997—2017 年长江经济带的 GDP 总量及其增长趋势。

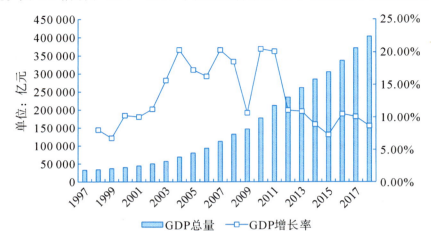

图 4.3　1997—2017 年长江经济带地区生产总值及其增长率

从图 4.3 可以看出，近 20 年来长江经济带的 GDP 总量呈持续增长趋势，分别在 2007 年、2011 年和 2015 年突破 10 万亿元、20 万亿元和 30 万亿元的大关。从增速来看，长江经济带 GDP 总量增速呈波动状态，总体呈"倒 V 形"特征。分阶段来看，1998—2008 年，长江经济带经济增长率呈波动上升态势；2009—2011 年，受全球金融危机的影响，长江经济带经济增长率先是断崖式下跌，随后又出现强力反弹；2012 年至今，长江经济带经济增长速度趋于稳定，始终在 10%的水平上下波动。随着中国经济进入新常态阶段，全国 GDP 增长速度已跌破 10%的增长速度，经济增速下滑趋势明显，但长江经济带在全方位开放格局持续推进的背景下，中、上游地区的经济潜能逐渐被激发，因此其依然保持着相对稳定的经济增长态势。

图 4.4 呈现了 1997—2018 年长江经济带三次产业占 GDP 比重的情况，借此可分析长江经济带产业结构的变化趋势。从图 4.4 可知，长江经济带第一产业占比呈逐年下降趋势，从 1997 年的 20.22%下降至 2018 年的 6.91%。第二产业占比从 1997 年的 44.74%波动下降至 2018 年的 41.31%。第三产业占比从 1997 年的 35.05%逐年上升至 51.78%。上述数据表明，长江经济带的产业结构在不断优化，2018 年长江经济带三次产业的构成比为 6.91∶41.31∶51.78，随着第一、第二产业占比的下降，第三产业逐渐成为长江经济带的主导产业，促进了长江经济带产业结构的优化和升级。

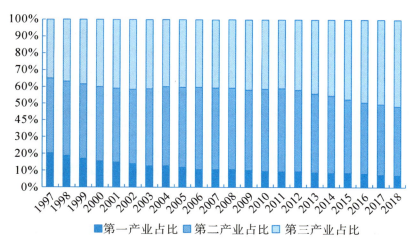

图 4.4　1997—2018 年长江经济带三次产业构成情况

4.3.2　长江经济带经济增长的区域差异

改革开放以来，长江经济带沿海省份、下游地区由于地理位置和自身经济发展水平的优势获得了率先开放的契机，而内陆省份、中上游地区长期以来处于闭塞的状态，二元开放格局加剧了省际和三大地区间经济发展的差异。因此，本节将利用 1997—2018 年长江经济带 GDP 和产业结构的相关数据，从城市、省际、区域、城市群四个层面对长江经济带经济增长的空间分布特征进行考察。

（1）长江经济带经济增长的城市差异

根据本书所选择的长江经济带 105 个地级及以上城市，我们通过进一步对其经济增长数据的收集和整理，来考察长江经济带经济增长的城市分布特征和变化趋势。表 4.10 反映了长江经济带 105 个地级及以上城市1997—2018 年部分年份的经济总量情况。

表 4.10　1997—2018 年长江经济带 105 个地级及以上城市地区生产总值

城市	GDP/亿元				城市	GDP/亿元			
	1997 年	2004 年	2011 年	2018 年		1997 年	2004 年	2011 年	2018 年
上海	3 465.28	8 165.38	19 539.07	32 679.87	黄石	138.40	316.98	925.96	1 587.33
南京	755.05	1 910.00	6 145.52	12 820.40	十堰	165.38	290.96	851.25	1 747.82
无锡	960.01	2 350.00	6 880.15	11 438.62	宜昌	339.64	588.68	2 140.69	4 064.18

城市	GDP/亿元				城市	GDP/亿元			
	1997 年	2004 年	2011 年	2018 年		1997 年	2004 年	2011 年	2018 年
徐州	515.02	1 095.80	3 551.65	6 755.23	襄樊	462.07	557.88	2 132.22	4 309.79
常州	470.11	1 100.61	3 580.99	7 050.27	鄂州	100.84	141.92	490.89	1 005.30
苏州	1 132.59	3 450.00	10 716.99	18 597.47	荆门	288.79	379.46	942.59	1 847.89
南通	577.47	1 226.06	4 080.22	8 427.00	孝感	298.86	381.29	958.16	1 912.90
连云港	238.53	416.36	1 410.52	2 771.70	荆州	288.79	430.02	1 043.11	2 082.18
淮安	196.58	500.97	1 690.00	3 601.25	黄冈	315.91	432.40	1 045.11	2 035.20
盐城	421.48	871.36	2 771.33	5 487.08	咸宁	18.01	205.00	652.01	1 362.42
扬州	376.67	788.13	2 630.30	5 466.17	随州	121.62	189.69	517.99	1 011.19
镇江	360.54	781.16	2 311.45	4 050.00	长沙	482.87	1 133.88	5 619.33	11 003.41
泰州	317.76	705.20	2 422.61	5 107.63	株洲	239.70	452.48	1 564.27	2 631.54
宿迁	144.69	335.59	1 320.83	2 750.72	湘潭	187.50	332.78	1 124.14	2 161.36
杭州	1 036.33	2 515.00	7 019.06	13 509.15	衡阳	264.35	542.17	1 734.30	3 046.03
宁波	897.43	2 158.04	6 059.24	10 745.46	邵阳	204.70	336.62	907.23	1 782.65
温州	605.82	1 402.57	3 418.53	6 006.16	岳阳	279.56	590.31	1 899.49	3 411.01
嘉兴	419.75	1 050.56	2 677.09	4 871.98	常德	283.16	583.37	1 811.19	3 394.20
湖州	296.17	590.69	1 520.06	2 719.07	张家界	47.55	96.09	298.04	578.92
绍兴	594.55	1 313.87	3 332.00	5 416.90	益阳	173.08	287.34	883.63	1 758.38
金华	461.96	978.38	2 458.07	4 100.23	郴州	189.51	395.08	1 346.38	2 391.87
衢州	133.41	283.76	919.62	1 470.58	永州	213.80	327.85	945.39	1 805.65
舟山	89.15	212.04	772.75	1 316.70	怀化	190.07	291.23	845.63	1 513.27
台州	509.07	1 173.79	2 754.41	4 874.67	娄底	34.80	267.21	847.26	1 540.41
丽水	22.77	264.57	798.22	1 394.67	重庆	1 350.10	2 665.39	10 011.37	20 363.19
合肥	248.99	589.70	3 636.60	7 822.91	成都	1 007.03	2 185.73	6 854.58	15 342.77
芜湖	164.94	345.07	1 658.24	3 278.53	自贡	126.01	249.35	780.36	1 406.71
蚌埠	162.59	263.66	780.24	1 714.66	攀枝花	98.55	200.83	645.66	1 173.52
淮南	123.00	214.49	709.54	1 133.31	泸州	143.39	258.79	900.87	1 694.97
马鞍山	123.52	265.10	1 144.18	1 918.10	德阳	215.18	424.78	1 137.45	2 213.87
淮北	93.88	169.13	554.92	985.19	绵阳	275.15	454.94	1 189.11	2 303.82
铜陵	58.01	136.72	579.41	1 222.36	广元	85.50	127.47	403.54	801.85
安庆	252.20	392.02	1 215.74	1 917.59	遂宁	104.53	193.53	603.36	1 221.39
黄山	67.56	131.98	378.81	677.91	内江	249.58	243.54	854.68	1 411.75

表4.10(续)

城市	GDP/亿元				城市	GDP/亿元			
	1997 年	2004 年	2011 年	2018 年		1997 年	2004 年	2011 年	2018 年
滁州	241.05	355.64	850.49	1 801.75	乐山	121.89	265.77	918.06	1 615.09
阜阳	459.39	263.32	853.19	1 759.52	南充	134.69	307.09	1 029.48	2 006.03
宿州	65.19	279.12	802.43	1 630.22	眉山	17.77	216.82	673.34	1 256.02
六安	51.21	253.10	821.02	1 288.05	宜宾	151.09	349.03	1 091.18	2 026.37
亳州	56.42	224.64	626.65	1 277.19	广安	117.26	217.58	659.90	1 250.24
池州	27.49	92.43	372.49	684.93	达州	21.07	321.86	1 011.49	1 690.17
宣城	55.15	235.66	671.40	1 317.20	雅安	20.91	121.59	350.13	646.10
南昌	360.00	770.46	2 688.87	5 274.67	巴中	27.76	124.66	343.59	645.88
景德镇	73.50	165.12	564.71	846.60	资阳	34.47	236.93	836.44	1 066.53
萍乡	74.51	172.56	658.15	1 009.05	贵阳	197.51	443.63	1 383.07	3 798.45
九江	192.80	356.76	1 256.41	2 700.19	六盘水	63.39	151.10	613.86	1 525.69
新余	52.21	134.00	779.21	1 027.34	遵义	193.97	362.37	1 121.46	3 000.23
鹰潭	39.50	96.37	427.60	818.98	安顺	47.93	87.79	285.55	849.40
赣州	135.35	398.01	1 336.00	2 807.24	昆明	487.33	942.14	2 509.58	5 206.90
吉安	17.56	242.86	879.06	1 742.23	曲靖	183.77	342.48	1 209.93	2 013.36
宜春	27.20	289.52	1 077.98	2 180.85	玉溪	280.78	327.90	876.55	1 493.04
抚州	34.60	204.18	742.51	1 382.40	保山	23.99	98.08	319.65	738.14
上饶	15.15	301.07	1 110.58	2 217.48	昭通	28.60	145.67	465.03	889.54
武汉	912.33	1 956.00	6 762.20	14 847.29	平均值	288.78	633.87	1 955.48	3 717.61

从表4.10可以看出，1997—2018 年长江经济带 105 个地级及以上城市的 GDP 均呈增长趋势，经济总量大幅增加，但城市间的差异较大。具体来看，1997 年长江经济带 105 个城市的 GDP 平均值为 288.87 亿元，经济总量超过千亿的城市仅有 5 个；其中 GDP 最大值为上海的 3 465.28 亿元，最小值为上饶的 15.15 亿元。2004 年长江经济带 105 个城市的 GDP 平均值上升到 633.87 亿元，经济总量超过千亿的城市增加到 17 个；其中 GDP 最大值为上海的 8 165.38 亿元，最小值为安顺的 87.79 亿元。2011 年长江经济带 105 个城市的 GDP 平均值增加到 1 955.48 亿元，经济总量超过千亿的城市达 54 个，其中上海、苏州、重庆三个城市的 GDP 已突破万亿元大关；上海的 GDP 达 19 539.07 亿元，是安顺的 68.43 倍。2018 年长江经济带 105 个城市的 GDP 平均值提升到 3 717.61 亿元，经济总量超过千亿的城市

增加到 93 个，其中超过万亿的城市达 10 个；上海、重庆的 GDP 更是超过了 20 000 亿元，分别为 32 679. 87 亿元和 20 363. 19 亿元。总而言之，长江经济带 105 个城市的经济规模都在不断扩大，但城市间的差异十分显著。整体分布呈现出由省级城市、省会城市向地级城市递减，由沿海、沿江城市向内陆城市递减，由下游城市向中游和上游城市递减的特征。

（2）长江经济带经济增长的省际差异

表 4. 11 反映了 1997—2018 年长江经济带 11 个省市 GDP 总量及其增长率的变化趋势。从表 4. 11 中的数据可知，长江经济带各省市的 GDP 总量均大幅增长，呈逐渐增长的趋势；各省市 GDP 增长率普遍呈先上升后下降的特征，总体趋势为波动下降。但是，长江经济带各省市间的经济总量和增长率均存在显著的差异。从 GDP 总量来看，2018 年排在前三位的分别是江苏、浙江和四川，其 GDP 总量均超过了 40 000 亿元，而贵州和云南的 GDP 均未超过 20 000 亿元；江苏的 GDP 为 92 595. 40 亿元，是贵州的 5. 18 倍、云南的 6. 25 倍。从 GDP 增长率来看，2018 年长江经济带各省市的实际 GDP 增速均已低于 10% 的水平，但是，中、上游省份的增速大多已超过下游省份，说明随着长江经济带全方位对外开放新格局的深入推进，中上游地区经济增长的潜力要大于下游地区。

表 4. 11　1997—2018 年长江经济带各省市地区生产总值及其增长率

地区	1997 年		2004 年		2011 年		2018 年	
	GDP /亿元	增长率 /%	GDP /亿元	增长率 /%	GDP /亿元	增长率 /%	GDP /亿元	增长率 /%
上海	3 438. 79	12. 80	8 072. 83	14. 20	19 195. 69	8. 20	32 679. 87	6. 60
江苏	6 680. 34	11. 96	15 003. 6	14. 90	49 110. 27	11. 00	92 595. 40	6. 70
浙江	4 686. 11	11. 10	11 648. 7	14. 48	32 318. 85	9. 00	56 197. 15	7. 10
安徽	2 347. 32	12. 70	4 759. 3	12. 50	15 300. 65	13. 50	30 006. 82	8. 00
江西	1 605. 77	11. 50	3 456. 7	13. 20	11 702. 82	12. 50	21 984. 78	8. 70
湖北	2 856. 47	11. 90	5 633. 24	11. 20	19 632. 26	13. 80	39 366. 55	7. 80
湖南	2 849. 27	10. 80	5 641. 94	12. 00	19 669. 56	12. 80	36 425. 78	7. 80
重庆	1 509. 75	11. 20	3 034. 58	12. 40	10 011. 37	16. 40	20 363. 19	6. 00
四川	3 241. 47	10. 50	6 379. 63	12. 70	21 026. 68	15. 00	40 678. 13	8. 00
云南	805. 79	9. 00	1 677. 8	11. 40	5 701. 84	15. 00	14 806. 45	9. 10
贵州	1 676. 17	9. 70	3 081. 91	11. 50	8 893. 12	13. 70	17 881. 12	8. 90

表 4.12 列出了 1997—2018 年部分年份长江经济带各省市三次产业占 GDP 比重的数据，反映了长江经济带各省份经济结构的变化和地区差异情况。从表 4.12 中可以看出，长江经济带各省份的产业结构都在不断优化，第一产业占比均呈下降趋势，而第三产业占比则普遍呈上升趋势。第二产业占比与第一、第三产业占比的走势有所不同，考察期内长江经济带多数省份第二产业占比呈现出先上升后下降的趋势，这与中国工业化进程的大背景相符。此外，从 2018 年的数据来看，长江经济带省际经济结构仍然存在明显的差异。从第一产业占比来看，上海、浙江、江苏分别为 0.32%、3.50% 和 4.47%，而四川、云南和贵州分别为 10.88%、13.97% 和 14.59%，差异十分明显；从第二产业占比来看，最高水平为江西的 46.62%，最低水平为上海的 29.78%；从第三产业占比来看，上海、浙江、重庆、湖南、四川、江苏等省市的占比均超过了 50%，其中上海第三产业占比更是高达 69.90%，而湖北、云南、贵州、安徽和江西的占比均低于50%，与上海、浙江等省市相比，还有很大差距。

表 4.12　1997—2018 年长江经济带各省市三次产业构成情况

省份	1997 年			2004 年			2011 年			2018 年		
	第一产业占比/%	第二产业占比/%	第三产业占比/%	第一产业占比/%	第二产业占比/%	第三产业占比/%	第一产业占比/%	第二产业占比/%	第三产业占比/%	第一产业占比/%	第二产业占比/%	第三产业占比/%
上海	2.09	51.59	46.32	1.04	48.21	50.75	0.65	41.30	58.05	0.32	29.78	69.90
江苏	15.51	51.07	33.42	9.11	56.24	34.65	6.24	51.32	42.44	4.47	44.55	50.98
浙江	13.21	54.51	32.28	6.99	53.66	39.35	4.90	51.23	43.87	3.50	41.83	54.67
安徽	31.37	35.31	33.32	19.97	38.76	41.27	13.17	54.31	32.52	8.79	46.13	45.08
江西	29.59	34.18	36.23	19.23	45.31	35.46	11.88	54.61	33.51	8.54	46.62	44.84
湖北	26.88	37.52	35.60	18.11	41.19	40.70	13.09	50.00	36.91	9.01	43.41	47.58
湖南	30.03	36.56	33.41	18.12	38.83	43.05	14.07	47.60	38.33	8.47	39.67	51.86
重庆	20.35	43.08	36.57	14.11	45.37	40.52	8.43	55.37	36.20	6.77	40.90	52.33
四川	27.15	39.04	33.81	21.63	39.02	39.35	14.19	52.45	33.36	10.88	37.67	51.45
云南	33.75	35.86	30.39	19.72	41.59	38.69	15.86	42.51	41.63	13.97	38.91	47.12
贵州	23.09	44.38	32.53	19.94	40.62	39.44	12.74	38.48	48.78	14.59	38.87	46.54

（3）长江经济带经济增长的区域差异

图 4.5 反映了 1997—2017 年长江经济带三大地区的经济增长概况。如图 4.5 所示，从 GDP 总量来看，长江经济带上、中、下游三大地区之间的

经济情况存在明显差异。中游地区和上游地区的 GDP 总量接近，但下游地区的经济总量远远高于中游地区和上游地区，且总量差距呈现出不断扩大的趋势。从 GDP 增长率来看，长江经济带三大地区的经济增长率基本保持一致趋势，经济增长速度均经历了快速爬升、大幅波动、趋于稳定三个阶段，GDP 增长率的走势均大致呈"M 形"特征。综上所述，可以看出当前阶段长江经济带下游地区的经济总量要远远高于中游地区和上游地区，但从 GDP 增长率和长远发展趋势来看，中游地区和上游地区经济增长的潜能和动力要强于下游地区。

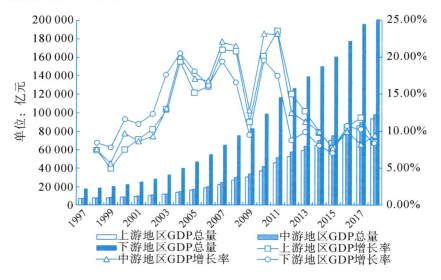

图 4.5 1997—2017 年长江经济带区域的 GDP 增长概况

表 4.13 反映了 1997—2018 年长江经济带三大地区三次产业构成的状况和变化趋势。由表 4.13 中的数据可知，经济发展促使长江经济带上、中、下游地区产业结构均发生了不同程度变化，三大地区第一产业占比总体均呈下降趋势，第三产业占比总体均呈上升趋势，且第三产业逐渐超越第二产业成为三大地区的支柱产业，但三大地区间产业结构依然存在一些差异。上游地区第一产业占比高于中游和下游地区，2018 年上游地区第一产业占比为 11.16%，高于中游地区的 8.70% 和下游地区的 4.19%。2018年中游地区的第二产业占比要高于下游地区和上游地区，占比为 42.74%，高于下游地区的同时由于上游地区是长江经济带生态保护的重要屏障，因此第二产业占比相比于中游和下游地区较低。

表 4.13　1997—2018 年长江经济带区域产业构成情况

年份	上游地区			中游地区			下游地区		
	第一产业占比/%	第二产业占比/%	第三产业占比/%	第一产业占比/%	第二产业占比/%	第三产业占比/%	第一产业占比/%	第二产业占比/%	第三产业占比/%
1997	25.53	40.76	33.71	28.71	36.42	34.87	14.36	49.96	35.68
2000	22.07	39.01	38.92	21.23	37.71	41.06	11.17	49.06	39.77
2003	19.04	40.16	40.80	18.36	40.39	41.25	8.27	50.75	40.98
2006	16.32	43.96	39.72	15.89	44.58	39.53	6.60	52.59	40.81
2009	14.52	46.22	39.26	14.44	46.46	39.10	6.10	50.13	43.77
2012	12.94	48.44	38.62	12.86	49.94	37.20	5.86	48.92	45.22
2015	12.20	42.75	45.05	11.19	46.19	42.62	5.24	44.14	50.62
2018	11.16	38.80	50.04	8.70	42.74	48.56	4.19	41.76	54.05

（4）长江经济带经济增长的城市群差异

长江经济带三大城市群在经济总量上存在较为明显的差异。由图 4.6 可知，1997 年长三角城市群经济总量为 14 313.72 亿元，到 2018 年增长至 178 642.03 亿元，中游城市群经济总量从 1997 年的 5 996.70 亿元增长至 2018 年的 83 200.61 亿元，成渝城市群经济总量从 1997 年的 4 090.10 亿元增长至 2018 年的 57 515.05 亿元。长三角城市群经济总量与中游城市群、成渝城市群经济总量差距呈持续扩大态势。从 GDP 增长率来看，长江经济带三大城市群的经济增长趋势基本保持一致。在历经高速发展后，三大城市群 GDP 增长率回归新常态，均降至 10% 以下。

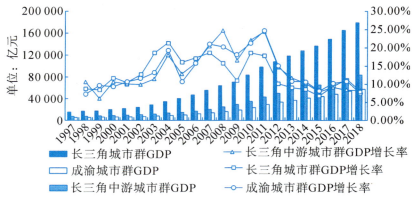

图 4.6　1997—2018 年长江经济带三大城市群 GDP 增长概况

长江经济带三大城市群在经济发展规模上呈现出异质性。其中，长三角城市群在区位优势、产业优势、市场优势、资源优势以及基础设施优势方面都具备一定的核心竞争力，因为长三角位于中国"T"字形战略发展空间结构的核心位置[①]，其辐射和引领的作用巨大，在经济发展规模上优于长江中游城市群和成渝城市群。但由于资源配置过度集中，长三角城市群的"大城市病"也日趋暴露，导致其增长空间逐渐被蚕食。与此同时，经济发展相对落后的中游城市群和成渝城市群在人口红利、资源配置效率方面都蕴藏着较大的发展空间，必然会释放出巨大的经济支撑效应，成为中国经济的第四增长极。

4.4　本章小结

本章首先对长江经济带对外开放的发展历程进行了回顾，然后运用1997—2018 年长江经济带外商直接投资和经济增长的相关数据，对长江经济带利用外商直接投资和经济增长的现状与特征作出深入的分析，结果如下。

长江经济带对外开放的发展历程可划分为四个阶段，即政策探索时期、多元布局时期、纵深推进时期和全方位开放时期。具体来看，1984—

---

①　中国"T"字型战略发展空间结构由沿海经济发展带上的三大城市群（京津冀城市群、长三角城市群、粤港澳大湾区）和长江经济带上的三大城市群（长三角城市群、长江中游城市群、成渝城市群）组成。

1992 年为政策探索时期，这一时期中国的外资引进政策还处于"试水"阶段，上海和长江三角洲地区率先开放，拉开了长江经济带对外开放的帷幕。1992—2001 年为多元布局时期，随着中国社会主义市场经济体制的确立，这一时期长江经济带的开放战略布局重心由沿海向沿江和内陆地区转移。2002—2012 年为纵深推进时期，在中国加入世贸组织的驱动下，这一时期长江经济带的对外开放不断纵深推进，初步形成了对内联动、对外开放的格局。2013 至今为全方位开放时期，随着共建"一带一路"倡议和长江经济带发展战略的提出，这一时期长江经济带对外开放有了质的飞跃，《长江经济带发展规划纲要》的出台加速了长江经济带陆海统筹、东西双向，与共建"一带一路"倡议深度融合的全方位对外开放新格局。

长江经济带利用外商直接投资的总量呈增长趋势。自 1984 年以来，长江经济带利用外商直接投资的总量呈稳定增长趋势，增长率从早期的大幅波动演变为当前阶段的趋于稳定，长江经济带外商直接投资大致历经了起步发展、快速发展、飞速发展、调整稳定发展四个阶段。从区域差异来看，长江经济带实际利用外商直接投资在城市间、省际、区域间以及城市群之间均呈现出显著的差异，外商直接投资在省级城市、省会城市的分布要远高于一般地级市，在沿海省份和下游地区的分布要远高于内陆省份和中上游地区，在长三角城市群的分布高于长江中游城市群和成渝城市群。但随着时间的推移，这种不均衡的现象有所改善。从来源地分布来看，长江经济带的外商直接投资主要来源于亚洲，其中最主要的来源地为中国香港。从投资方式来看，长江经济带实际利用外资的主要方式为独资经营和合资经营。从产业分布来看，长江经济带外商直接投资主要分布于第二产业和第三产业，其中主要分布于制造业、房地产业、租赁和商业服务业以及批发和零售业。

1997—2018 年，长江经济带经济总量呈不断增长的趋势，早期经济增长速度波动较大，2012 年以后经济增长速度趋于稳定。与此同时，长江经济带三次产业的构成情况发生了巨大变化，第一、第二产业的占比在逐渐缩小，而第三产业的占比在逐渐增大。从区域差异来看，长江经济带 105 个地级及以上城市的经济规模呈现出明显的差异，省际、区域间以及城市群之间的经济增长规模和产业结构也存在巨大差异，位于长江下游地区的省份和城市的经济规模和产业结构均优于中上游地区的省份和城市。但随着长江经济带全方位开放格局的深入推进，中上游地区的省份和城市经济增长速度已追上甚至赶超下游地区的省份和城市，产业结构也逐渐优化。

5 长江经济带外商直接投资的经济增长效应——基于空间杜宾模型的实证分析

上一章节对长江经济带外商直接投资与经济增长情况进行了描述，从增长趋势来看，外商直接投资与区域经济发展均呈现增长态势。那外商直接投资与区域经济增长是否存在关联？这种关联具体表现是怎样？基于此，本章将利用 1997—2018 年长江经济带 105 个地级及以上城市面板数据，通过构建普通面板模型和空间面板模型，系统检验外商直接投资对长江经济带区域经济增长的影响；同时，基于长江经济带三大城市群数据进行异质性分析。

5.1 长江经济带现实的讨论

改革开放之初，中国实施东部沿海率先开放的非平衡发展战略，逐渐拉开了东部地区和中西部地区的经济差距。区域非均衡开放格局的形成，导致要素资源流动逐渐扭曲，使中国区域经济发展出现明显的"马太效应"。党的十八大以来，党中央提出了一系列区域协调发展战略。其中，长江经济带已发展成为中国综合实力最强、战略支撑作用最大的区域之一。长江经济带横跨中国东、中、西部三大区域，区域要素梯度差异明显，经济增长均呈现非均衡发展态势，表现为下游地区优于中游地区和上游地区。随着"一带一路"、陆海新通道、自贸试验区等开放通道的建设和完善，长江经济带开放水平持续提升，外商直接投资实际利用额度从 1997 年的 0.36 亿美元增长到 2018 年的 1 351.88 亿美元。同时，习近平总书记指出，"中国的开放大门不会关闭，只会越开越大"，这意味着开放与经济发展的联系与互动将会愈加频繁。那么外商直接投资的不断涌入是否促进了长江经济带区域经济增长？地区间是否形成了优势互补的区域协调发展格局？解决好这些问题对于长江经济带利用陆海双向开放的区位资源构建开放型经济，实现区域优势互补、协作互动，缩小中国东、中、西部地区经济发展差距，促进区域协调发展具有重要的现实意义。

通过梳理现有研究发现，学者们对外商直接投资溢出的研究大多忽视了区域间溢出现象。新经济增长理论认为初始经济水平较高的地区，更容易获得外商直接投资，资本加速积累将不断促进技术进步，进而实现资本边际产出递增，最终造成经济增长"滚雪球效应"，使落后地区与发达地区的差异不断扩大。然而，新经济增长理论忽略了空间因素对经济增长的影响。外商直接投资能通过要素流动和技术扩散对周边区域产生溢出效应。同时长江经济带发展战略的实施将有利于区域一体化发展，扩大区际开放水平，助推区域资源要素自由流动，进而实现地区间外资溢出，促进区域经济协调发展。为此，本章节基于1997—2018年长江经济带105个地级及以上城市的面板数据，系统考察外商直接投资对长江经济带区域经济增长的总体影响以及在三大城市群的异质性影响。

5.2 研究设计

5.2.1 模型设定

本书在借鉴 Kmenta（1972）[①]、魏后凯（2002）[②] 等实证模型的基础上，构建外商直接投资影响区域经济增长的面板数据回归模型：

$$RGDP_{i, t} = \alpha_0 + \alpha_1 FDI_{i, t} + \gamma \sum X_{i, t} + \varepsilon_{i, t} \qquad (5.1)$$

式中，RGDP 表示地区经济增长水平；FDI 表示地区外商直接投资；X 表示影响经济增长的其他因素；α_0 和 ε 分别表示常数项和残差项；i 表示地

---

① KMENTA J. Elements of Econometrics [J]. Journal of Business & Economic Statistics, 1972, 6 (1): 141.

② 魏后凯. 外商直接投资对中国区域经济增长的影响 [J]. 经济研究, 2002 (4): 19-26, 92-93.

区，t 表示时间。另外，人力资本可以影响国内技术创新效率和从国外吸收、学习新技术的速度（毛其淋和盛斌，2011[①]）。现代经济周期理论指出，投资是影响经济增长的重要因素（Kydland & Prescott，1982[②]）。此外，经济增长还受财政支出、产业结构、金融发展以及基础设施等因素影响。同时，2014 年长江经济带正式上升为国家战略，为了考察长江经济带发展战略提出是否进一步提升了经济增长水平，本书设置了政策虚拟变量。基于此，本书中外商直接投资对区域经济增长影响的计量模型具体形式为：

$$\mathrm{RGDP}_{i,\,t} = \alpha_0 + \alpha_1 \mathrm{FDI}_{i,\,t} + \alpha_2 \mathrm{EDU}_{i;\,t} + \alpha_3 \mathrm{INV}_{i,\,t} + \alpha_4 \mathrm{CZ}_{i,\,t}$$
$$+ \alpha_5 \mathrm{IND}_{i,\,t} + \alpha_6 \mathrm{FIN}_{i,\,t} + \alpha_7 \mathrm{INF}_{i,\,t} + \alpha_8 \mathrm{YEB} + \varepsilon_{i,\,t} \tag{5.2}$$

式中，EDU、INV、CZ、IND、FIN、INF 分别表征人力资本、物资资本、财政支出、工业化水平、金融发展规模和基础设施；YEB 为政策虚拟变量，α_0 为常数，$\alpha_1 \sim \alpha_8$ 为解释变量拟合参数，$\varepsilon_{i,\,t}$ 为随机误差项。

空间地理因素对经济增长中地区间要素流动存在一定影响，而空间计量模型则弥补了面板数据模型中对空间因素解释不足的缺陷。本书参考陈强（2010）[③] 和保罗·埃尔霍斯特（2015）[④]，得到空间计量模型的通用形式：

$$Y = \rho WY + \beta X + \partial WX + \mu$$
$$\mu = \lambda W\mu + \varepsilon \tag{5.3}$$

式中，W 表示空间权重矩阵；ρ 表示因变量空间滞后效应；δ 表示自变量空间滞后效应；μ 表示空间误差项，λ 为误差空间滞后效应；ε 表示随机误差项，满足 $\varepsilon \sim N(0,\ \sigma^2 I_n)$。

根据空间计量模型一般形式，若 $\delta = 0$ 且 $\lambda = 0$，为空间自回归模型（SAR）。若 $\rho = 0$ 且 $\delta = 0$，为空间误差模型（SEM）。若 $\delta = 0$，为空间自相关模型（SAC）。若 $\lambda = 0$，为空间杜宾模型（SDM），依据 LeSage 和 Pace 等（2009）方法，可进一步将变量相互间的影响效应分解成直接效应、间

① 毛其淋，盛斌. 对外经济开放、区域市场整合与全要素生产率 [J]. 经济学（季刊），2012，11（1）：181-210.

② KYDLAND F E, PRESCOTT E C. Web interface for "Time to Build and Aggregate Fluctuations" [J]. Econometrica, 1982, 50 (6): 1345-1370.

③ 陈强. 高级计量经济学及 Stata 应用 [M]. 北京：高等教育出版社，2010.

④ 埃尔霍斯特. 空间计量经济学：从横截面数据到空间面板 [M]. 肖关恩，译. 北京：中国人民大学出版社，2015.

接效应和总效应①。空间杜宾模型的分解方式为：

$$Y = \rho WY + \beta X + \delta WX + \varepsilon \qquad (5.4)$$

$$(I_n - \rho W) Y = \beta X + \delta WX + \varepsilon \qquad (5.5)$$

$$Y = (I_n - \rho W)^{-1} \beta X + (I_n - \rho W)^{-1} \delta WX + (I_n - \rho W)^{-1} \varepsilon \qquad (5.6)$$

$$Y = \sum_{r=1}^{K} S_r(W) x_r + U(W) \varepsilon \qquad (5.7)$$

其中，$S_r(W) = U(W)(I_n \beta_r + W\delta_r)$，$U(W) = (I_n - \rho W)^{-1} = I_n + \rho W + \rho^2 W^2 + \cdots$

$$\partial Y_i / \partial X_{jr} = S_r(W)_{ij} \qquad (5.8)$$

其中，直接效应是 $S_r(W)$ 矩阵中的主对角元素之和，间接效应是 $S_r(W)$ 矩阵中的非对角元素之和，总效应为所有元素之和。直接效应表示某因素变动对本地区经济增长的总体影响，其中包括了空间反馈效应，即本地区某因素通过影响邻近地区经济增长，而邻近地区经济增长又反过来影响本地经济增长。间接效应表示某因素变动对其他地区经济增长的影响。直接效应与间接效应之和为总效应。

根据理论模型分析，本书构建如下空间面板杜宾模型：

$$\text{RGDP}_{i,t} = \rho \sum_{j=1}^{n} W_{ij} \text{RGDP}_{j,t} + \delta \text{FDI}_{i,t} + \theta \text{WFDI}_{j,t} + \varphi Z_{i,t} + \varphi \text{WZ}_{j,t} + \varepsilon_{i,t}$$

$$(5.9)$$

式中，W 是空间权重矩阵，RGDP 表示地区经济增长水平，FDI 表示地区外商直接投资，Z 表示影响经济增长的控制变量，$\sum_{j=1}^{n} W_{ij} \text{RGDP}_{j,t}$ 表示被解释变量的空间滞后项，$\text{WFDI}_{j,t}$ 表示解释变量的空间滞后项，$\text{WZ}_{j,t}$ 表示控制变量的空间滞后项；$\varepsilon_{i,t}$ 为随机误差项；i,t 分别表示地区个体和时间维度。

空间权重矩阵是区域间空间地理效应的重要表现。当前对于空间权重矩阵 W 的赋值存在多种形式。本文主要研究外商直接投资与区域经济增长的关系，结合本文研究目的，构建了地理相邻空间权重矩阵（W_1）和经济地理距离空间权重矩阵（W_2），并对其进行标准化处理。地理相邻空间权重矩阵赋值方法为：

---

① LeSage J, Pace R. Introduction to Spatial Econometrics [M]. London：Chapman & Hall，2009.

$$W_1 = \begin{cases} 1, & \text{当 } i, j \text{ 相邻时} \\ 0, & \text{当 } i, j \text{ 不相邻时} \end{cases} \tag{5.10}$$

参考林光平等（2006）赋权方法[①]，构建经济地理距离权重矩阵 $W_2 = W_1 \cdot E$，其中 E 表示人均实际 GDP 年均值的绝对差额倒数表征经济地理距离权重，即：

$$E = \begin{cases} \dfrac{1}{\mid Y_i - Y_j \mid} & \text{若 } i \neq j \\ 0, & \text{若 } i = j \end{cases} \tag{5.11}$$

5.2.2 指标选取与说明

RGDP：表征地区经济增长水平。本书采用人均实际 GDP 作为地区经济增长水平的代理变量；以 1997 年为基期，根据 GDP 指数将名义 GDP 换算成实际 GDP，再除以地区年末常住人口数计算而得，最后取对数。

FDI：表征外商直接投资水平。本书采用地区外商直接投资的对数作为外商直接投资的代理变量；利用《中国统计年鉴》上的人民币对美元汇率年平均价将实际利用外商直接投资额度转换为人民币，然后取对数。

EDU：表征人力资本水平。内生增长理论认为人力资本作为一种生产要素，是经济持续增长的主要原因。对人力资本水平的估算，主流文献大致有三种方式：一是劳动力的平均受教育年限（钞小静，2014）[②]；二是地区高等学校在校学生数占地区总人口的比重（温怀德 等，2008）[③]；三是每十万人高等学校在校学生数（张美涛，2020）[④]。本书理想的人力资本水平应采用劳动力平均受教育年来衡量，但受制于统计资料的可获得性，地级市人口受教育水平数据无法获取，故只能寻求相关替代指标。因此，在人力资本水平指标选取上，本书参考张美涛的衡量方法[⑤]，用每十万人高

---

① 林光平，龙志和，吴梅.中国地区经济 σ-收敛的空间计量实证分析［J］.数量经济技术经济研究，2006，23（4）：14-21.

② 钞小静，沈坤荣.城乡收入差距、劳动力质量与中国经济增长［J］.经济研究，2014（6）：30-43.

③ 温怀德，刘渝琳，温怀玉.外商直接投资、对外贸易与环境污染的实证研究［J］.当代经济科学，2008，30（2）：88-94.

④ 张美涛.知识溢出对中国区域经济增长的空间效应研究：基于空间计量模型［J］.贵州财经大学学报，2019（4）：23-30.

⑤ 张美涛.知识溢出对中国区域经济增长的空间效应研究：基于空间计量模型［J］.贵州财经大学学报，2019（4）：23-30.

等学校在校学生数表征。

INV：表征固定资产投资。长久以来，投资、消费、出口这"三驾马车"是拉动中国经济增长动力源。随着中国经济的转型升级，固定资产投资对于经济增长的影响呈现不确定性。本书参考温涛等（2005）的做法，采用全社会固定资产投资占国内生产总值的比例作为固定资产投资的代理变量[①]。

CZ：表征财政支出水平。财政支出反映了该地区对经济的调控力度。一直以来，理论界对政府公共支出与经济增长关系的研究颇有争议。严成樑和龚六堂（2009）的研究指出公共支出并不一定总能促进经济增长，其影响路径可能存在地区差异[②]。为考察财政支出对长江经济带经济增长影响，本书采用市地区财政支出总额占 GDP 比重作为财政支出水平的代理变量。

IND：表征工业化水平。产业结构是后发国家加快经济发展的本质要求（Chenery et al., 1989）[③]。一国不同的发展阶段需要由不同的主导产业来推动国家的发展。考虑到当前长江经济带总体仍处于工业化发展阶段，本书借鉴汪锋和解晋（2015）[④]、杨桂元和吴青青（2016）[⑤] 的衡量方法，采用第二产业占国内生产总值比例作为工业化水平的代理变量。

FIN：金融发展规模。金融作为现代经济的核心，是影响经济增长重要因素。衡量金融发展规模的指标较多，考虑到部分金融机构的存款可能没有形成真实信贷，同时在金融不发达的地区，金融信贷的运用程度是金融发挥中介作用的主要表现，因此本书主要参考李梅（2014）的做法，采用金融机构年末存贷款余额占国内生产总值比例作为金融发展规模的代理

① 温涛，冉光和，熊德平. 中国金融发展与农民收入增长 [J]. 经济研究，2005（9）：30-43.

② 严成樑，龚六堂. 资本积累与创新相互作用框架下的财政政策与经济增长 [J]. 世界经济，2009（1）：40-51.

③ CHENERY H B. Patterns of Development，1950-1970 [M]. Beijing：Economic Science Press，1988.

④ 汪锋，解晋. 中国分省绿色全要素生产率增长率研究 [J]. 中国人口科学，2015（2）：53-62.

⑤ 杨桂元，吴青青. 中国省际绿色全要素生产率的空间计量分析 [J]. 统计与决策，2016（16）：113-117.

变量①。

INF：表征基础设施。基础设施作为社会先行资本，是实现"经济起飞"的一个重要前提条件。基础设施包含水陆空等多种形式，而公路是制造业产品的重要运输方式，借鉴张先锋等（2016）②、唐红祥等（2018）③的做法，本书采用公路密度即公路里程数/地区行政面积作为基础设施的代理变量。各变量的符号及定义如表 5.1 所示。

表 5.1　相关变量说明

变量名称	符号	定义
地区经济增长	RGDP	人均地区生产总值（元/人）
外商直接投资	FDI	外商直接投资流量（亿元）
人力资本	EDU	每十万人高等学校在校生人数
固定资产投资	INV	固定资产投资/GDP
政府财政支出	CZ	财政支出/GDP
工业化水平	IND	第二产业增加值/GDP
金融发展规模	FIN	金融机构存贷款余额/GDP
基础设施	INF	公路里程数/地区行政面积（公里/百平方公里）

5.2.3　数据来源与描述性统计

考虑到重庆在 1997 年直辖前与四川省的数据并未分离，故本研究的时间跨度为 1997—2018 年，研究对象为长江经济带地级及以上城市。由于贵州省的毕节市和铜仁市，云南省的丽江市、普洱市和临沧市数据缺失较多，故将其剔除，而其余省市个别缺失数据采用移动平滑法进行插补，因此样本涉及长江经济带 9 省 2 市共计 105 个地级及以上城市。本书所采用的数据主要来源于《中国统计年鉴》《中国城市统计年鉴》《中国区域经济统计年鉴》、各省市统计年鉴、各省市国民经济和社会发展统计公报。

---

① 李梅. 金融发展、对外直接投资与母国生产率增长 [J]. 中国软科学，2014（11）：170-182.

② 张先锋，刘有璐，杨新艳，刘晴. 动态外部性、集聚模式对城市福利水平的影响 [J]. 城市问题，2016（3）：4-12.

③ 唐红祥，王业斌，王旦，贺正楚. 中国西部地区交通基础设施对制造业集聚影响研究 [J]. 中国软科学，2018（8）：137-147.

同时，基于因变量地区经济增长的对数形式选择，本书对外商直接投资、基础设施和人力资本也进行对数处理，相关变量描述性统计见表5.2。

表5.2 相关变量描述性统计

变量	样本量	最大值	最小值	平均值	标准差
RGDP	2 310	10. 377 8	5. 464 2	8. 585 5	0. 672 1
FDI	2 310	7. 114 5	−9. 200 0	2. 089 8	2. 159 5
EDU	2 310	9. 450 4	0	6. 280 8	1. 571 0
INV	2 310	2. 317 3	0. 049 6	0. 561 3	0. 316 1
CZ	2 310	1. 485 2	0. 005 2	0. 134 9	0. 093 6
IND	2 310	0. 758 6	0. 157 1	0. 469 2	0. 096 9
FIN	2 310	11. 416 5	0. 192 4	2. 009 6	0. 967 1
INF	2 310	5. 684 6	0. 201 1	4. 300 9	0. 675 2

5.3 空间计量回归结果分析

5.3.1 基准回归结果

（1）整体回归

在进行面板数据模型回归前，我们需要对模型形式进行选择。由于面板数据易出现随机扰动项的异方差和序列相关问题，因此，普通最小二乘法可能会致使估计结果存在偏差。本书分别采用面板固定效应模型（FE）、面板随机效应模型（RE）进行外商直接投资对长江经济带经济增长影响的面板数据回归估计，如表5.3所示。从 Hausman 检验结果来看，支持采用固定效应模型。

表5.3 基准模型回归结果

变量	FE	RE
FDI	0. 049 9 *** （11. 69）	0. 055 0 *** （12. 74）
EDU	0. 065 7 *** （9. 87）	0. 075 3 *** （11. 26）

表5.3(续)

变量	FE	RE
INV	−0.074 7 *** （−3.14）	−0.103 1 *** （−4.24）
CZ	−0.816 6 *** （−12.38）	−0.901 5 *** （−13.38）
IND	0.632 3 *** （8.66）	0.731 2 *** （9.88）
FIN	−0.126 3 *** （−20.44）	−0.115 4 *** （−18.36）
INF	0.083 1 *** （7.88）	0.074 1 *** （6.91）
YEB	0.143 9 *** （13.14）	0.146 0 *** （12.98）
Cons	7.787 2 *** （166.73）	7.713 4 *** （134.55）
F	317.61 ***	2 546.31 ***
R^2	0.536 3	0.534 4
Hausman−test	302.32 ***	

注：*、**、*** 分别表示在10%、5%、1%条件下显著，括号内为 t 统计量，随机效应模型为卡方检验。

从表5.3可知，FDI对区域经济增长的影响系数为0.049 9，且在1%的显著性水平上通过检验，表明外商直接投资能够显著促进长江经济带区域经济增长。在对外开放初期，长三角地区吸引大量外资企业投资，并迅速形成了以长三角地区为中心的"世界工厂"，这一时期，长江经济带经济获得了持续高速增长。而随着"一带一路"、内陆开放高地以及陆海新通道等开放渠道的不断完善，长江经济带通过发挥自身比较优势，开创了对外开放新格局。外商直接投资的大量涌入，一方面有效缓解了长江经济带经济发展过程中资本短缺的问题，加速了资本积累，也缓解了长江经济带地区就业压力，提高了居民收入水平；另一方面，可以通过市场竞争、示范—模仿、人员流动效应和产业关联效应，倒逼内资企业变革，提升国内资源配置效率。外商直接投资的技术外溢，是提高长江经济带地区的技术水平，进而提升其综合要素生产率，实现经济内生增长的重要途径（沈坤荣、耿强，2001）[①]。

人力资本能够显著促进长江经济带经济增长。过去依靠人口红利，长

---

① 沈坤荣，耿强. 外国直接投资、技术外溢与内生经济增长：中国数据的计量检验与实证分析 [J]. 中国社会科学，2001 (5)：82-93, 206.

江经济带经济实现了飞速发展，而随着中国工业化进程的不断推进以及新常态下经济格局的出现，中国经济面临着增速换挡、动能转换等压力，创新成为经济增长的首要驱动力。作为创新活动核心动力，人力资本尤其是高素质劳动力的需求剧增。因而，长江经济带应将提升人力资源水平作为今后建设的重要任务，加快实现"人口红利"向"人才红利"的转变，推动经济持续高质增长。

固定资产投资不能显著促进长江经济带经济增长。这与大多数学者的研究结论是相反的。可能的解释是投资作为拉动经济增长"三驾马车"之首，其比率相对较高。政府为促进经济增长，持续加大投资，而这种高投资可能导致政府激励条件下低效率的投资。由于投资体制弊端，这种高投资未能实现资金优化配置，反而牵制长江经济带由粗放型经济增长方式向集约型经济增长方式的过渡。

财政支出对长江经济带经济增长影响显著为负。早前许多研究者得出了政府支出不利于经济增长的结论（Ahsan et. al, 1989[①]；Mitchell, 2005[②]）。长期以来，在政绩考核体制下，地方政府之间普遍存在竞争现象，导致地方政府公共支出结构严重扭曲。为实现区域短期经济快速增长目标，政府通过财政政策影响投资结构，将财政资金更多投向经济建设，忽略民生等社会性建设（傅勇和张晏，2007）[③]。同时，政府过度干预经济，会固化投资驱动的粗放型经济增长方式，从而对经济增长产生不利影响。

工业化水平对长江经济带经济增长影响显著为正。这表明当前工业对长江经济带整体的区域经济增长依然具有促进作用。长江经济带兼具传统产业与高科技产业，是中国重要的工业基地。在全球主流国家制造业回流的时代背景下，制造业尤其是高端制造业依然是国家产业竞争的核心。而长江经济带正致力于打造电子信息、高端装备、汽车、家电、纺织服装五大世界级制造业集群，这对于中国抢占全球制造业高地，推进经济持续稳定增长具有重要作用。

---

① AHSAN S M, KWAN A C C, SAHNI B S. Causality between Government Consumption Expenditure and National Income: OECD Countries [J]. Public Finance, 1989, 44 (2): 204-224.

② MITCHELL D J. The Impact of Government Spending on Economic Growth [R]. Backgrounder, 2005.

③ 傅勇，张晏. 中国式分权与财政支出结构偏向：为增长而竞争的代价 [J]. 管理世界, 2007, (3): 4-12, 22.

金融发展规模对长江经济带经济增长影响显著为负。即金融发展将抑制区域经济增长，这与谭艳芝和彭文平（2003）的观点基本一致①。信贷资金过度分配给低效率的国有企业，会导致信贷规模增加未能促进经济的实质性增长（张军，2006）②。同时，若信贷资金没有用于实体经济的生产经营及发展，而是更多流向虚拟经济，那么其也不能显著促进经济增长。

基础设施对长江经济带经济增长影响显著为正。正所谓"要致富，先修路"，交通基础设施作为社会先行资本，对地区经济增长尤其是落后地区经济增长具有重要作用。完善的交通运输条件，不仅能促进区域内经济增长，还能加速区域间互联互通，增强地区经济贸易联系，推动区域经济协调发展（张学良，2012）③。

长江经济带发展战略提出对经济增长影响显著为正。随着中国经济发展进入新常态阶段，传统经济增长动力逐渐减弱，而新的增长引擎还未完全形成。长江经济带发展战略的提出，符合中国国情和经济发展规律，其致力于打造长江沿线城市乃至全国新的经济增长极，为区域经济增长增添动力。

（2）上中下游区域差异检验

长江经济带横跨中国东、中、西部三个地区，区域资源禀赋和社会发展条件存在较大差异，且外商直接投资在长江经济带区域空间布局上存在非均衡性特征。鉴于此，本书将长江经济带划分为上游、中游和下游三个区域，分别进行实证检验。Hausman 检验显示三个模型均在 1% 的显著性水平上拒绝原假设，即应采用固定效应模型，回归结果见表 5.4。

表 5.4　基于区域异质性回归结果

变量	上游地区	中游地区	下游地区
FDI	0.032 1 *** （7.49）	0.047 4 *** （4.710）	0.066 1 *** （7.56）
EDU	0.031 8 *** （3.90）	0.050 5 *** （3.94）	0.079 2 *** （7.02）

① 谭艳芝，彭文平. 金融发展与经济增长的因素分析［J］. 上海经济研究，2003（10）：3-12.

② 张军. 中国的信贷增长为什么对经济增长影响不显著［J］. 学术月刊，2006（7）：69-75.

③ 张学良. 中国交通基础设施促进了区域经济增长吗：兼论交通基础设施的空间溢出效应［J］. 中国社会科学，2012（3）：60-77.

表5.4(续)

变量	上游地区	中游地区	下游地区
INV	0.079 4 ** (2.39)	−0.006 5 （−0.16）	−0.138 8 *** （−3.54）
CZ	0.012 2 (0.12)	−2.292 4 *** （−23.61）	0.452 2 *** （4.01）
IND	0.157 4 (1.64)	1.220 9 *** （10.29）	−0.167 4 （−1.25）
FIN	−0.219 1 *** （−25.14）	−0.080 2 *** （−9.09）	−0.160 9 *** （−13.90）
INF	0.102 3 *** （6.27）	0.117 1 *** （5.37）	0.017 6 （1.24）
YEB	0.103 0 *** （6.39）	0.209 3 *** （11.44）	0.088 9 *** （5.28）
Cons	7.954 4 *** （118.00）	7.368 9 *** （99.25）	8.565 3 *** （96.84）
F	181.38 ***	235.88 ***	101.91 ***
R^2	0.714 4	0.716 1	0.488 7
Hausman-test	290.21 ***	33.88 ***	125.20 ***
obs	616	792	902

注：*、**、*** 分别表示在10%、5%、1%条件下显著，括号内为t统计量。

从区域回归来看，不同区域外商直接投资对经济增长都具有显著的正向影响，但影响程度存在一定差异，上游地区外商直接投资对区域经济增长的影响系数为0.032 1；中游地区外商直接投资对区域经济增长的影响系数为0.047 4；下游地区外商直接投资对区域经济增长影响系数为0.066 1。整体来看，长江经济带外商直接投资对区域经济增长影响力度呈下游、中游、上游依次递减态势。

从控制变量来看，长江经济带也存在地区差异。人力资本对下游地区经济增长的作用显著高于中游和上游地区。固定资产投资对上游地区经济增长具有显著的促进作用，而对中下游地区经济增长存在一定的抑制作用。财政支出对中游地区经济增长的影响与上游和下游地区呈相反方向。工业化水平对上游和中游地区的经济增长具有显著正向影响，而对下游地区的经济增长具有阻碍作用，这表明第二产业在长江经济带中上游地区仍然占据着主导地位。下游地区随着产业结构不断优化调整，第二产业占比过大将不利于经济增长。金融发展规模对下游和上游地区经济增长的阻力高于中游地区。基础设施建设对经济增长的促进作用在经济发展相对落后的中上游地区更加明显。同时长江经济带发展战略对上游和中游经济增长的作用力度大于对下游地区经济增长作用力度。下游长三角地区作为中国对外开放先行区，牢牢抓住了沿海开放契机，实现了经济飞速发展，但受地缘因素限制，长三角地区对整个长江流域的辐射带动作用有限。基于此，国家提出了长江经济带发展战略，以期通过引领西部地区开放开发以及中部崛起，挖掘中上游地区的发展潜能，通过统筹规划，破除长江经济带地区间的行政和市场壁垒，拓展下游地区对中上游地区的辐射带动作用，以缩小长江流域上、中、下游地区的发展差距。因此，长江经济带发展战略的提出对中游地区和上游地区产生的政策效应会大于下游地区。

5.3.2 空间杜宾模型回归结果

（1）长江经济带整体检验

在进行空间面板模型估计前，我们需要对模型进行比较选择。首先运用 LM 检验，来判断空间滞后模型（SEM）和空间误差模型（SLM）是否优于非空间模型。若 LMlag、LMerror 和 R-LMlag、R-LMerror 都通过了显著性水平检验，则表明模型存在空间自相关性，即 SLM 和 SEM 都优于无空间交互效应的传统面板模型。其次，为了对空间面板模型作出准确的甄选，可以根据 $H_0: \gamma = 0$ 和 $H_0: \gamma + \delta\beta = 0$ 等两个检验来判别空间滞后模型、空间误差模型与空间杜宾模型的优越，具体可以通过 LR 检验和 Wald 检验来判断空间杜宾模型能否被简化为空间滞后模型和空间误差模型。

由表 5.5 可以看出，在地理相邻空间权重矩阵以及经济地理距离空间权重矩阵下，LM lag、LM error 与 R-LM lag、R-LM error 均在 1% 的显著性水平下通过了检验，表明模型存在空间效应。同时 Wald 检验和 LR 检验表明，在 1% 的显著性水平上，分别拒绝了 $H_0: \gamma = 0$ 和 $H_0: \gamma + \delta\beta = 0$ 的原假设，表明空间杜宾模型不能被简化为空间滞后模型和空间误差模型。因此，下文将主要报告空间杜宾模型估计结果。

表 5.5 空间面板模型检验

变量	W_1	W_2
LM Lag	4 762. 19 ***	6 894. 19 ***
R-LM Lag	1 030. 01 ***	1 031. 12 ***
LM Error	485. 58 ***	16. 38 ***
R-LM Error	6 023. 12 ***	3 465. 34 ***

表5.5(续)

变量	W₁	W₂
Wald test spatial lag	3 115.22 ***	4 519.07 ***
Wald test spatial error	3 370.00 ***	4 684.67 ***
LR test spatial lag	194.09 ***	180.30 ***
LR test spatial error	115.76 ***	112.30 ***

在表 5.5 的基础上，本书采用空间杜宾模型进一步考察外商直接投资对长江经济带区域经济增长的空间效应；并分别基于地理相邻空间权重矩阵与经济地理距离空间权重矩阵，对空间杜宾模型进行估计，表 5.6 中各模型的 Hausman 检验均支持固定效应，故本书采用固定模型进行实证检验。

结果显示，地理相邻和经济水平相似地区外商直接投资对本地经济增长的影响均呈现空间竞争特征，表明本研究的估计结果具有稳健性。根据赤池信息准则（AIC）、贝叶斯信息准则（BIC）和对数似然值（Log-L）对模型优选的判断可知，经济地理距离权重下固定效应的 SDM 模型较其他模型更优，且经济地理距离权重兼顾了经济和地理信息，故本书将重点分析 W₂ 权重矩阵下固定效应的 SDM 模型。

区域间的溢出作用是影响区域协调发展的关键机制。外商直接投资对长江经济带区域经济增长的空间溢出效应为负，空间影响参数估计为 -0.015 8，即地理相邻且经济发展水平相似地区的外商直接投资对本地经济增长影响呈现显著的空间竞争效应。长期以来，地方政府间始终存在"引资竞争"现象。一方面，地方政府为增强本地对外资的吸引力，获得区域外资竞争优势，通过实施外资企业减免激励政策，给予外资超国民的税收优惠待遇；另一方面，地方政府为稳定外资，会不断完善生产性基础设施建设和社会性基础设施建设等相应的配套设施从而吸引外资关联产业，加速形成产业集群效应，叠加外资对本地经济的促进作用。在利益诱导机制的引导下，其他地区生产主体会更加主动地向本区域集聚，以此来获取生产原材料，降低生产成本，而资本劳动等生产要素也会逐渐向该区域集聚。引资竞争将导致外商直接投资营运环境较好的地区对周边地区产生"虹吸效应"，随着竞争性空间互动模式的加强，营运环境较好的地区甚至会产生极化效应，制约周边地区的经济增长，不利于区域协调发展。

表 5.6　长江经济带 FDI 对区域经济增长的空间效应

变量	W_1	W_2
FDI	0.039 3 *** （9.77）	0.040 8 *** （10.33）
EDU	0.062 2 *** （8.53）	0.061 5 *** （8.94）
INV	−0.197 8 *** （−8.06）	−0.207 5 *** （−8.47）
CZ	−0.902 9 *** （−14.75）	−0.869 0 *** （−14.22）
IND	0.551 3 *** （6.80）	0.391 2 *** （4.70）
FIN	−0.128 4 *** （−22.32）	−0.125 0 *** （−21.86）
INF	0.045 7 *** （3.03）	0.043 2 *** （3.05）
YEB	0.076 2 *** （6.46）	0.089 6 *** （8.05）
W·FDI	−0.013 5 * （−1.73）	−0.015 8 *** （−2.58）
W·EDU	−0.011 8 （−1.08）	−0.003 3 （−0.37）
W·INV	0.211 7 *** （5.54）	0.203 4 *** （6.28）
W·CZ	0.765 1 *** （7.17）	0.578 6 *** （6.25）
W·IND	−0.109 5 （−0.92）	0.153 3 （1.49）
W·FIN	0.042 19 *** （3.95）	0.030 8 *** （3.31）
W·INF	−0.036 5 * （−1.77）	−0.026 8 （−1.54）
ρ	0.328 5 *** （13.46）	0.296 1 *** （14.57）
Log-likelihood	1 148.104 4	1 157.797 1
Hausman-test	44.66 ***	60.30 ***
AIC/BIC	−2 262.21/−2 164.54	2 281.59/−2 183.93
obs	2 310	2 310

注：*、**、*** 分别表示在 10%、5%、1% 条件下显著，括号内为 z 检验值。

　　随着地区外资经济规模的扩大，区域内围绕中心城市逐渐形成"核心—边缘"发展模式，当中心城市规模发展到一定程度时，其将通过资本、劳动力等要素流动对区域内的周边地区产生溢出和扩散效应。然而在市场机制下，中心城市产生的极化效应总是先于和大于扩散效应。中心城市基于竞争比较优势会获得持续积累的机会，在循环积累因果的作用下，发达地区在吸引外资过程中不断积累有利因素，放大发展优势，而欠发达的边缘地区在吸引外资过程中会被动累积不利因素，放大发展劣势，从而产生中心城市的极化效应。因此，为了发挥中心城市的扩散效应，政府需要通过实施相应政策措施积极引导中心城市释放扩散效应以刺激欠发达的边缘地区的发展，以填补累积性因果循环所造成的经济差距。

空间交互效应显示，地理相邻且经济水平相似地区的经济增长能显著促进本地经济增长。地方政府的有序竞争在一定程度上是经济发展的助推器。地理相邻且经济水平相似地区的经济增长能够激励本地政府采取相应措施促进本地经济增长率的提高，以维持其发展优势。固定资产投资、政府财政支出、工业化水平和金融发展规模对长江经济带区域经济增长均具有显著的正向空间溢出效应，人力资本和基础设施对长江经济带区域经济增长呈空间竞争态势。

表 5.7　空间杜宾模型的效应分解

变量	直接效应	间接效应	总效应
FDI	0.040 6*** （9.77）	−0.004 1 （−0.54）	0.036 5*** （3.85）
EDU	0.062 8*** （9.45）	0.019 4* （1.82）	0.082 2*** （6.51）
INV	−0.189 7*** （−8.17）	0.179 6*** （4.85）	−0.010 1 （−0.23）
CZ	−0.835 6*** （−14.16）	0.419 7*** （3.48）	−0.415 9*** （−2.89）
IND	0.419 9*** （5.49）	0.337 9*** （2.99）	0.757 8*** （6.22）
FIN	−0.125 5*** （−21.82）	−0.007 8 （−0.71）	−0.133 3*** （−10.06）
INF	0.041 5*** （3.04）	−0.019 3 （−1.01）	0.022 2 （1.20）

注：*、**、***分别表示在 10%、5%、1%条件下显著，括号内为 z 检验值。

表 5.7 给出了经济地理距离空间权重矩阵下外商直接投资对长江经济带区域经济增长的分解影响效应。外商直接投资对本地区经济增长的直接效应为 0.040 6，且在 1%的显著性水平上通过检验，表明外商直接投资能够显著促进长江经济带区域经济增长。即外商直接投资加速资本积累、技术转移以及技术溢出对本地区的经济增长产生直接影响。间接效应为 −0.004 1，但统计意义上不显著，表明地理相邻且经济水平相似地区外商直接投资对本地区的经济增长可能存在抑制作用。人力资本、固定资产投资、财政支出和产业结构对长江经济带区域经济增长的间接效应显著为正，而金融发展规模和基础设施对长江经济带区域经济增长的间接效应为

负，但统计意义上不显著。

（2）分阶段检验

党的十八大以来，党中央着眼于世界发展大势，立足统筹全国区域协调发展大局，提出共建"一带一路"倡议和长江经济带发展战略构想。共建"一带一路"倡议和长江经济带发展战略是新时期新形势下具有多种内涵的对外开放大战略，也是具有特别战略意义的区域发展大决策，对于提升中国对外开放水平，推动区域协调发展创新，促进经济结构优化升级，有序参与国际竞争都具有重大而深远的影响。

为进一步考察长江经济带发展战略提出所引起的长江经济带外商直接投资对区域经济增长影响的变动，本书将样本分为1997—2013年和2014—2018年两个时间段来检验长江经济带外商直接投资的经济增长效应的异质性，以期为今后长江经济带开放型经济发展以及以开放促进区域经济协调发展提供相应的参考和借鉴，模型回归结果如表5.8所示。从表5.8中可以看出，两个时期内长江经济带外商直接投资对区域经济增长的影响呈现出一定差异。根据赤池信息准则、贝叶斯信息准则以及对数似然值对模型优选的判断可知，经济地理距离空间权重下（W_2）的空间杜宾模型较其他模型更优，因此接下来将重点对其进行分析。

表5.8　长江经济带 FDI 对区域经济增长影响的时间差异

变量	1997—2013 年		2014—2018 年	
	W_1	W_2	W_1	W_2
FDI	0.040 7 *** (8.49)	0.042 9 *** (9.11)	−0.005 3 (−1.12)	−0.004 3 (−0.89)
EDU	0.054 6 *** (6.13)	0.059 3 *** (6.83)	0.149 3 *** (8.94)	0.148 5 *** (8.90)
INV	−0.267 1 *** (−8.16)	−0.282 6 *** (−8.64)	−0.127 1 *** (−3.45)	−0.150 4 *** (−4.02)
CZ	−0.957 9 *** (−14.08)	−0.920 5 *** (−13.62)	−0.469 2 *** (−3.99)	−0.443 7 *** (−3.66)
IND	0.366 5 *** (3.43)	0.157 1 (1.44)	0.166 9 ** (2.06)	0.203 3 ** (2.53)
FIN	−0.127 8 *** (−20.38)	−0.121 2 *** (−19.40)	0.030 1 (1.49)	0.019 7 (0.95)

表5.8(续)

变量	1997—2013 年		2014—2018 年	
	W₁	W₂	W₁	W₂
INF	0.044 9 *** (2.57)	0.047 9 *** (2.93)	0.012 5 (0.54)	0.012 5 (0.52)
W·FDI	−0.017 6 * (−1.87)	−0.017 3 ** (−2.40)	0.022 6 * (1.84)	0.018 9 * (1.92)
W·EDU	0.000 8 (0.06)	−0.001 7 (−0.16)	−0.058 3 * (−1.74)	−0.005 4 (−0.19)
W·INV	0.303 2 *** (6.12)	0.296 8 *** (7.07)	−0.147 2 ** (−2.03)	−0.106 0 ** (−2.07)
W·CZ	0.705 0 *** (5.95)	0.483 3 *** (4.76)	−0.257 3 (−1.00)	−0.472 6 * (−1.85)
W·IND	0.406 5 *** (2.58)	0.717 5 *** (5.26)	−0.063 6 (−0.46)	0.017 8 (0.16)
W·FIN	0.051 2 *** (4.39)	0.035 2 *** (3.46)	−0.010 7 (−0.38)	0.023 7 (0.87)
W·INF	−0.057 1 ** (−2.46)	−0.048 8 ** (−2.49)	−0.030 8 (−0.71)	−0.085 9 (−1.35)
ρ	0.351 0 *** (12.81)	0.313 6 *** (13.83)	0.112 0 *** (2.56)	0.110 4 *** (2.75)
Log-likelihood	839.000 4	847.360 9	498.931 7	499.032 8
Hausman-test	48.12 ***	52.80 ***	14.00	12.40
AIC/BIC	−1 646.00/ −1 558.21	−1 662.72/ −1 574.93	−961.86/ −885.12	−962.06/ −885.32
obs	1 785	1 785	525	525

注:*、**、*** 分别表示在 10%、5%、1% 条件下显著,括号内为 z 检验值。

　　1997—2013 年,长江经济带外商直接投资对区域经济增长具有显著促进作用,回归参数为 0.042 9;而外商直接投资对区域经济增长的空间影响显著为负,回归参数为−0.017 3,即地理相邻且经济水平相似地区的外商直接投资对本地经济增长具有空间竞争效应,表明外商直接投资会导致长江经济带区域经济增长的空间格局分异化。自长江经济带对外开放以来,区域分化现象始终存在。长三角地区作为对外开放重要门户,外资井喷式流入催生出长三角地区对劳动力以及资源禀赋的旺盛需求。而与长三角毗邻的中游地区和处于开放"末梢"长江上游地区便成为供给地，源源不断地将要素资源向长三角地区进行转移，对长江中上游地区持续产生"虹吸"，导致区域经济发展的极化效应尤为显著。

2014—2018 年，外商直接投资对长江经济带区域经济增长呈现阻碍作用，回归参数为 -0.004 3，但在统计意义上并不显著；而空间效应表明地理相邻且经济水平相似地区的外商直接投资对本地经济增长存在显著的空间溢出，回归参数为 0.018 9。我国对外开放初期，由于经济发展迫切需要注入新的资本和动力，因此我国适当放宽了外资进入门槛，外资成为长江经济带经济高速发展的重要推力。然而随着中国经济发展的提质增效，早期以劳动密集型和低端制造业为主的外资结构对长江经济带产业结构转型升级以及经济高质量发展产生了一定的阻力，不利于当前长江经济带区域经济增长。2016 年，习近平总书记在重庆视察时指出，"在当前和今后相当长一个时期，要把修复长江生态环境摆在压倒性位置，共抓大保护，不搞大开发"。长江经济带确定了"生态优先、绿色发展"的核心理念，绿色成为长江经济带发展底色。基于此，政府逐步提高外商直接投资进入门槛，并强化对外商直接投资项目的审批力度。同时，中国"人口红利"逐年削减，导致外资企业在国内生产成本日益攀升，迫使外资企业调整在国内的产业布局，逐步转移出部分劳动性密集产业和低端制造业，增加战略性新兴产业和高端制造业的投资规模。在"绿色发展"和"成本攀升"双重压力的叠加下，外资结构正面临调整的阵痛期，对长江经济带区域经济增长的作用不显著。但这一时期，长江经济带地方政府间"引资竞争"现象得到弱化，外资的正向空间溢出效应日趋凸显，长江经济带区域协调发展格局逐渐形成。一方面，在经济高质量发展和全方位开放格局的大背景下，各级地方政府摒弃了以往盲目引资的策略，围绕"提质增效"的基本目标，结合自身比较优势，通过差异化引资策略逐渐形成合理的区域分工和产业分工，加速了地区间的空间良性互动；另一方面，长江经济带发展战略的提出进一步缓解了地区间的行政分割和市场壁垒现象，为外资企业的人才、资本、科技信息等生产要素的自由流动创造条件，实现生产要素的空间交互与溢出，进而促进长江经济带区域经济协调增长。

从控制变量来看，人力资本对区域经济增长的促进作用明显增强。随着中国经济增长方式由粗放型向集约型转变，人力资本作为经济增长的源泉，对长江经济带经济增长的作用日趋明显，成为推动经济高质量发展的重要引擎。同时，固定资产投资和财政支出对长江经济带区域经济增长仍然具有抑制作用，但伴随着投资结构和财政支出结构的不断优化，其对经济增长的抑制作用有所减缓。工业化水平对长江经济带区域经济增长的促进作用逐渐增强。第二产业是长江经济带区域经济增长的主要驱动力，存在绝对的主导作用和带动作用，当前长江经济带正着力打造世界级制造业集群，第二产业将持续成为长江经济带区域经济发展的中坚力量。而近年来金融体制改革逐步取得成效，金融"空转"现象得到有效遏制，对实体经济服务力度加强，金融发展规模对区域经济增长的影响也从抑制作用向推动作用发生转变。基础设施对长江经济带区域经济增长具有促进作用，但这种正向促进作用呈弱化趋势，基础设施作为经济社会发展的基础和必备条件，对推动地区经济发展也有着不可替代的作用，但由于边际效应递减规律的作用，基础设施对区域经济增长的促进作用将随着基础设施不断完善而递减。

表 5.9　空间杜宾模型的效应分解

变量	1997—2013 年			2014—2018 年		
	直接效应	间接效应	总效应	直接效应	间接效应	总效应
FDI	0.042 6 *** (8.56)	−0.005 5 (−0.62)	0.037 1 *** (3.31)	−0.003 4 (−0.68)	0.020 6 ** (2.03)	0.017 2 (1.53)
EDU	0.060 8 *** (7.37)	0.023 1 * (1.84)	0.083 9 *** (5.89)	0.148 2 *** (9.18)	0.012 9 (0.44)	0.161 1 *** (4.66)
INV	−0.255 1 *** (−8.43)	0.273 2 *** (5.34)	0.018 1 (0.33)	−0.151 2 *** (−4.20)	−0.133 1 ** (−2.52)	−0.284 3 *** (−4.18)
CZ	−0.901 0 *** (−13.93)	0.252 1 ** (1.99)	−0.648 9 *** (−4.31)	−0.467 5 *** (−4.04)	−0.540 4 * (−1.87)	−1.007 9 *** (−3.30)
IND	0.247 2 ** (2.45)	1.010 2 *** (6.14)	1.257 4 *** (7.19)	0.205 2 *** (2.67)	0.037 8 (0.34)	0.243 0 ** (1.97)
FIN	−0.121 3 *** (−18.70)	−0.003 7 (−0.30)	−0.125 0 *** (−7.82)	0.021 6 (1.07)	0.026 4 (0.95)	0.048 0 * (1.79)
INF	0.043 8 *** (2.77)	−0.045 0 ** (−2.06)	−0.001 2 (−0.06)	0.008 5 (0.35)	−0.095 2 (−1.37)	−0.086 7 (−1.21)

表 5.9 给出了经济地理距离空间权重矩阵下，外商直接投资各阶段对长江经济带区域经济增长的分解影响效应。

1997—2013 年，长江经济带外商直接投资对本地区经济增长的直接效应为 0.042 6，且在 1% 的显著性水平上通过检验，表明这一阶段长江经济带外商直接投资能够显著促进本地经济增长。人力资本、工业化水平与基础设施对本地经济增长的促进作用较为显著，而固定资产投资、财政支出和金融发展规模对本地经济增长存在一定的阻碍作用。长江经济带外商直接投资对经济增长的间接效应为 -0.005 5，但在统计意义上不显著，表明地理相邻且经济水平相似地区外商直接投资对本地区的经济增长可能存在抑制作用。人力资本、固定资产投资、财政支出和工业化水平对长江经济带区域经济增长的间接效应显著为正，而金融发展规模和基础设施对长江经济带区域经济增长的间接效应为负，但金融发展规模的间接效应统计意义上不显著。

2014—2018 年，长江经济带外商直接投资对本地区经济增长的直接效应为 -0.003 4，但在统计意义上并不显著，表明这一阶段长江经济带外商直接投资对本地经济增长的影响不明显。人力资本和工业化水平对长江经济带区域经济增长的直接效应显著为正，金融发展规模和基础设施对长江经济带区域经济增长的直接效应不显著，固定资产投资和财政支出对长江经济带区域经济增长的直接效应显著为负。长江经济带外商直接投资对经济增长的间接效应为 0.020 6，且通过 5% 的显著性检验，表明地理相邻且经济水平相似地区外商直接投资对本地区经济增长存在显著的促进作用。固定资产投资和财政支出对长江经济带区域经济增长的间接效应显著为负，而人力资本、工业化水平、金融发展规模和基础设施对长江经济带区域经济增长的间接效应不显著。

5.3.3 稳健性检验

为增强研究结果的稳健性，考虑到前期外商直接投资也会对经济增长产生相应作用，本书提供了地理相邻空间权重矩阵和经济地理距离空间权重矩阵下，地区外商直接投资存量对长江经济带区域经济增长的空间杜宾模型估计结果。对于外商直接投资存量的选择，本书借鉴 Yao 和 Wei（2007）的方法，采用永续盘存法对外商直接投资实际利用额的存量进行估算①，计算步骤为：第一，利用《中国统计年鉴》上的人民币对美元的

---

① YAO S, WEI K. Economic Growth in the Presence of FDI: the Perspective of Newly Industrialising Economies [J]. Journal of Comparative Economics, 2007, 35 (1): 211-234.

汇率年平均价将实际利用外商直接投资额度转换为人民币；第二，运用 $\text{FDI}_{i0} = \text{fdi}_{i0}/(g + \delta)$，计算外商直接投资基期存量，其中，$\text{fdi}_{i0}$ 为 i 地区基期外商直接投资实际利用额，g 为样本期内外商直接投资的年均增长率，δ 为折旧率，本文参考张军等（2004），将折旧率取值为 9.6%[①]；第三，运用公式 $\text{FDI}_{i,t} = (1 - \delta)\text{FDI}_{i,t-1} + \text{fdi}_{i,t}$，计算外商直接投资存量，其中 $\text{FDI}_{i,t}$ 表示地区 i 在第 t 年的外商直接投资存量，$\text{fdi}_{i,t}$ 表示地区 i 在第 t 年的外商直接投资流量；第四，对地区外商直接投资存量取对数。稳健性回归结果如表 5.10 中模型 1 和模型 2 所示。

上海和重庆两个直辖市是直属中央政府管理的省级行政单位，与长江经济带一般意义上的地级城市在国家宏观政策支持、开放基础以及社会经济发展条件等方面可能有一定的差异。因此，为验证研究结果具有普遍性和稳定性，本书将剔除上海市和重庆市两个直辖市的样本数据，采用地理相邻空间权重矩阵和经济地理距离空间权重矩阵对长江经济带外商直接投资的区域经济增长效应进行稳健性分析，回归结果如表 5.10 中模型 3 和模型 4 所示。

表 5.10　长江经济带外商直接投资的经济效应的稳健性检验回归结果

变量	模型 1	模型 2	模型 3	模型 4
FDI	0.069 6 *** （13.40）	0.071 2 *** （13.98）	0.039 1 *** （9.67）	0.040 4 *** （10.15）
EDU	0.052 2 *** （7.20）	0.048 6 *** （7.04）	0.062 2 *** （8.50）	0.062 7 *** （9.06）
INV	−0.210 9 *** （−8.73）	−0.216 5 *** （−8.97）	−0.186 2 *** （−7.42）	−0.203 7 *** （−8.15）
CZ	−0.916 2 *** （−15.22）	−0.887 8 *** （−14.77）	−0.914 4 *** （−14.84）	−0.873 7 *** （−14.21）
IND	0.544 6 *** （6.83）	0.402 3 *** （4.91）	0.656 9 *** （7.68）	0.420 9 *** （4.87）
FIN	−0.124 9 *** （−22.03）	−0.122 3 *** （−21.74）	−0.132 4 *** （−22.66）	−0.127 7 *** （−22.01）

---

① 张军，吴桂英，张吉鹏. 中国省际物质资本存量估算：1952—2000 [J]. 经济研究，2004（10）：35-44.

表5.10(续)

变量	模型 1	模型 2	模型 3	模型 4
INF	0.026 9* (1.79)	0.023 5* (1.67)	0.040 3*** (2.65)	0.039 2*** (2.74)
YEB	0.056 9*** (4.80)	0.068 4*** (6.11)	0.074 1*** (6.25)	0.088 5*** (7.84)
W·FDI	−0.011 6 (−1.22)	−0.012 4 (−11.62)	−0.013 1* (−1.71)	−0.017 5*** (−2.84)
W·EDU	−0.024 5** (−2.19)	−0.011 5 (−1.29)	−0.008 6 (−0.79)	−0.000 1 (−0.01)
W·INV	0.201 3*** (5.39)	0.182 5*** (5.74)	0.215 2*** (5.64)	0.223 6*** (6.84)
W·CZ	0.706 5*** (6.63)	0.544 2*** (5.95)	0.774 9*** (7.27)	0.549 3*** (5.91)
W·IND	−0.086 5 (−0.74)	0.158 5 (1.56)	−0.224 5* (−1.86)	0.167 1 (1.58)
W·FIN	0.033 9*** (3.21)	0.027 4*** (2.98)	0.038 8*** (3.63)	0.027 3*** (2.90)
W·INF	−0.020 1 (−0.98)	−0.013 9 (−0.80)	−0.037 9* (−1.83)	−0.031 8* (−1.81)
ρ	0.307 9*** (12.27)	0.277 8*** (13.50)	0.319 9*** (33.37)	0.285 7*** (14.01)
Log-likelihood	1 190.227 4	1 200.555 7	1 117.605 2	1 128.639 9
Hausman-test	48.42***	52.81***	41.16***	57.10
AIC/BIC	−2 346.46/ −2 248.79	−2 367.11/ −2 269.45	−2 201.21/ −2 103.87	−2 223.28/ −2 125.94
obs	2 310	2 310	2 266	2 266

注：*、**、***分别表示在10%、5%、1%条件下显著，括号内为z检验值。

稳健性检验回归结果中，相邻空间权重矩阵和经济距离空间权重矩阵下长江经济带外商直接投资存量对区域经济增长具有显著的促进作用，回归系数分别为0.069 6和0.071 2，空间影响参数估计分别为−0.011 6和−0.012 4，表示外商直接投资存量对长江经济带区域经济增长也存在空间竞争效应。剔除上海和重庆两个直辖市后，长江经济带外商直接投资对区域经济增长依然具有显著的促进作用，回归系数分别为0.039 1和0.040 4。空间效应显示外商直接投资对长江经济带区域经济增长依然呈现出显著的空间竞争效应，空间影响参数估计分别为-0.013 1和-0.017 5。

总体来看，长江经济带外商直接投资的经济效应的稳健性检验回归结果与表5.6基本一致，仍可以得出与表5.6中类似的结论，表明外商直接投资对长江经济带区域经济增长的研究结论具有较强的稳定性。

5.4 长江经济带三大城市群的异质性检验

2014年，国务院发布《国家新型城镇化规划（2014—2020年）》，提出"以城市群为主体形态，推动大中小城市和小城镇协调发展"。党的十九大报告再次强调要让城市群成为新型城镇化的主体形态，加强城市群的辐射带动作用，从而实现区域协调发展的战略。城市群也是长江流域推进新型城镇化的主体形态，已经成为长江经济带促进区域协调发展、参与全球竞争和合作的重要支撑平台。当前，长江经济带主要形成了以上海为中心的长江三角洲城市群和以武汉为中心的长江中游城市群以及以成都、重庆为中心的成渝城市群。其中长三角洲城市群为世界级城市群，长江中游城市群和成渝城市群为国家级城市群。长江经济带三大城市群分别处于长江流域的上中下游，由于区域跨度较大，各城市群之间在资源禀赋与区位条件方面均存在一定差异。基于此，本书进一步将长江经济带三大城市群作为研究对象，比较长三角城市群、长江中游城市群和成渝城市群在外商直接投资对区域经济增长的空间效应方面的异同，以期做到因群施策的调整与优化外资引资政策，引导城市群内部和城市群之间的产业合理分工，推进区域协调发展。

5.4.1 长三角城市群外商直接投资的经济增长效应

长三角城市群是中国综合实力最强的城市群之一，是中国对外开放的重要门户，也是中国高水平对外开放先行区。长三角城市群以上海为中心，由联系紧密的多个城市组成，长三角城市群包括上海、江苏、浙江、安徽三省一市共计26个城市。在分析了长江经济带外商直接投资对区域经济增长的整体影响基础上，本书采用空间杜宾模型进一步考察长三角城市群的外商直接投资对经济增长的空间效应的异质性；并分别基于地理相邻空间权重矩阵与经济地理距离空间权重矩阵，对空间杜宾模型进行估计，表 5.11 中各模型的 Hausman 检验均支持固定效应，本书采用固定模型进行实证检验。

回归结果显示，在相邻空间权重矩阵和经济地理空间权重矩阵下，长三角城市群外商直接投资对经济增长影响的回归系数显著为正，表明长三角城市群外商直接投资对地区经济增长均呈现促进作用。外商直接投资的空间杜宾项系数均显著为负数，表明长三角城市群的外商直接投资对经济增长均呈现显著的负向空间溢出效应。根据赤池信息准则、贝叶斯信息准则以及对数似然值对模型优选的判断可知，经济地理距离权重下的空间杜宾模型相较于相邻空间权重矩阵下的空间杜宾模型更优，因此本书将重点对经济地理距离权重下的空间杜宾模型回归结果进行分析。

表 5.11　长三角城市群回归结果

变量	W_1	W_2
FDI	0.057 4*** （4.92）	0.057 3*** （5.00）
EDU	0.029 9 （1.43）	0.006 2 （0.31）
INV	−0.128 2** （−2.32）	−0.129 8** （−2.30）
CZ	−0.070 6 （−0.22）	−1.336 9*** （−3.41）
IND	0.548 3*** （2.98）	0.692 3*** （3.68）
FIN	−0.124 4*** （−5.82）	−0.110 7*** （−5.38）
INF	−0.020 7 （−0.94）	−0.007 5 （−0.36）
W·FDI	−0.100 9*** （−4.28）	−0.043 7** （−2.49）
W·EDU	0.014 0 （0.46）	0.009 7 （0.39）
W·INV	0.148 0* （1.68）	0.171 2** （2.28）
W·CZ	4.160 0*** （6.74）	3.006 6*** （5.85）
W·IND	−0.980 8*** （−3.54）	−1.106 9*** （−4.69）
W·FIN	−0.054 5* （−1.67）	0.141 2 （0.54）
W·INF	0.064 2* （1.89）	0.393 1 （1.46）
ρ	−0.046 2 （−0.76）	0.225 9*** （5.22）
Log-likelihood	367.006 7	368.879 0

变量	W₁	W₂
Hausman-test	102.53***	42.43***
AIC/BIC	-702.01/-632.42	-705.76/-636.17
obs	572	572

注：*、**、***分别表示在10%、5%、1%条件下显著，括号内为z检验值。

　　长三角城市群的外商直接投资对经济增长具有显著的正向影响，影响系数为0.057 3。人力资本、工业化水平能促进长三角城市群的经济增长。而固定资产投资、财政支出、金融发展规模以及基础设施不利于长三角城市群的经济增长。空间效应显示，长三角城市群的外商直接投资对经济增长的空间溢出效应为负，空间影响参数估计为-0.043 7，表明长三角城市群内地理邻近且经济发展水平相似地区的外商直接投资增加会阻碍本地区经济增长，即长三角城市群内部存在显著的空间竞争效应。长三角区域一体化发展战略自提出以来，长三角地区各城市都积极主动融入这一国家战略，以多种方式探索长三角一体化发展的制度体系和路径模式，通过不断提升基础设施和公共服务网络连通性，充分发挥各地区的比较优势促进经济分工密切联系，加速推动长三角一体化进程，推进区域协调发展。然而，长三角城市群在一体化建设过程中依然存在问题，导致区域内城市间竞争现象突出，分工协作受到阻碍。一方面，上海"一城独大"的特征较为明显①，长三角城市群中上海对资源的吸附性较强。由于长三角城市群开放程度高，在制定外资引进策略时更偏好高质量外资企业，同时上海良好的营商环境也提升了其对高端技术外资的吸引力，而外资进入将进一步增强上海的集聚性，吸引本地及其周边城市的要素资源向该地集中，从而制约本地经济增长。另一方面，长三角城市群呈现"一城独大"与"多维中心"并存的特征。除上海超大城市外，长三角城市群内部围绕南京、杭州、合肥、苏州、宁波等中心城市形成了都市圈，各都市圈的发展条件和水平相当，产业结构比较类似，在引进外资方向上基本一致，各都市圈之间的竞争现象较为突出②，因此地理相邻且经济发展水平相似的中心城市

---

① 秦尊文.长江经济带城市群战略研究［M］.上海：上海人民出版社，2018.
② 任宏，李振坤.中国三大城市群经济增长的影响因素及其空间效应［J］.城市问题，2019（10）：63-68.

外商直接投资增加会削减外资进入对本地区中心城市产生的资本积累、技术进步与就业效应，从而不利于本地经济增长。

控制变量中，人力资本和工业化水平对长三角城市群的经济增长具有显著促进作用。人力资本是科学知识孕育和推广应用的主要载体，因此人力资本对于长三角城市群这类科技创新高地的经济增长促进作用是不言而喻的。长三角城市群致力于打造先进制造业产业集群，因此以第二产业为主导的产业结构仍然是经济增长的重要支撑力。固定资产投资、财政支出以及金融发展规模抑制了长三角城市群经济增长，这与前文回归结果一致。基础设施建设对长三角城市群经济增长影响不显著，这与大多数学者的研究结论存在差异。基础设施是经济发展的基础和必要条件，但由于存在边际效用递减规律，基础设施投资对经济增长的作用将不断削弱。当前，长三角城市群已经具有完备的交通基础设施，因此持续的基础设施投资对经济增长的直接影响不显著。空间效应中，固定资产投资、政府财政支出对长三角城市群经济增长均具有显著正向空间溢出作用，人力资本、金融发展规模和基础设施对长三角城市群经济增长无显著影响，工业化水平对长三角城市群经济增长呈现空间竞争态势。

为考察长三角城市群外商直接投资对区域经济增长的空间外部性，本书以表5.11经济地理距离权重矩阵为基础，对长三角城市群空间杜宾模型进行了效应分解，结果如表5.12所示。

表5.12　长三角城市群空间杜宾模型的效应分解

变量	直接效应	间接效应	总效应
FDI	0.054 7 *** （4.66）	−0.037 9 * （−1.88）	0.016 8 （0.71）
EDU	0.006 6 （0.35）	0.015 9 （0.59）	0.022 5 （0.80）
INV	−0.111 2 ** （−2.12）	0.170 6 ** （2.03）	0.059 4 （0.66）
CZ	−1.112 3 *** （−3.13）	3.222 5 *** （5.77）	2.110 2 *** （3.97）
IND	0.608 3 *** （3.60）	−1.128 8 *** （−4.24）	−0.520 5 ** （−2.04）
FIN	−0.110 3 *** （−5.43）	−0.013 9 （−0.49）	−0.124 2 *** （−3.72）
INF	−0.004 0 （−0.20）	0.044 3 （1.47）	0.040 3 （1.31）

注：*、**、*** 分别表示在10%、5%、1%条件下显著，括号内为z检验值。

外商直接投资对长三角城市群经济增长的直接效应为正，且通过1%

的显著性水平检验，表明外商直接投资的增加将显著促进长三角城市群经济增长。人力资本、工业化水平的直接效应为正，表明这些变量对长三角城市群经济增长具有直接促进作用。固定资产投资、财政支出、金融发展规模和基础设施的直接效应为负，表明这些因素不利于长三角城市群经济增长。

在经济地理距离权重矩阵下，外商直接投资对长三角城市群经济增长的间接效应为负，说明长三角城市群内地理相邻且经济发展水平相似地区的外商直接投资的增加不利于本地经济增长。工业化水平和金融发展规模的间接效应也为负，即地理相邻且经济发展水平相似地区的工业化水平和金融发展规模的增加也不利于本地经济增长，而人力资本、固定资产投资、财政支出、基础设施的增加对本地经济增长具有正向空间溢出效应。

5.4.2 长江中游城市群外商直接投资的经济增长效应

长江中游城市群具有承东启西、连接南北的地理优势，是实施促进中部地区崛起战略、全方位深化改革开放和推进新型城镇化的重点区域，在中国区域发展格局中占有重要地位。长江中游城市群是以武汉为中心，以环鄱阳湖城市群、武汉城市圈、环长株潭城市群为基础形成的特大城市群，主要包括江西、湖北、湖南三省共计31市①。为甄别长江中游城市群外商直接投资对经济增长影响的空间效应，本书分别基于地理相邻空间权重矩阵与经济地理距离空间权重矩阵，采用空间杜宾模型进行估计，回归结果如表5.13所示，各模型的 Hausman 检验均支持固定效应，故本书采用固定模型进行实证检验。

表5.13 的结果显示，两种空间权重的回归结果基本一致，但经济地理距离权重下的空间杜宾模型具有更高的对数似然值，且赤池信息准则和贝叶斯信息准则均优于相邻权重矩阵下的空间杜宾模型回归结果，故本书将重点分析经济地理距离权重下（W_2）的空间杜宾模型。

外商直接投资对长江中游城市群的经济增长具有促进作用，且通过了5%的显著性检验，外商直接投资每提高1%会使 GDP 平均提高 0.017 8%。外商直接投资的空间溢出系数为负，但统计意义上不显著。负向的空间溢出效应表明长江中游城市群内地理相邻且经济发展水平相似地区的外商直

---

① 鉴于数据可得性，本书剔除了长江中游城市群中的仙桃、潜江、天门3个城市。

接投资可能会对本地产生虹吸作用，阻碍本地区经济增长。长江中游城市群主要围绕武汉、长沙、南昌为中心节点形成了三足鼎立的网状格局，不同于长三角城市群，长江中游城市群内部发展差异较大，三大中心节点城市与中小城市间的竞争现象突出，中心节点城市发展正处于扩张阶段，极化效应占主导，扩散效应尚未形成，因此中心城市外商直接投资的增加将不利于本地经济增长。但事实上，长江中游的城市位于中国内陆地区，承东启西既是中游城市群的优势，也是中游城市群发展开放经济的短板，中游城市群没有长三角城市群的沿海开放优势，也不具备成渝城市群"西进开放"的地缘优势，因此长江中游城市群的地理位置在一定程度上限制了开放经济发展，城市间的外资经济关联性较弱，因而地理相邻且经济发展水平邻近城市外商直接投资的增长对本地经济增长的变动并未产生显著影响。

表 5.13　长江中游城市群回归结果

变量	W_1	W_2
FDI	0.010 0 (1.08)	0.017 8** (2.04)
EDU	0.095 2*** (6.43)	0.092 1*** (6.74)
INV	−0.166 5*** (−4.45)	−0.181 7*** (−4.88)
CZ	−2.478 3*** (−29.74)	−2.382 3*** (−28.76)
IND	0.646 5*** (4.99)	0.437 4*** (3.56)
FIN	−0.110 4*** (−12.12)	−0.106 3*** (−12.38)
INF	−0.061 7* (−1.89)	−0.062 4** (−2.05)
W·FDI	0.002 5 (0.17)	−0.017 7 (−1.36)
W·EDU	−0.095 4*** (−4.69)	−0.074 2*** (−4.49)
W·INV	0.463 7*** (8.93)	0.423 3*** (8.88)
W·CZ	1.015 9*** (7.21)	1.041 8*** (8.97)
W·IND	0.038 1 (0.22)	0.518 1*** (3.54)
W·FIN	0.049 9*** (2.87)	0.042 4*** (3.10)
W·INF	0.087 2** (2.23)	0.070 9** (2.11)
ρ	0.190 3*** (13.20)	0.475 2*** (15.79)

变量	W$_1$	W$_2$
Log-likelihood	482.182 1	499.743 9
Hausman-test	63.76 ***	40.85 ***
AIC/BIC	−932.36/−861.59	−967.48/−896.71
obs	616	616

注：*、**、*** 分别表示在 10%、5%、1%条件下显著，括号内为 z 检验值。

  控制变量中，人力资本、工业化水平能促进长江中游城市群的经济增长。而固定资产投资增加、财政支出增加、金融发展规模增大以及基础设施投资增加不利于长江中游城市群的经济增长。不断变化的需求模式需要新的基础设施投资，经济发展初期政府在交通基础设施上的支出可以助力经济增长，但随着经济发展水平和人们物质生活质量的提高，新的需求模式需要新的基础设施投资，当前以公路建设投入为主的模式可能会占用其他基础设施建设资源，从而不利于经济增长。空间效应显示，人力资本对长江中游城市群经济增长存在显著负向空间溢出效应，表明经济发展水平相似地区的人力资本增加将抑制本地经济增长，即城市间的核心竞争就是人才竞争，长江中游各个城市还处于扩大规模阶段，而中心城市对人才的吸引力和"人才黏性"相较于中小城市更高，这将会削弱周边城市的核心竞争力，从而阻碍周边城市经济发展。固定资产投资、政府财政支出、工业化水平、金融发展规模和基础设施对长江中游城市群经济增长均具有显著的正向空间溢出作用。

  为考察长江中游城市群外商直接投资对区域经济增长的空间外部性，本书以表 5.13 经济地理距离空间权重矩阵为基础，对长江中游城市群空间杜宾模型进行了效应分解，结果如表 5.14 所示。

表 5.14 长江中游城市群空间杜宾模型的效应分解

变量	直接效应	间接效应	总效应
FDI	0.016 2 * （1.72）	−0.016 7 （−0.80）	−0.000 5 （−0.02）
EDU	0.085 7 *** （6.55）	−0.049 9 ** （−2.06）	0.035 7 （1.26）
INV	−0.112 1 *** （−3.25）	0.573 8 *** （8.70）	0.461 8 *** （6.31）
CZ	−2.404 2 *** （−28.74）	−0.149 2 （−1.02）	−2.553 4 *** （−12.75）

表5.14(续)

变量	直接效应	间接效应	总效应
IND	0.580 7 *** （5.04）	1.246 4 *** （5.76）	1.827 2 *** （7.53）
FIN	−0.107 6 *** （−11.25）	−0.013 8 （−0.63）	−0.121 5 *** （−4.28）
INF	−0.054 6 * （−1.88）	0.069 1 * （1.66）	0.014 4 （0.34）

注：*、**、*** 分别表示在10%、5%、1%条件下显著，括号内为z检验值。

直接效应系数反映外商直接投资对本地经济增长的影响。外商直接投资的直接效应系数为正，且通过10%的显著性水平检验，表示长江中游城市群外商直接投资的增加将促进本地经济增长。人力资本、工业化水平的直接效应显著为正，即对本地经济增长存在促进作用；固定资产投资、财政支出、金融发展规模、基础设施的直接效应为负，即对本地经济增长具有抑制作用。

长江中游城市群外商直接投资对经济增长的间接效应为负，表明地理相邻且经济发展水平相似地区外商直接投资的增加不利于本地经济增长，但间接效应在统计意义上不显著。人力资本的间接效应显著为负，表明经济发展水平相似地区人力资本增加将阻碍本地经济增长，即长江中游城市群存在明显的"抢人大战"；财政支出、金融发展间接效应为负，但统计意义上不显著，表明地理相邻且经济发展水平相似地区的财政支出和金融发展规模的增大对本地经济增长无显著影响；固定资产投资、工业化水平和基础设施的间接效应显著为正，表明地理相邻且经济发展水平相似地区的固定资产投资增加、工业化水平和基础设施的完善将显著促进本地经济增长。

5.4.3　成渝城市群外商直接投资的经济增长效应

成渝城市群具有链接西北、西南和通海达江的地理优势，是西部经济最发达、经济密集度最高的区域，也是国家内陆开放型经济战略高地、国家向西开放战略支点，是打造推动长江经济带与丝绸之路经济带联动发展的战略性枢纽。成渝城市群是以重庆、成都为核心的双核空间结构，主要包括重庆市和四川省共计16市，成渝城市群通过加强重庆和成都的关联，整合区域资源、优化城市功能，积极打造西部地区经济发展的新引擎、对外开放的重要门户。由于地域位置的特殊性和重要性，成渝城市群的开放对经济增长的影响与长江经济带其他城市群相比存在一定的异质性。本书分别基于地理相邻空间权重矩阵与经济地理距离空间权重矩阵，采用空间杜宾模型估计成渝城市群外商直接投资对经济增长的影响，估计结果如表5.15所示，表中各模型的 Hausman 检验均支持固定效应，故本书主要采用固定模型进行实证检验。

由表5.15的回归结果可知，经济地理距离权重下的空间杜宾模型具有更高的对数似然值，且赤池信息准则和贝叶斯信息准则均优于地理相邻权重矩阵下的空间杜宾模型回归结果，故本书将重点分析经济地理距离权重下（W_2）的空间杜宾模型。

表5.15　成渝城市群回归结果

变量	W_1	W_2
FDI	0.012 4 *** （2.74）	0.011 7 ** （2.50）
EDU	0.009 2 （1.19）	0.014 0 * （1.88）
INV	−0.067 6 * （−1.73）	−0.119 4 *** （−3.26）
CZ	−0.047 9 （−0.46）	−0.112 2 （−1.05）
IND	−0.185 4 ** （−1.96）	−0.215 9 ** （−2.24）
FIN	−0.222 8 *** （−28.60）	−0.218 7 *** （−27.87）
INF	0.014 8 （0.72）	−0.030 6 （−1.55）
W·FDI	0.026 4 *** （2.58）	0.010 9 （1.60）
W·EDU	0.019 1 （1.36）	0.017 2 * （1.82）
W·INV	0.111 6 * （1.77）	0.253 2 *** （5.39）
W·CZ	0.404 9 * （1.71）	1.095 9 *** （5.11）
W·IND	−0.021 5 （−0.15）	0.095 4 （0.72）
W·FIN	0.117 8 *** （6.15）	0.033 2 * （1.91）
W·INF	−0.016 2 （−0.53）	0.032 0 （1.16）
ρ	0.476 1 *** （8.64）	0.262 8 *** （5.32）
Log-likelihood	377.719 7	381.000 0
Hausman-test	527.84 ***	500.25 ***
AIC/BIC	−723.43/−661.62	−729.99/−668.18
obs	352	352

注：* 、** 、*** 分别表示在10%、5%、1%条件下显著，括号内为 z 检验值。

外商直接投资对成渝城市群的经济增长具有促进作用，且通过了5%的显著性检验，外商直接投资每提高1%会使GDP平均提高0.0117%。外商直接投资的空间溢出效应为正，但在统计意义上不显著。正向的空间溢出效应表明成渝城市群内地理相邻且经济发展水平相似地区的外商直接投资的对本地经济增长具有促进作用。重庆位于丝绸之路经济带和长江经济带的交汇处，也是海上丝绸之路的战略腹地，具有在战略区位上的"独特性、极端重要性和不可替代性"。同时，西进开放通道的深入推进、南向开放通道的拓展也赋予成渝城市群发展开放经济的优势。成渝城市群呈现以重庆、成都为核心的"两主轴、放射状"网状格局，重庆和成都之间呈现较强的经济联系，其他城市又分别与重庆和成都产生关联。这种双核网状空间分布模式降低了成渝城市群内部竞争，增强了重庆和成都对城市群内其他城市的辐射带动作用，表明重庆和成都外商直接投资的增加可能对其他城市的经济增长产生推动作用。

控制变量中，人力资本显著促进了成渝城市群的经济增长。而固定资产投资增加、工业化水平提升、金融发展规模增大不利于成渝城市群的经济增长。工业化水平显著为负，与长江经济带整体回归结果以及长三角城市群和长江中游城市群回归结果不一致，原因在于：长江上游是整个长江流域重要生态基础和屏障，修复生态环境应摆在压倒性位置，而成渝城市群位于长江上游地区，以第二产业为主导的产业结构为上游地区生态修复增添了难度，对以绿色发展为总基调的经济增长目标产生不利影响。财政支出和基础设施建设对成渝城市群经济增长的影响不显著。空间效应显示，人力资本、固定资产投资、财政支出、金融发展规模对成渝城市群经济增长存在显著正向空间溢出效应。工业化水平和基础设施对成渝城市群经济增长的空间溢出效应不显著。

为考察成渝城市群外商直接投资对区域经济增长的空间外部性，本书以表5.15经济地理距离权重矩阵为基础，对成渝城市群空间杜宾模型进行了效应分解，结果如表5.16所示。

外商直接投资对成渝城市群经济增长的直接效应为正，且通过1%的显著性水平检验，表明外商直接投资增加将显著促进本地经济增长。人力资本直接效应为正，即人力资本增加对本地经济增长具有直接促进作用。固定资产投资、工业化水平、金融发展规模直接效应为负，即这些因素对本地经济增长具有一定阻碍作用。财政支出和基础设施的直接效应不显著，表明当前这些因素对本地经济增长影响不明显。

表5.16　成渝城市群空间杜宾模型的效应分解

变量	直接效应	间接效应	总效应
FDI	0.013 4*** （2.69）	0.017 1** （2.08）	0.030 5*** （2.85）
EDU	0.015 9** （2.16）	0.026 7** （2.40）	0.042 7*** （2.89）
INV	−0.091 6*** （−2.70）	0.275 8*** （4.86）	0.184 2*** （2.90）
CZ	0.001 7 （0.02）	1.314 7*** （4.98）	1.316 5*** （4.43）
IND	−0.210 2** （−2.31）	0.061 2 （0.37）	−0.189 （−0.84）
FIN	−0.221 3*** （−26.97）	−0.029 9* （−1.86）	−0.251 2*** （−12.35）
INF	−0.028 3 （−1.39）	0.029 1 （0.89）	0.000 7 （0.02）

注：*、**、***分别表示在10%、5%、1%条件下显著，括号内为z检验值。

经济距离权重矩阵下，外商直接投资对成渝城市群经济增长的间接效应为正，且在5%的水平上显著，表明成渝城市群内地理相邻且经济发展水平相似地区的外商直接投资对本地经济增长具有促进作用。人力资本、固定资产投资和财政支出的间接效应显著为正，表明地理相邻且经济发展水平相似地区的人力资本、固定资产投资和财政支出的发展将有利于本地经济增长。金融发展规模间接效应显著为负，表明地理相邻且经济发展水平相似地区的金融发展规模的增大将阻碍本地经济增长。工业化水平和基础设施的间接效应不显著，表明地理相邻且经济发展水平相似地区的业化水平和基础设施发展对本地经济增长的影响不明显。

5.4.4　长三角城市群、长江中游城市群、成渝城市群的对比分析

长三角城市群、长江中游城市群和成渝城市群组成了中国最密集的沿江城市带和高新技术产业带，使得长江经济带成为中国经济率先发展的地区之一。同时，三大城市群横跨中国东中西三大区域，也使得长江经济带成为中国经济发展差异较大的区域之一。党的十八大以来，以习近平同志为核心的党中央提出了创新、协调、绿色、开放、共享的新发展理念，实施了长江经济带建设等引领区域发展的重大战略，而国家共建"一带一路"倡议和长江经济带发展战略的提出对于提升中国对外开放水平，推动区域协调发展创新具有重大而深远的影响。在新一轮高水平开放时代背景

下，三大城市群应如何借助开放经济建立更有效的区域联动发展机制，实现长江经济带区域经济增长以及区域协调发展，是个值得研究的问题。为此，将长三角城市群、长江中游城市群和成渝城市群进行对比分析，通过总结三大城市群的对外开放与经济发展关系的异质性，以进一步探讨长江经济带城市群的联动机制，具有一定的合理性。

（1）直接效应

从直接影响来看，三大城市群的外商直接投资的直接影响显著为正，由此可见，外商直接投资的增加均能促进三大城市群内部经济增长，但在影响程度上存在差异。长三角城市群外商直接投资对经济增长的促进效应最大，其次是长江中游城市群，而成渝城市群的外商直接投资对经济增长的促进作用最弱。三大城市群的外商直接投资对区域经济增长影响存在异质性，可能的原因是：长三角城市群基于得天独厚的地理优势，借助改革开放东风，率先发展起外向型经济，经济发展水平和对外开放程度较高。经济发展优势为培育壮大城市产业链，孕育人才以及增强人才黏性提供了良好的契机，当外资企业进入到具有成熟产业链的地区，其新兴技术能直接通过示范效应较好地向本地企业传递，拓展外资惠及的宽度，而丰富的高层次人才储备能加速新兴技术向本地企业渗透，提升企业吸收消化能力，从而对当地经济增长产生较强的促进作用。成渝城市群地处西部内陆地区，尽管有发展内陆开放经济的地理优势，但相对落后的经济社会发展水平对企业和人才的黏性不足，产业发展链条不完备也增加了外资企业投入成本，降低了对外资企业的吸引力，人才流失弱化了外资新兴技术对本地企业的渗透度，因此成渝城市群对外资企业的吸引力以及对外资企业新兴技术的吸收力有限，导致外资对成渝城市群的经济增长的促进作用受到限制。长江中游城市群依靠与长三角城市群的毗邻优势，通过承接部分来自长三角城市群的外资企业转移发展外向型经济，可以在一定程度上利用外商直接投资的示范效应和渗透效应带动城市群内企业效率提升，从而促进长江中游城市群的经济增长。

（2）空间效应

从空间效应来看，在经济地理距离空间权重矩阵设定下，长三角城市群外商直接投资的空间效应显著为负，即长三角城市群内经济发展水平相似地区的外商直接投资增加会限制本地经济增长；长江中游城市群外商直接投资的空间效应不显著，即长江中游城市群内经济发展水平相似地区的外商直接投资增加未对本地经济增长产生显著影响；成渝城市群外商直接投资的空间效应显著为正，即成渝城市群内经济发展水平相似地区的外商直接投资增加将促进本地经济增长。三大城市群的外商直接投资空间溢出效应存在较大差异，可能的原因是：长三角城市群呈现"一轴，多中心"的发展特征，上海作为中国最大的经济中心，对外资的吸引力以及对资源的吸附性较强，这很容易使上海陷入"马太效应"的怪圈，导致对周边城市的虹吸现象愈发严重。同时长三角城市群内部围绕南京、杭州、合肥、苏州、宁波等中心城市形成了都市圈，各都市圈的同质性较高，引资竞争现象较为突出，导致外商直接投资对经济增长的空间溢出效应为负。长江中游城市群尽管通过毗邻优势承接沿海地区外资企业转移，但相较于长三角城市群沿海开放优势以及成渝城市群"西进南向"内陆开放优势，长江中游城市群地处中部地区，"两不沾"的地理位置导致其缺乏开放主动性，除武汉市外其他城市外资利用额度较少，城市间的外资经济关联性较弱，因此长江中游城市群的外商直接投资对经济增长的空间溢出效应不显著。成渝城市群得益于西部大开发、共建"一带一路"倡议、陆海新通道等开放政策的"多重叠加"，地区开放度得到进一步提升，而以重庆、成都为核心的"两主轴、放射状"网状格局，弱化了地区间的竞争，强化了重庆和成都对周边城市的辐射带动功能，区域内逐渐形成协同发展新格局，为成渝城市群内外商直接投资对经济增长的空间溢出创造有利条件。

5.5　本章小结

本章基于 1997—2018 年长江经济带 9 省 2 市 105 个地级及以上城市的面板数据，实证检验了外商直接投资对长江经济带区域经济增长的效应。本章首先构建了面板基础模型，既检验了外商直接投资对长江经济带区域经济增长的总体性影响，也检验了不同区域外商直接投资对区域经济增长的异质性影响；其次，通过建立空间计量模型，分别检验了基于不同空间权重矩阵的外商直接投资的经济增长的空间效应，并基于时间异质性检验了不同时期外商直接投资的经济增长的空间效应；最后，基于长三角城市群、长江中游城市群以及成渝城市群的外商直接投资对经济增长影响的异质性进行对比分析。实证结果表明：

从直接效应来看，外商直接投资对区域经济增长影响总体上是显著的，外商直接投资对区域经济增长具有促进作用。人力资本、工业化水平、基础设施以及长江经济带发展战略均能显著促进长江经济带区域经济增长，而固定资产投资、财政支出与金融发展对长江经济带区域经济增长具有抑制作用。从区域回归来看，不同区域的外商直接投资对区域经济增长都具有显著的正向影响，但影响程度存在一定差异，整体呈现下游、中游、上游依次递减态势。

　　从空间效应来看，空间杜宾模型回归结果表明外商直接投资对长江经济带区域经济增长总体呈现显著的空间竞争效应，即外商直接投资对地理相邻且经济发展水平相近地区的经济增长具有显著的抑制作用。从时间异质性来看，长江经济带外商直接投资对区域经济增长的空间溢出效应逐渐从负向溢出转变为正向溢出，表明随着外资进引进结构的不断优化与调整，外商直接投资逐渐发挥出促进长江经济带区域协调发展的作用。

　　从长江经济带三大城市群的比较分析来看，三大城市群的外商直接投资的增加均能促进城市群内部经济增长，但影响力度呈长三角城市群、长江中游城市群、成渝城市群依次递减趋势。在经济地理距离空间权重矩阵设定下，长三角城市群外商直接投资对经济增长的空间溢出效应显著为负，长江中游城市群外商直接投资对经济增长的空间溢出效应不显著，成渝城市群外商直接投资对经济增长的空间溢出效应显著为正。

6 长江经济带外商直接投资对经济增长影响的城市化机制实证分析

上一章节实证检验了长江经济带外商直接投资对区域经济增长的总体效应。那么，外商直接投资对区域经济增长的影响是怎样实现的？厘清外商直接投资对经济增长的作用机理，对于构建长江经济带开放型经济，实现以开放促改革、促发展、促创新具有重要的现实意义。随着长江经济带与共建"一带一路"倡议的深度融合，长江经济带各城市逐渐构筑起参与全球产业链分工的重要节点城市，与世界经济体系联系日益紧密，其经济运行模型也逐渐发生改变。城市的变迁受外来因素影响日益增加，城市化进程也逐渐凸显出开放性特征。2014年国务院印发了《关于依托黄金水道推动长江经济带发展的指导意见》，并指出要依托黄金水道，推动长江经济带发展，通过优化沿江产业结构和城镇化布局，推动经济提质增效，城市化成为助推经济增长的重要引擎。

外商直接投资与城市化的关系一直是学术界的研究重点。20世纪90年代以前，Castells（1972）[①]、Friedman（1986）[②]、Harvey（1989）[③] 等学者验证了依附理论的存在性，他们认为发展中国家的城市化过程可能会对外商直接投资产生依附性，并对其城市化以及经济发展造成负面影响。

---

① CASTELLS M. Urban renewal and social conflict in Paris [J]. Social Science Information，1972，11（2）：93-124.

② FRIEDMAN J. The World City Hypothesis [J]. Development & Change，1986（17）：69-73.

③ HARVEY D. The roots of the geographical change：1973to the present [J]. Human Geography，1989，71：3-17.

Smith（1987）[①] 和 David（1997）[②] 认为发展中国家的外商直接投资量越大，越容易导致过度城市化。然而，随着经济全球化和经济一体化的深入推进，外商直接投资成为城市发展的重要因素之一（Simon et al.，2003）[③]，各城市通过参与世界经济活动，利用国际资本流动及外资产生的外部性，以保持并推动其城市化发展（George，2007）[④]。孙浦阳、武力超（2010）的研究发现外商直接通过就业创造效应和技术外溢效应加速农村向城市转移，从而推动城市化发展[⑤]。武力超等（2013）基于微观视角指出外资企业有利于人口向大城市集聚从而促进城市化进程[⑥]。而在城市化促进经济增长的研究中，王婷（2013）认为投资是城镇化促进经济增长的重要传导机制[⑦]。刘华军等（2014）研究指出城镇化对区域经济增长存在显著的空间溢出效应[⑧]。遗憾的是，鲜有文献将城市化纳入外商直接投资影响经济增长的同一分析框架中。因此，本章将弥补既有文献在这方面的不足，利用 1997—2018 年长江经济带 105 个地级及以上城市的面板数据，建立外商直接投资对经济增长影响的城市化机制中介效应模型和城市化机制空间联立方程模型，以检验长江经济带外商直接投资对区域经济增长影响的城市化机制。

① SMITH D A. Overurbanization Reconceptualized A Political Economy of the World-System Approach [J]. urban affairs quarterly, 1987, 23（2）: 270-294.

② DAVID J M. Latin American Cities: Internationally Embedded but Nationally Influential [J]. Latin American Research Review, 1997, 32（1）: 109-123.

③ SIMON, ZHAO S X B, CHAN R C K, SIT K T O. Globalization and the dominance of large cities in contemporary China [J]. 2003, 20（4）: 265-278.

④ GEORGE, LIN G C S. Reproducing Spaces of Chinese Urbanisation: New City-based and Land-centred Urban Transformation [J]. Urban Studies, 2007, 44（9）: 1827-1855.

⑤ 孙浦阳，武力超. 基于大推动模型分析外商直接投资对城市化进程的影响 [J]. 经济学家，2010（11）: 66-74.

⑥ 武力超，林俊民，唐露萍. 外商直接投资对城市人口集聚的影响研究 [J]. 投资研究，2013, 32（8）: 3-21.

⑦ 王婷. 中国城镇化对经济增长的影响及其时空分化 [J]. 人口研究，2013, 37（5）: 53-67.

⑧ 刘华军，张权，杨骞. 城镇化、空间溢出与区域经济增长：基于空间回归模型偏微分方法及中国的实证 [J]. 农业技术经济，2014（10）: 95-105.

6.1 基于中介效应模型的城市化机制检验

6.1.1 城市化中介效应模型构建

如果解释变量 X 对被解释变量 Y 存在影响，同时解释变量又通过变量 M 对被解释变量产生影响，则变量 M 被称为中介变量。假定变量已经中心化或标准化，我们可利用图 6.1 所示的路径图和对应的方程来解释变量之间的关系。

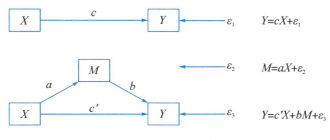

图 6.1 中介效应模型

图 6.1 中，c 表示解释变量 X 对被解释变量 Y 的总效应，a、b 表示经过中介变量 M 的中介效应，c' 表示解释变量 X 对被解释变量 Y 的直接效应。本书参考温忠麟（2004）的方法对中介效应进行检验，检验步骤如下：

①检验系数 c 的显著性。若显著，则进行下一步；若不显著，则终止检验。

②依次检验系数 a、b 的显著性。若 a 与 b 都显著，表明存在中介效应，则可进行步骤③的检验；若 a 与 b 至少有一个不显著，则需要做 Sobel 检验。

③检验系数 c' 的显著性。若显著，表明 X 对 Y 的影响有一部分是通过 M 来实现；若不显著，表明存在完全中介效应，即 X 对 Y 的影响都是通过 M 来实现的。

④若 Sobel 检验显著，则中介效应显著；反之，则表明中介效应不显著。

根据前文的理论分析，长江经济带外商直接投资可以通过城市化影响经济增长，因此，为识别城市化影响机制，本书进一步构建了中介效应模型，具体包括如下三个面板回归方程：

$$\mathrm{RGDP}_{i,t} = \beta_0 + c\mathrm{FDI}_{i,t} + \theta \sum X_{i,t} + \varepsilon_{i,t} \tag{6.1}$$

$$\mathrm{URB}_{i,t} = \beta_1 + \alpha\mathrm{FDI}_{i,t} + \lambda \sum X_{i,t} + \varepsilon_{i,t} \tag{6.2}$$

$$\mathrm{RGDP}_{i,t} = \beta_2 + c'\mathrm{FDI}_{i,t} + b\mathrm{URB}_{i,t} + \varphi \sum X_{i,t} + \varepsilon_{i,t} \tag{6.3}$$

其中，RGDP 为被解释变量经济增长，FDI 为核心解释变量外商直接投资，URB 为中介变量城市化水平。控制变量 X 包括：人力资本水平（EDU），财政支出（CZ），产业结构（STR），金融发展规模（FIN），固定资产投资（INV），劳动力投入（LA）。

6.1.2　指标选取与数据说明

RGDP：地区经济增长水平。本书采用人均实际 GDP 作为地区经济增长水平的代理变量；以 1997 年为基期，根据 GDP 指数将名义 GDP 换算成实际 GDP，再除以地区年末常住人口数计算而得。

FDI：外商直接投资水平。本书采用地区实际利用外商直接投资额作为外商直接投资水平的代理变量。由于外商直接投资额是以美元计价，本节利用《中国统计年鉴》上的人民币对美元汇率年平均价，将实际利用外商直接投资额度转换为人民币。

URB：城市化水平。城市化最重要的特征是农村人口向城市迁移，即城市化是伴随着城市人口不断增多，农村人口逐渐减少的过程（杨文兵，2009）[①]。基于此，本书采用城市化率作为地区城市化水平的代理变量。具体由城镇人口占常住人口比重表征。

EDU：人力资本水平。城市化形成的基础在于劳动要素集聚，而高素质劳动力也是经济增长的重要驱动力。Black 和 Henderson（1999）指出，人力资本有利于提升企业生产效率，从而提高城市经济发展推动城市化进程[②]。本书采用每十万人高等学校在校学生数表征。

CZ：财政支出水平。财政支出尤其是公共服务等惠及民生的财政支出对城市化发展尤为重要，同时财政支出也是地区对经济调控力度的体现。

---

①　杨文兵. 城市化过程中人口转移的特征及动力机制：浙江案例 [J]. 世界经济，2009，32 (6)：88-95.

②　BLACK D, HENDERSON V. A Theory of Urban Growth [J]. Journal of Political Economy, 1999, 107 (2)：252-284.

本书参考通用算法，采用市地区财政支出总额占 GDP 比重作为财政支出水平的代理变量。

STR：产业结构。完善的产业结构是推进城市化持续发展的重要支撑（王可侠，2012）[①]。结合长江经济带产业结构发展现状，本书考虑到当前长江经济带第二产业和第三产业占比较高，同时长江经济带城市化发展主要是依托制造业和服务业，故本节采用第二、第三产业产值占地区生产总值比重表征产业结构。

FIN：金融发展规模。金融发展有利于完善公共基础设施，促进非农产业发展，提升人力资本，是城市化发展的重要动力（陈志刚 等，2015）[②]。同时，金融作为现代经济的核心，也是影响经济增长的重要因素。参考黄燕君、钟璐（2009）的做法[③]，本书采用金融机构存贷款余额占国内生产总值比例作为金融发展规模的代理变量。

INV：固定资产投资。投资是我国经济在过去很长一段时间的主要驱动力量，然而随着经济转型升级，投资对社会与经济的影响呈现差异性和不确定性。本书采用全社会固定资产投资占国内生产总值的比例作为固定资产投资的代理变量。

LA：劳动力投入。在我国人口红利逐渐衰减以及经济结构转型升级的背景下，劳动力的作用似乎有所下降。但就长江经济带而言，中西部地区工业化还处于发展阶段，经济增长潜力还有待进一步释放，因此其对劳动力的需求依然旺盛，劳动力对工业化发展也具有一定的促进作用。本书用城镇单位就业人数占总人口比重作为劳动投入的代理变量。

IND：工业化水平。考虑到当前长江经济带总体仍处于工业化发展阶段，工业对长江经济带经济增长的贡献尤为突出，本书采用第二产业占国内生产总值比例作为工业化水平的代理变量。

本章实证采用 1997—2018 年长江经济带 9 个省 2 个直辖市共计 105 个地级及以上城市的数据。实证所采用的数据主要来源于《中国统计年鉴》《中国城市统计年鉴》《中国区域经济统计年鉴》和各省市统计年鉴，部分

① 王可侠. 产业结构调整、工业水平升级与城市化进程 [J]. 经济学家，2012（9）：43-47.

② 陈志刚，吴腾，桂立. 金融发展是城市化的动力吗：1997—2013 年中国省级面板数据的实证证据 [J]. 经济学家，2015（8）：82-91.

③ 黄燕君，钟璐. 农村金融发展对农村经济增长的影响：基于浙江省数据的实证分析 [J]. 系统工程，2009，27（4）：104-107.

缺失数据通过各地级市国民经济和社会发展统计公报获取，个别缺失数据采用移动平滑法进行插补。为减少异方差的影响，分别对人均GDP、外商直接投资和人力资本水平取对数。相关变量描述性统计见表6.1。

表6.1 相关变量描述性统计

变量	样本量	最大值	最小值	平均值	标准差
RGDP	2 310	10. 377 8	5. 464 2	8. 585 5	0. 672 1
URB	2 310	0. 881 2	0. 068 7	0. 408 4	0. 172 9
FDI	2 310	7. 114 5	−9. 200 0	2. 089 7	2. 159 5
EDU	2 310	9. 450 4	0	6. 280 8	1. 571 0
CZ	2 310	1. 485 2	0. 005 2	0. 134 9	0. 093 6
STR	2 310	0. 999 3	0. 429 1	0. 840 5	0. 099 9
FIN	2 310	11. 416 5	0. 192 4	2. 009 6	0. 967 1
INV	2 310	2. 317 3	0. 049 6	0. 561 3	0. 316 1
LA	2 310	0. 582 5	0. 010 7	0. 101 2	0. 077 9
IND	2 310	0. 758 6	0. 157 1	0. 469 2	0. 096 9

6.1.3　中介效应模型回归结果

基于前文构建的中介效应模型，本书接下来将检验长江经济带外商直接投资通过城市化效应对经济增长的影响。本书依次对中介效应模型中的步骤①、步骤②和步骤③进行验证，回归结果如表6.2所示。

表6.2 城市化的中介效应检验结果

变量	RGDP	URB	RGDP
	模型1	模型2	模型3
FDI	0. 062 9 *** （9.98）	0. 039 4 *** （11.70）	0. 045 2 *** （7.63）
URB			0. 448 6 *** （11.11）
EDU	0. 045 6 *** （4.78）	0. 054 3 *** （7.84）	0. 021 2 *** （2.75）
INV	−0. 172 5 ** （−2.29）	0. 373 5 *** （12.05）	−0. 340 1 *** （−4.62）
CZ	−1. 728 6 *** （−4.87）	0. 109 5 （0.86）	−1. 777 8 *** （−5.29）

表6.2(续)

变量	RGDP	URB	RGDP
	模型 1	模型 2	模型 3
STR	3.062 1*** (19.90)	2.067 2*** (21.73)	2.134 7*** (11.68)
FIN	−0.061 0*** (−3.80)	−0.029 9*** (−3.57)	−0.047 6*** (−3.56)
LA	2.269 3*** (8.35)	0.993 3*** (8.71)	1.823 7*** (7.51)
Cons	5.816 4*** (59.07)	1.178 9*** (19.02)	5.287 5*** (56.52)
R^2	0.755 4	0.801 8	0.776 1
F	667.04***	1 164.26***	776.79***
obs	2 310	2 310	2 310

注:*、**、*** 分别表示在10%、5%、1%条件下显著,括号内为t检验值。

表6.2模型1的回归结果显示,外商直接投资系数为0.062 9,且在1%的水平上显著,表明长江经济带外商直接投资有利于促进区域经济增长。模型2中,外商直接投资对城市化影响的回归系数为0.039 4,且在1%的水平上显著,表明长江经济带外商直接投资的增长能显著促进城市化水平提升。模型3中,在外商直接投资的经济增长效应模型中加入城市化变量后,长江经济带外商直接投资和城市化的回归系数都显著为正,外商直接投资对经济增长的直接效应回归系数为0.045 2,城市化水平的回归系数为0.448 6,加入城市化的中介变量后,外商直接投资对经济增长的系数降到0.045 2,由此可见,长江经济带外商直接投资对经济增长的城市化中介效应是显著存在的。城市化中介效应为0.017 8,城市化中介效应占外商直接投资对经济增长的总效应比重为28.30%,表明外商直接投资对经济增长的促进作用一部分是通过城市化来实现的。外商直接投资的进入将吸引人口集聚,加速城市孵化,为城市化进程增添动力,同时人口和产业集聚,倒逼地区升级配套服务、完善基础设施,提升城市化水平,城市化通过规模经济效益、分工与专业效应、创新媒介效应等多维渠道作用于经济增长。

从控制变量回归结果来看,人力资本、产业结构、劳动力对长江经济带经济增长具有显著的促进作用,固定资产投资增加、财政支出增加和金融发展规模增大对长江经济带经济增长存在一定的阻碍作用。人力资本、产业结构、劳动力、固定资产投资能显著促进长江经济带城市化水平提升，而金融发展规模对长江经济带城市化影响存在阻碍作用，财政支出对长江经济带城市化影响不显著。

6.2 基于空间面板联立方程模型的城市化机制检验

6.2.1 空间面板联立方程模型构建

（1）空间自相关检验

地理学第一定律指出世界上任何事物间都具有一定相关性，且近处事物的相关性高于远处事物的相关性，这种相关性也被称为空间依赖性。而空间自相关则主要指空间上的位置越邻近的区域，其取值就越相似。检验区域空间相关性常用的方法是空间自相关指数，其计算公式如下：

$$\text{Moran's } I = \frac{\sum_{i=1}^{n} \sum_{j=1}^{n} w_{ij}(x_i - \bar{x})(x_j - \bar{x})}{S^2 \sum_{i=1}^{n} \sum_{j=1}^{n} w_{ij}} \qquad (6.4)$$

式中，$S_2 = \dfrac{\sum_{i=1}^{n}(x_i - x)^2}{n}$ 表示样本方差，w_{ij} 表示空间权重矩阵的 (i, j) 元素，n 为地区总数，$\sum_{i=1}^{n} \sum_{j=1}^{n} w_{ij}$ 为所有空间权重的总和。莫兰指数的取值范围是 $[-1, 1]$，若指数大于 0，则为正相关，呈现出空间集聚态势，反之呈现出空间离散态势。

（2）空间面板模型构建

在借鉴孙浦阳、武力超（2010）实证模型的基础上，考虑到城市化和外商直接投资可能存在空间相关性，为避免伪回归，本书依据 Elhorst 的空间计量思想，将空间因素引入外商直接投资影响城市化的模型中，分别构建了三种模型：

空间滞后模型（SLM）：

$$\text{URB}_{i,t} = \rho \sum_{j=1}^{n} W_{ij} \text{URB}_{j,t} + \delta \text{FDI}_{i,t} + \varphi X_{i,t} + \varepsilon_{i,t} \qquad (6.5)$$

空间误差模型（SEM）：

$$\text{URB}_{i,t} = \delta \text{FDI}_{i,t} + \varphi X_{i,t} + \mu_{i,t}$$

$$\mu_{i,t} = \lambda \sum_{j=1}^{n} W_{ij} \mu_{j,t} + \varepsilon_{i,t} \qquad (6.6)$$

空间杜宾模型（SDM）：

$$URB_{i,t} = \rho \sum_{j=1}^{n} W_{ij}URB_{j,t} + \delta FDI_{i,t} + \theta WFDI_{j,t} + \varphi X_{i,t} + \varphi WX_{j,t} + \varepsilon_{i,t}$$

$$(6.7)$$

式（6.5）—式（6.7）中，W 是空间权重矩阵，URB 为城市化率，FDI 为外商直接投资；$\sum_{j=1}^{n} W_{ij}URB_{j,t}$ 表示被解释变量的空间滞后项，$WFDI_{j,t}$ 表示解释变量的空间滞后项，$WX_{j,t}$ 表示控制变量的空间滞后项；$\varepsilon_{i,t}$ 为随机误差项；i, t 分别表示地区个体和时间维度。

空间滞后模型重点解释的是本地城市化受周边地区城市化的影响，空间误差模型则反映未知因素对城市化的空间影响。空间滞后模型、空间误差模型均不能衡量自变量跨区影响，而空间杜宾模型既可以考察城市化的空间集聚效果，也能够验证外商直接投资与城市化的空间相关性。因此，为选择合理的模型以解释外商直接投资对城市化的空间效应，本书将分别对三个模型进行估计。

（3）空间面板联立方程模型构建

单一方程模型适合解释一个被解释变量与多个解释变量之间的关系，而本书的研究为：城市化作为一个传导机制，作用于外商直接投资对区域经济增长的影响。那么，城市化影响区域经济增长与外商直接投资影响城市化是两个具有关联的方程，因此，单一方程无法满足模型的需求，故本书引入联立方程模型，以更准确地解释变量之间的交互影响。基于以上分析，结合本书的研究目的，本书构建了城市化影响区域经济增长的单方程模型以及外商直接投资影响城市化的单方程模型，并纳入统一的方程系统：

$$\begin{cases} RGDP_{i,t} = \alpha + \alpha_1 URB_{i,t} + \theta \sum X_{i,t} + \sigma_{i,t} \\ URB_{i,t} = \beta + \beta_1 FDI_{i,t} + \lambda \sum Z_{i,t} + \mu_{i,t} \end{cases}$$

$$(6.8)$$

理论上地区间的经济增长和城市化水平都存在一定的空间关联（李

敬，2014①；王雨飞、倪鹏飞，2016②；董春、梁银鹤，2016③）。Moran's I 指数的检验结果也表明区域经济增长和城市化均呈现出一定的空间相关性，因此为了更准确地解释变量之间的空间交互效应，本书通过引入空间因素，在式（6.8）的基础上对模型进行设定：

$$
\begin{cases}
\mathrm{RGDP}_{i,t} = \alpha + \alpha_1 \mathrm{URB}_{i,t} + \theta \sum X_{i,t} + \varphi \mathbf{W} \mathrm{RGDP}_{j,t} + \sigma_{i,t} \\
\mathrm{URB}_{i,t} = \beta + \beta_1 \mathrm{FDI}_{i,t} + \lambda \sum Z_{i,t} + \varphi \mathbf{W} \mathrm{URB}_{j,t} + \mu_{i,t}
\end{cases}
\tag{6.9}
$$

式中，$\mathrm{RGDP}_{i,t}$、$\mathrm{URB}_{i,t}$、$\mathrm{FDI}_{i,t}$ 分别表示长江经济带各地级市各年度人均实际国内生产总值、城市化率以及实际利用外商直接投资；W 表示空间权重矩阵；X 表示影响经济增长的控制变量，包括金融发展规模、工业化水平、固定资产投资、劳动力投入；Z 表示影响城市化水平的控制变量，包括金融发展规模、人力资本、产业结构、财政支出；φ 表示空间滞后系数；σ、μ 表示随机误差项。

6.2.2 空间面板联立方程模型回归结果

（1）空间相关性

本书采用地理相邻空间权重矩阵（W_1）和经济地理距离空间权重矩阵（W_2）对长江经济带 105 个地级及以上城市 1997—2018 年外商直接投资和城市化的样本数据进行全局空间相关性检验，结果如表 6.3 所示。

由表 6.3 可知，长江经济带外商直接投资和城市化都具有显著的空间效应，且空间相关性不断增强。相邻空间权重矩阵下，外商直接投资的 Moran's I 指数从 1997 年 0.275 增加到 2018 年的 0.336，城市化的 Moran's I 指数从 1997 年的 0.171 增长到 2018 年的 0.276；在经济地理距离空间权重矩阵下，外商直接投资的 Moran's I 指数从 1997 年 0.382 增加到 2018 年的 0.463，城市化的 Moran's I 指数从 1997 年的 0.372 增长到 2018 年的 0.490。

① 李敬，陈澍，万广华，付陈梅.中国区域经济增长的空间关联及其解释：基于网络分析方法 [J].经济研究，2014，49（11）：4-16.

② 王雨飞，倪鹏飞.高速铁路影响下的经济增长溢出与区域空间优化 [J].中国工业经济，2016（2）：21-36.

③ 董春，梁银鹤.市场潜能、城镇化与集聚效应：基于空间计量分析 [J].科研管理，2016（6）：28-36.

表 6.3 外商直接投资与城市化的 Moran's I 检验

年份	W_1		W_2	
	FDI	URB	FDI	URB
1997	0.275*** (4.329)	0.171*** (2.726)	0.382*** (4.602)	0.372*** (4.453)
1998	0.284*** (4.467)	0.170*** (2.716)	0.396*** (4.755)	0.363*** (4.340)
1999	0.275*** (4.330)	0.172*** (2.750)	0.392*** (4.710)	0.378*** (4.515)
2000	0.267*** (4.212)	0.200*** (3.158)	0.387*** (4.657)	0.409*** (4.874)
2001	0.296*** (4.646)	0.203*** (3.208)	0.433*** (5.189)	0.419*** (4.994)
2002	0.329*** (5.134)	0.220*** (3.472)	0.470*** (5.610)	0.436*** (5.195)
2003	0.360*** (5.605)	0.249*** (3.899)	0.491*** (5.857)	0.456*** (5.426)
2004	0.378*** (5.878)	0.279*** (4.362)	0.501*** (5.974)	0.483*** (5.741)
2005	0.384*** (5.964)	0.333*** (5.179)	0.504*** (6.002)	0.523*** (6.204)
2006	0.393*** (6.029)	0.304*** (4.744)	0.511*** (6.080)	0.503*** (5.989)
2007	0.416*** (6.435)	0.369*** (5.725)	0.537*** (6.383)	0.558*** (6.618)
2008	0.420*** (6.509)	0.359*** (5.566)	0.544*** (6.464)	0.543*** (6.446)
2009	0.420*** (6.497)	0.267*** (4.179)	0.550*** (6.543)	0.483*** (5.751)
2010	0.411*** (6.372)	0.275*** (4.300)	0.548*** (6.510)	0.473*** (5.636)
2011	0.393*** (6.087)	0.264*** (4.136)	0.538*** (6.395)	0.467*** (5.565)
2012	0.382*** (5.931)	0.257*** (4.024)	0.532*** (6.332)	0.468*** (5.568)

表6.3(续)

年份	W_1		W_2	
	FDI	URB	FDI	URB
2013	0.370 *** (5.740)	0.251 *** (3.936)	0.517 *** (6.157)	0.465 *** (5.534)
2014	0.355 *** (5.514)	0.010 (0.512)	0.500 *** (5.956)	0.064 * (1.448)
2015	0.344 *** (5.347)	0.270 *** (4.255)	0.487 *** (5.801)	0.478 *** (5.693)
2016	0.343 *** (5.334)	0.280 *** (4.375)	0.479 *** (5.712)	0.494 *** (5.869)
2017	0.341 *** (5.313)	0.281 *** (4.393)	0.471 *** (5.611)	0.498 *** (5.917)
2018	0.336 *** (5.230)	0.276 *** (4.314)	0.463 *** (5.524)	0.490 *** (5.832)

（2）空间面板模型回归结果

为了便于比较，同时体现模型选择上的科学性和合理性，本书分别估计了相邻空间权重矩阵（W_1）和经济地理距离权重矩阵（W_2）下的面板空间误差模型（SEM）、面板空间滞后模型（SLM）以及面板空间杜宾模型（SDM），估计结果如表6.4所示。

表6.4　长江经济带 FDI 对城市化影响的空间模型回归结果

变量	W_1			W_2		
	SEM	SLM	SDM	SEM	SLM	SDM
FDI	0.323 3 *** (6.45)	0.029 3 *** (6.96)	0.019 76 *** (4.49)	0.046 5 *** (9.43)	0.031 0 *** (7.47)	0.020 5 *** (4.77)
EDU	0.064 6 *** (6.93)	0.039 6 *** (6.00)	0.020 9 *** (2.63)	0.092 9 *** (11.40)	0.042 9 *** (6.62)	0.018 3 *** (2.43)
FIN	−0.042 2 *** (−6.52)	−0.042 3 *** (−7.08)	−0.050 7 *** (−8.25)	−0.029 2 *** (−4.31)	−0.034 3 *** (−5.82)	−0.039 7 *** (−6.54)
STR	1.858 4 *** (14.65)	1.657 4 *** (16.31)	1.564 1 *** (14.11)	2.180 1 *** (16.81)	1.634 3 *** (16.26)	1.395 7 *** (12.42)
CZ	0.332 9 *** (4.74)	0.383 6 *** (5.89)	0.309 2 *** (4.63)	0.440 1 *** (5.83)	0.362 1 *** (5.62)	0.270 1 *** (4.06)

表6.4(续)

变量	W₁			W₂		
	SEM	SLM	SDM	SEM	SLM	SDM
W·FDI			0.028 2 *** (3.53)			0.023 8 *** (3.75)
W·EDU			0.019 6 * (1.78)			0.028 8 *** (3.19)
W·FIN			0.035 9 *** (3.53)			0.009 5 (1.06)
W·STR			0.101 7 (0.59)			0.432 5 *** (2.83)
W·CZ			0.351 6 *** (3.41)			0.397 0 *** (4.26)
ρ		0.511 8 *** (29.38)	0.407 6 *** (17.09)		0.481 4 *** (29.83)	0.373 2 *** (18.20)
λ	0.663 3 *** (23.27)			0.434 0 *** (5.83)		
Log-L	652.732 4	837.345 7	877.846 8	612.38	841.981 3	896.446 9
AIC	-1 291.46	-1 660.69	-1 731.694	-1 210.76	-1 669.96	-1 768.89
BIC	-1 251.25	-1 620.48	-1 662.754	-1 170.55	-1 629.74	-1 699.95
Hausman test	26.03 ***	20.15 ***	36.53 ***	6.6	43.53 ***	48.37 ***

注：*、**、***分别表示在10%、5%、1%条件下显著，括号内为z检验值。

结果显示，两种空间权重下长江经济带外商直接投资对城市化存在显著的正向效应，外商直接投资不仅能够提升本地城市化水平，对于地理相近和经济水平相似的城市化水平的提升也存在显著的空间溢出效应，表明本书的估计结果具有稳健性。根据赤池信息准则、贝叶斯信息准则以及对数似然值对模型变量优选的判断，可知经济地理距离权重（W_2）下的空间杜宾模型较其他模型更优。同时，由于经济地理距离权重矩阵（W_2）既包含城市之间的经济联系，也反映出城市之间相邻的地理因素，故其能更精确地呈现空间相关性特征，因此本书将重点分析经济地理距离权重矩阵（W_2）下的空间杜宾模型估计结果。

外商直接投资对城市化水平具有显著的正向影响，影响系数为0.020 5。我国的外商直接投资大部分汇聚于第二、第三产业，外资所产生的就业创造效应能有效吸纳农村剩余劳动力，有序推动人口向城市集中，进而提升城市化水平。人力资本、产业结构和财政支出对城市化具有显著的正向影响，而金融发展规模对城市化具有显著的抑制作用。人力资本为提高企业生产效率注入源源不竭的动力，能提高城市经济发展，推动城市化进程；第二、第三产业迅速发展为城市创造更多就业机会、产生更多经济效益从而提升人口城市化和经济城市化水平；财政支出有利于改善城市交通、信息等生产性基础设施和卫生、教育等社会性基础设施，加速边缘地区生产要素向城市聚拢，从而提高城市化水平。

空间效应显示，外商直接投资对长江经济带城市化水平起正向溢出作用，空间影响参数估计为 0.023 8。长江经济带的外资多数分布在制造业领域，外资企业为节省运输成本，会优先考虑城市基础设施水平较高的地方。同时，大量研究表明，外商直接投资对东道国存在知识溢出效应（陈继勇、盛杨怿，2008）[①]，而知识溢出的重要载体是人和物。交通基础设施作为区域互联互通的纽带，为地区间的物品流动和人才流动提供要素通道，加速知识在地区间扩散，实现资源共享、产业集聚，进而促进相邻地区城市化水平的提升。空间滞后项的回归参数为 0.373 2，且在 1% 的显著性水平上通过检验，表明各地区城市化具有空间相关性，某地区城市化发展会受其他地区城市化水平的影响，地理位置越相邻、经济发展水平越相似的地区，越有利于产生空间溢出效应。

表 6.5 为外商直接投资对城市化影响的效应分解。从地理相邻权重矩阵和经济地理距离权重矩阵来看，外商直接投资对城市化的直接效应分别为 0.023 8、0.025 2，间接效应分别为 0.056 7、0.045 1。结果表明，对于经济发展水平相似、地理相邻的城市，外商直接投资对城市化具有显著的空间溢出效应，但地理相邻的区域其空间溢出效应更明显。各控制变量对城市化的直接效应均通过 1% 的显著性检验。人力资本、产业结构和财政支出有利于提高地区城市化水平，而金融发展一定程度上抑制了地区城市化进程。从间接效应看，人力资本、产业结构和财政支出对城市化呈现空间溢出效应，金融发展对城市化的空间效应并不显著。

---

① 陈继勇，盛杨怿. 外商直接投资的知识溢出与中国区域经济增长 [J]. 经济研究，2008，43（12）：39-49.

表 6.5 空间效应分解

变量	W₁			W₂		
	直接效应	间接效应	总效应	直接效应	间接效应	总效应
FDI	0.023 8 *** (5.17)	0.056 7 *** (4.85)	0.080 5 *** (6.01)	0.025 2 *** (5.53)	0.045 1 *** (5.22)	0.070 3 *** (6.50)
EDU	0.023 5 *** (3.09)	0.042 9 *** (2.87)	0.066 4 *** (4.05)	0.023 0 *** (3.17)	0.050 1 *** (4.37)	0.073 1 *** (5.30)
FIN	−0.048 6 *** (−8.12)	0.023 3 (1.57)	−0.025 3 (−1.49)	−0.040 0 *** (−6.74)	−0.007 9 (−0.68)	−0.047 9 *** (−3.38)
STR	1.643 4 *** (15.25)	1.156 0 *** (5.030)	2.799 4 *** (10.93)	1.532 9 *** (14.17)	1.362 6 *** (7.47)	2.895 5 *** (13.55)
CZ	0.358 5 *** (5.52)	0.735 9 *** (4.80)	1.094 4 *** (6.11)	0.340 2 *** (5.25)	0.704 6 *** (5.59)	1.044 8 *** (6.77)

注：*、**、*** 分别表示在 10%、5%、1% 条件下显著，括号内为 z 检验值。

　　为进一步检验研究结果的稳定性，本书将剔除上海市和重庆市两个离群样本数据，采用地理相邻空间权重矩阵和经济地理距离空间权重矩阵对长江经济带外商直接投资对城市化的影响进行稳健性分析，回归结果如表 6.6 所示。

　　在剔除上海市和重庆市后，两种空间权重矩阵下长江经济带外商直接投资对城市化依然存在正向促进作用，且通过 1% 的显著性检验，影响系数均为 0.021 5。空间效应显示外商直接投资对长江经济带城市化发展具有显著的正向溢出效应，空间影响参数估计为 0.018 7。回归结果与表 6.4 基本一致，进一步表明外商直接投资能显著促进长江经济带城市化水平提升的研究结论具有较好的稳定性。

表 6.6 长江经济带 FDI 对城市化影响的稳健性检验回归结果

变量	W₁	W₂
FDI	0.021 5 *** (6.04)	0.021 5 *** (6.24)
EDU	0.014 7 ** (2.30)	0.011 7 * (1.93)
FIN	−0.047 0 *** (−9.40)	−0.036 5 *** (−7.43)
STR	1.472 5 *** (16.16)	1.341 3 *** (14.72)
CZ	0.311 5 *** (5.77)	0.256 7 *** (4.82)
W·FDI	0.018 7 *** (2.93)	0.018 7 *** (3.63)

表6.6(续)

变量	W₁	W₂
W · EDU	0.020 5 ** （2.33）	0.029 8 *** （4.13）
W · FIN	0.035 8 *** （4.39）	0.010 3 （1.43）
W · STR	−0.023 9 （−0.17）	0.240 8 * （1.95）
W · CZ	0.329 1 *** （3.96）	0.399 9 *** （5.35）
ρ	0.471 5 *** （23.19）	0.432 1 *** （24.56）
Log-L	1 334.619 9	1 363.619 1
AIC/BIC	−2 645.24/−2 576.53	−2 703.24/−2 634.53
Hausman test	33.15 ***	36.12 ***
obs	2 266	2 266

注：*、**、*** 分别表示在10%、5%、1%条件下显著，括号内为 z 检验值。

（3）空间面板联立方程模型回归结果

空间杜宾模型结果表明长江经济带外商直接投资对城市化存在显著的影响。接下来我们需要进一步对长江经济带外商直接投资、城市化与区域经济增长进行估计，以检验外商直接投资对经济增长的城市化机制是否存在。依据两个方程的阶条件与秩条件，本节构建的外商直接投资影响城市化与城市化影响区域经济增长的联立方程模型同时满足阶条件和秩条件，为可被识别模型，因此参数估计结果是有效的。考虑到联立方程中内生变量可能存在空间相关性以及随机扰动项潜在的相关性，本书采用广义空间三阶段最小二乘法（GS3SLS）对长江经济带外商直接投资、城市化与区域经济增长的空间联立方程模型进行估计（李逸飞 等，2017)[1]，估计结果如表6.7所示。

表 6.7　空间联立方程回归结果

变量	城市化影响区域经济增长	外商直接投资影响城市化
URB	1.084 7 *** （19.92）	
FDI		0.025 1 *** （3.03）

---

① 李逸飞，李静，许明.制造业就业与服务业就业的交互乘数及空间溢出效应 [J].财贸经济，2017，38（4）：115–129.

表6.7(续)

变量	城市化影响区域经济增长	外商直接投资影响城市化
W·RGDP	0.012 3 *** (8.15)	
W·URB		0.011 6 *** (2.95)
FIN	−0.048 5 *** (−4.30)	−0.005 2 (−0.73)
IND	0.659 5 *** (4.94)	
INV	−0.847 3 *** (−19.50)	
LA	2.415 8 *** (12.33)	
EDU		0.073 0 *** (12.67)
STR		2.701 9 *** (28.87)
CZ		0.587 1 *** (9.30)
cons	4.196 2 *** (3.93)	0.561 7 *** (5.02)
R^2	0.987 3	0.966 0
F	304.79 ***	1 374.87 ***
obs	2 310	2 310

注：*、**、*** 分别表示在10%、5%、1%条件下显著，括号内为 z 检验值。

由表6.7空间联立方程模型估计结果可知，城市化是外商直接投资作用于区域经济增长的一个重要传导路径，外商直接投资可以通过提升城市化水平推动长江经济带区域经济增长。其中，在城市化影响区域经济增长的模型中，城市化对区域经济增长具有正向促进作用，且通过1%的显著性检验，影响系数为1.084 7，表明长江经济带城市化的发展有利于促进长江经济带区域经济增长。研究结果表明，长江经济带的城市化发展可以通过发挥规模经济效应、促进专业化分工以及充当创新中介等途径促进长江经济带区域经济增长。空间效应显示，本地区的经济增长水平将受到其他地区经济增长显著的正向影响，空间影响参数估计为 0.012 3，即地理位置相邻的地区，更有利于产生经济增长的空间溢出效应。

外商直接投资对城市化影响的模型中，外商直接投资对城市化进程的影响显著为正，影响系数为 0.025 1，表明长江经济带实际利用外资有利于推动地区城市化进程。空间效应显示，本地区城市化发展会受其他地区城市化水平的影响，且城市化空间溢出效应显著为正，空间影响参数估计为 0.011 6，表明地理位置相邻的地区更能实现城市化的空间正向溢出，形成城市化进程的良性空间互动。研究结果表明，外商直接投资可以通过发挥集聚效应和扩散效应，对长江经济带城市化产生有利影响，而城市化水平的提升又能进一步推进地区经济发展。长江经济带开放型经济发展是今后长江经济带发展战略建设的重要内容，平衡开放与发展的关系对于中国进一步扩大对外开放，构建全方位开放格局与区域协调发展战略的推进具有深远意义。

控制变量回归结果表明，劳动力、工业化程度对区域经济增长具有显著的推动作用。而金融发展规模增大、固定资产投资增加对区域经济增长具有一定的抑制作用。现阶段制造业仍然是长江经济带的支柱产业，因此第二产业对长江经济带区域经济增长的贡献率依然较大，同时制造业主要依靠劳动力，对劳动力依然有需求旺盛。金融发展规模的回归系数为负，表明可能存在金融"脱实向虚"的现象，从而引发实体经济运行效率不高，不利于经济增长。固定资产投资的回归系数为负，也间接表明当前中国投资驱动模式红利逐渐消失，必须加快经济增长模式从投资驱动向创新驱动转变。相比而言，城市化的形成主要依赖于第二产业和第三产业，尤其是服务业，服务业集聚更容易在空间范围内推动城镇化发展。因此，第二产业和第三产业占比越高，越有利于推动地区城市化进程。同时人力资本积累能够优化第二产业和第三产业配置比例，进而间接促进城市化水平提升。财政支出尤其是公共性基础设施的支出，对于加速农村人口向城市转移，提高人口城镇化有不可替代的作用。

6.2.3　稳健性检验

为进一步检验研究结果的稳健性，本书采用经济地理距离空间权重替换地理相邻空间权重对空间面板联立方程模型进行估计。参考林光平等（2006）赋权方法，令经济地理距离权重矩阵 $W = W_1 \cdot E$。其中，W_1 为相邻

权重矩阵，矩阵 E 为主对角元素为 0，非主对角元素为 w_{ij} 的空间权重矩阵，以样本期间人均实际 GDP 年均值的绝对差额倒数表征，即：$w_{ij} = 1/|\bar{y}_i - \bar{y}_j|$，同时对矩阵做标准化处理。估计结果如表 6.8 所示。

表 6.8　基于经济地理距离空间权重的稳健性检验回归结果

变量	城市化影响区域经济增长	外商直接投资影响城市化
URB	1.641 2*** (12.67)	
FDI		0.051 4*** (12.68)
W·RGDP	0.001 3** (2.34)	
W·URB		0.001 4*** (4.76)
FIN	−0.047 2*** (−2.89)	0.008 7 (0.11)
IND	−0.017 2 (−0.08)	
INV	−1.267 0*** (−10.97)	
LA	1.764 3*** (6.19)	
EDU		0.064 5*** (10.54)
STR		2.826 7*** (25.80)
CZ		0.514 5*** (6.55)
cons	3.064 1*** (6.86)	0.547 5*** (5.90)
R^2	0.971 5	0.931 5
F	143.88***	332.29***
obs	2 310	2 310

注：*、**、*** 分别表示在 10%、5%、1% 条件下显著，括号内为 z 检验值。

表 6.8 的回归结果显示：长江经济带城市化对区域经济增长具有正向促进作用，且通过 1% 的显著性检验，影响系数为 1.641 2；长江经济带外商直接投资对城市化进程的影响显著为正，影响系数为 0.051 4。空间效应显示：地理相邻且经济发展水平相似地区的经济增长将显著促进本地区的经济增长，空间影响参数估计为 0.001 3；地理相邻且经济发展水平相似地区的城市化水平提升也将显著提高本地区城市化水平，空间影响参数估计为 0.001 4。稳健性检验回归结果与表 6.7 基本一致，进一步表明外商直接投资可以通过推动城市化水平提升进而促进长江经济带区域经济增长的研究结论具有较好的稳定性。

6.3 长江经济带三大城市群的异质性检验

城市群的崛起是近年来中国区域发展呈现出的新特征，以城市群为主体的空间形态逐渐成为引领中国区域经济高质量发展以及区域经济协调发展的主要空间形态，有效承担了中国城镇化进程的重要任务。长江经济带是中国"两纵三横"城市化战略格局不可或缺的部分，是支撑国家经济发展新的增长极，也是国家实现经济高质量发展的重要依托。同时，长江经济带也是国家共建"一带一路"倡议和长江经济带发展战略的重要纽带，牵动着中国西进开放与南向开放、东部与西部互动开放，对中国全方位开放新格局的构建具有重大而深远的意义。由于开放发展和城市群建设的不可逆性，因此如何依托城市群，兼顾开放与区域经济发展，是长江经济带亟待解决的问题。当前，长江经济带涵盖了长江三角洲城市群、长江中游城市群和成渝城市群三大国家级城市群，三个城市群分别地处中国东、中、西部，城市群之间以及城市群内部各地区的资源禀赋参差不齐，在一定程度上会影响城市群对外商直接投资的吸引力以及城市群内部城市化进程中所需要素资源的流动性，从而导致城市化发挥外商直接投资促进经济增长的渠道作用存在差异性。为了进一步分析外商直接投资对经济增长影响的城市化机制在长江经济带三大城市群的异质性，本书将采用中介效应模型和空间面板联立方程模型，分别对长三角城市群、长江中游城市群以及成渝城市群进行估计。

6.3.1 长三角城市群外商直接投资对经济增长影响的城市化机制

基于前文长江经济带外商直接投资对经济增长的城市化机制检验，本书分别检验了长三角城市群外商直接投资对经济增长影响的中介效应模型的城市化机制和空间面板联立方程模型的城市化机制，模型估计结果如表6.9所示。

表6.9 长三角城市群回归结果

变量	中介效应回归结果			空间面板联立方程回归结果	
	区域经济增长	城市化	区域经济增长	城市化影响区域经济增长	外商直接投资影响城市化
FDI	0.090 1*** （8.08）	0.006 8 （0.275）	0.087 4*** （7.61）		−0.003 8 （−0.29）
URB			0.394 6*** （4.76）	1.554 3*** （12.07）	
W·RGDP				0.056 8 （0.14）	
W·URB					0.154 2*** （3.65）
IND				0.939 6*** （2.81）	
FIN	−0.056 9*** （−3.09）	0.022 9** （2.16）	−0.066 1*** （−3.62）	−0.099 1*** （−3.03）	0.029 7 （1.49）
INV	−0.283 5*** （−3.59）	0.191 2*** （5.55）	−0.358 9*** （−4.56）	−0.975 5*** （−6.42）	
LA	1.866 7*** （9.60）	1.031 0*** （7.12）	1.548 6*** （8.11）	0.755 3 （1.27）	
EDU	0.037 4* （1.91）	0.063 2*** （6.42）	0.012 4 （0.68）		0.087 5*** （4.60）
STR	3.604 0*** （9.41）	2.240 1*** （10.06）	2.720 0*** （5.99）		2.427 4*** （7.21）
CZ	−1.224 5*** （−3.37）	0.831 1*** （4.47）	−1.552 4*** （−4.31）		0.351 5 （0.84）
cons	5.535 9*** （19.78）	1.031 0*** （6.13）	5.129 1*** （22.41）	3.350 8*** （8.09）	0.625 4*** （2.57）

表6.9(续)

变量	中介效应回归结果			空间面板联立方程回归结果	
	区域经济增长	城市化	区域经济增长	城市化影响区域经济增长	外商直接投资影响城市化
R^2	0.768 3	0.802 3	0.781 8	0.992 1	0.984 4
F	254.02***	300.63***	291.30***	158.63***	174.47***
obs	572	572	572	572	572

注:*、**、***分别表示在10%、5%、1%条件下显著,中介效应回归结果的括号内为 t 检验值,空间面板联立方程回归结果的括号内为 z 检验值。

从中介效应模型回归结果看,长三角城市群外商直接投资对经济增长总效应系数为0.090 1,且在1%的水平上显著,表明长三角城市群外商直接投资有利于促进区域经济增长。外商直接投资对城市化影响的回归系数为0.006 8,但未在统计意义上不显著。在长三角城市群外商直接投资的经济增长效应模型中加入城市化变量后,外商直接投资和城市化的回归系数都显著为正,外商直接投资对经济增长的直接效应回归系数为0.087 4,城市化水平的回归系数为0.394 6,加入城市化的中介变量后,外商直接投资对经济增长的系数降到0.087 4。由于外商直接投资对中介变量城市化的影响不显著,因此我们需要进一步对其进行 sobel 检验,抽样的次数设置为5 000,置信区间为95%。sobel 检验结果显示,间接效应的置信区间为[-0.001 8,0.008 3],置信区间包含0,表明长三角城市群外商直接投资对经济增长影响的城市化中介效应不成立。

从长三角城市群空间面板联立方程模型估计结果看,外商直接投资作用于长三角城市群经济增长的城市化机制不明显。在城市化影响区域经济增长的模型中,城市化水平每提高1个百分点,可以使长三角城市群经济产出提高1.554 3个百分点;在外商直接投资影响城市化的模型中,外商直接投资对城市化水平的影响不显著。空间效应上,在城市化影响区域经济增长的模型中,长三角城市群经济增长的空间溢出效应不显著。在外商直接投资影响城市化的模型中,长三角城市群内部城市化发展存在显著的正向空间溢出效应,空间回归参数为0.154 2,表明地理相邻且经济发展相似地区的城市化水平提高将显著促进本地城市化水平提升。

从控制变量回归结果看,中介效应模型回归结果与空间面板联立方程回归结果基本吻合。工业化程度、劳动力、人力资本、产业结构对长三角城市群经济增长具有推动作用，长三角城市群正积极调整产业结构，中低端制造业正在加速向中西部地区转移，高端制造业产业集聚在长三角城市群逐渐形成，因此第二产业和第三产业对经济增长的促进作用较为明显。人力资本和劳动力投入仍然是促进经济增长不可或缺的要素。金融发展规模增大、固定资产投资增加、财政支出增加对长三角城市群经济增长具有一定的抑制作用。金融发展规模、固定资产投资、劳动力、人力资本、产业结构、财政支出对长三角城市群城市化进程存在正向促进作用。城市化主要表现为人口城市化和经济城市化，因此物质资本和人力资本的集聚以及产业结构布局合理都将推动城市化进程，而财政支出有利于完善城市基本公共服务，是城市化水平提升的基础保障，金融发展规模壮大可以为城市化水平提升提供资金动力。

6.3.2 长江中游城市群外商直接投资对经济增长影响的城市化机制

本书首先将估计长江中游城市群外商直接投资对经济增长影响的中介效应模型的城市化机制；然后纳入空间因素，构建长江中游城市群外商直接投资影响城市化、城市化影响区域经济增长的联立方程模型，两个方程同时满足阶条件和秩条件，因此参数估计结果是有效的。本书采用广义空间三阶段最小二乘法对空间联立方程模型进行估计，中介效应模型和空间联立方程模型估计结果如表 6.10 所示。

表 6.10　长江中游城市群回归结果

变量	中介效应回归结果			空间面板联立方程回归结果	
	区域经济增长	城市化	区域经济增长	城市化影响区域经济增长	外商直接投资影响城市化
FDI	0.079 1*** (6.52)	0.025 3** (2.47)	0.069 1*** (6.22)		0.008 7 (0.36)
URB			0.396 9*** (9.91)	1.185 6** (2.27)	
W·RGDP				0.526 8* (1.95)	
W·URB					0.314 6*** (5.10)
IND				0.506 8 (0.41)	

表6.9(续)

变量	中介效应回归结果			空间面板联立方程回归结果	
	区域经济增长	城市化	区域经济增长	城市化影响区域经济增长	外商直接投资影响城市化
FIN	−0. 108 2 *** (−3. 90)	−0. 057 1 *** (−3. 67)	−0. 085 5 *** (−3. 51)	−0. 036 6 (−0. 36)	−0. 041 4 (−1. 44)
INV	0. 178 5 *** (3. 10)	0. 518 2 *** (12. 77)	−0. 027 1 (−0. 41)	−2. 323 8 *** (−3. 64)	
LA	1. 024 1 *** (4. 08)	0. 690 1 *** (4. 37)	0. 750 1 *** (3. 52)	0. 343 6 (0. 30)	
EDU	0. 068 5 *** (4. 15)	0. 095 1 *** (7. 23)	0. 030 7 * (1. 94)		0. 090 1 *** (3. 12)
STR	2. 291 2 *** (10. 04)	1. 275 3 *** (9. 25)	1. 784 8 *** (7. 47)		1. 651 9 *** (4. 78)
CZ	−3. 371 4 *** (−12. 04)	−0. 394 8 * (−1. 90)	−3. 214 6 *** (−10. 25)		0. 109 8 (0. 41)
cons	6. 381 2 *** (44. 42)	1. 649 5 *** (15. 70)	5. 726 4 *** (42. 39)	4. 299 9 *** (3. 07)	1. 409 5 *** (5. 89)
R^2	0. 797 7	0. 747 1	0. 821 8	0. 994 2	0. 993 1
F	262. 53 ***	281. 59 ***	303. 34 ***	105. 87 ***	121. 91 ***
obs	616	616	616	616	616

注：*、**、*** 分别表示在10%、5%、1%条件下显著，中介效应回归结果的括号内为 t 检验值，空间面板联立方程回归结果的括号内为 z 检验值。

从中介效应模型回归的结果看，长江中游城市群外商直接投资对经济增长的总效应系数为0. 079 1，且在1%的水平上显著，表明长江中游城市群外商直接投资能促进区域经济增长。外商直接投资对城市化影响的回归系数为0. 025 3，且在5%的水平上显著。在长江中游城市群外商直接投资的经济增长效应模型中加入城市化变量后，外商直接投资和城市化的回归系数都显著为正，外商直接投资对经济增长的直接效应回归系数为0. 069 1，城市化水平的回归系数为0. 396 9，加入城市化的中介变量后，外商直接投资对经济增长的系数有所降低。由此可见，长江中游城市群外商直接投资对经济增长的城市化中介效应是显著存在的。城市化中介效应为0. 010 4，城市化中介效应占外商直接投资对经济增长的总效应比重为13. 01%，表明长江中游城市群外商直接投资对经济增长的促进作用一部分是通过城市化来实现的。

从空间面板联立方程的回归结果看，城市化是促进长江中游城市群经济增长的重要因素，城市化水平每提高 1 个百分点，就可以促进长江中游城市群经济产出提高 1.185 6 个百分点。而在外商直接投资影响城市化的模型中，外商直接投资对城市化的影响系数为 0.008 7，但在统计意义上却不显著，结果表明加入空间因素后，长江中游城市群外商直接投资对区域经济增长的城市化机制并未得到有效发挥。空间效应上，城市化影响区域经济增长的模型中，长江中游城市群经济增长的空间溢出效应显著为正，空间影响参数估计为 0.526 8，即地理相邻且经济发展相似地区的经济产出每提高 1 个百分点，本地经济产出也将提高 0.526 8 个百分点，表明长江中游城市群内部经济增长逐渐形成良性的经济互动格局。外商直接投资影响城市化的模型中，长江中游城市群内部城市化发展也存在显著的正向空间溢出效应，空间回归参数为 0.314 6，表明地理相邻且经济发展相似地区的城市化水平提高将促进本地城市化水平提升。

从控制变量的回归结果看，中介效应模型回归结果与空间面板联立方程模型回归结果基本保持一致。工业化程度、劳动力、人力资本和产业结构对长江中游城市群经济增长具有推动作用。金融发展规模增大、固定资产投资增加和财政支出增加对长江中游城市群经济增长具有一定的抑制作用。固定资产投资、劳动力、人力资本、产业结构对长江中游城市群城市化进程存在正向促进作用，而金融发展规模和财政支出对长江中游城市群城市化进程存在负向影响。

6.3.3　成渝城市群外商直接投资对经济增长影响的城市化机制

本书利用中介效应和广义空间三阶段最小二乘法，分别从不包含空间因素和纳入空间因素两个层面，实证检验了成渝城市群外商直接投资对经济增长影响的城市化机制，估计结果如表 6.11 所示。

表 6.11　成渝城市群回归结果

变量	中介效应回归结果			空间面板联立方程回归结果	
	区域经济增长	城市化	区域经济增长	城市化影响区域经济增长	外商直接投资影响城市化
FDI	0.050 4***(6.33)	0.056 1***(9.20)	0.037 6***(4.88)		0.049 5***(3.74)
URB			0.227 8***(3.05)	1.552 4***(4.35)	
W·RGDP				−0.203 6*(−1.80)	
W·URB					0.249 6***(3.45)
IND				−2.046 3**(−2.08)	
FIN	−0.201 6***(−4.87)	−0.161 7***(−8.50)	−0.164 8***(−3.87)	−0.197 4**(−2.43)	−0.049 2(−1.46)
INV	−0.198 8**(−2.13)	0.468 3***(7.23)	−0.305 5***(−3.14)	−0.221 8(−0.56)	
LA	2.898 0***(6.39)	1.046 9***(3.75)	2.659 4***(5.87)	1.232 1(1.05)	
EDU	0.061 8***(5.03)	0.028 3***(2.78)	0.055 3***(5.04)		0.023 6(1.59)
STR	1.814 7***(6.85)	2.359 8***(12.85)	1.276 9***(3.85)		2.454 3***(6.72)
CZ	−0.375 9(−0.97)	1.028 8***(3.85)	−0.610 3(−1.44)		0.365 9(0.73)
cons	6.716 9***(38.75)	1.145 3***(9.94)	6.455 9***(35.89)	5.102 3***(10.59)	0.882 7***(3.59)
R^2	0.731 7	0.849 8	0.741 3	0.998 0	0.990 6
F	76.55***	344.19***	77.65***	112.27***	185.05***
obs	352	352	352	352	352

注：*、**、*** 分别表示在10%、5%、1%条件下显著，中介效应回归结果的括号内为 t 检验值，空间面板联立方程回归结果的括号内为 z 检验值。

　　从中介效应模型回归结果看，成渝城市群外商直接投资对经济增长的总效应系数为 0.050 4，且在 1% 的水平上显著，表明成渝城市群外商直接

投资有利于促进区域经济增长。外商直接投资对城市化影响的回归系数为
0.056 1，且在 1% 的水平上显著。在城市群外商直接投资的经济增长效应
模型中加入城市化变量后，外商直接投资和城市化的回归系数都显著为
正，外商直接投资对经济增长的直接效应回归系数为 0.037 6，城市化水平
的回归系数为 0.227 8，加入城市化的中介变量后，外商直接投资对经济增
长的系数有所降低。由此可见，成渝城市群外商直接投资对经济增长的城
市化中介效应是显著存在的。城市化中介效应为 0.013 0，城市化中介效应
占外商直接投资对经济增长的总效应比重为 25.71%。

从空间面板联立方程模型的回归结果看，城市化是外商直接投资作用
于成渝城市群经济增长的一个重要传导路径，外商直接投资可以通过提高
城市化来促进成渝城市群的经济增长。在城市化影响区域经济增长的模型
中，城市化水平每提高 1 个百分点，就可以促进成渝城市群经济产出提高
1.552 4 个百分点，在外商直接投资影响城市化的模型中，外商直接投资
每增加 1 个百分点，城市化水平可提高 0.049 5 个百分点。空间效应上，
城市化影响区域经济增长的模型中，成渝城市群经济增长的空间溢出效应
显著为负，空间影响参数估计为 −0.203 6，表明城市之间存在一定程度的
竞争关系。事实上，成渝城市群的竞争主要表现为成都和重庆之间的竞
争，两个城市均为中国西部地区重要的中心城市，且历史因素使得两个城
市在地域文化、资源禀赋方面都具有高度相似性，因此作为成渝城市群
"双核"，成都和重庆存在一定的竞争关系。在外商直接投资影响城市化方
程中，成渝城市群内部城市化发展存在显著的正向空间溢出效应，空间回
归参数为 0.249 6，表明地理相邻且经济发展相似地区的城市化发展能带动
本地城市化协同发展。

从控制变量的回归结果看，中介效应模型回归结果与空间面板联立方
程模型回归结果基本一致。工业化加快、金融发展规模增大、固定资产投
资增加和财政支出增加对成渝城市群经济增长会产生不利影响。劳动力投
入、人力资本、产业结构能显著促进成渝城市群经济增长。金融发展规模
对成渝城市群城市化进程存在负向影响，固定资产投资、劳动力投入、人
力资本、产业结构、财政支出对成渝城市群城市化进程具有显著促进作
用，表明在城市化建设过程中，人才和产业是促进城市化发展的主要因
素，而固定资产投入和政府财政投入是提升城市化公共服务水平的基本
保障。

6.3.4 长三角城市群、长江中游城市群、成渝城市群的对比分析

通过对比长三角城市群、长江中游城市群、成渝城市群外商直接投资对经济增长的城市化机制回归结果，我们可以发现：

基于中介效应模型的城市化机制检验中，城市化是外商直接投资影响成渝城市群和长江中游城市群经济增长的重要路径，而长三角城市群外商直接投资对经济增长的城市化中介效应不显著。成渝城市群和长江中游城市群的城市化中介效应分别为 0.013 0、0.010 4，城市化中介效应占外商直接投资对经济增长的总效应比重分别为 25.71%、13.01%。结果表明，不考虑空间因素时，由于位于中西部地区的长江中游城市群和成渝城市群开放时间较晚，且城市化水平相较于东部的长三角城市群较低，因此其具有较大的增长潜力，外商直接投资通过城市化促进经济增长的边际效用也得到了最大发挥。

而纳入空间因素后的空间面板联立方程模型的城市化机制检验中，外商直接投资能对经济增长的城市化机制效应在长江经济带三大城市群之间存在异质性：

在外商直接投资促进城市化水平提升上，成渝城市群外商直接投资对城市化促进作用最为突出，而长三角城市群和长江中游城市群外商直接投资对城市化促进作用不显著。共建"一带一路"倡议和长江经济带发展战略的实施，将西部地区从开放末梢推向开放前沿，为成渝城市群吸引外资营造了良好的营商环境，外商直接投资涌入弥补了过去区域发展不平衡的格局，给成渝城市群带来了城市化发展要素资源；同时，开放前沿的地理优势提高了外商直接投资对城市化发展的边际效用，改善了固有资源要素对城市化发展驱动能力疲软的状态，为成渝城市群城市化发展赋予了新能量，增添了新动力。长三角城市群是中国经济发展最活跃、开放程度最高、创新能力最强的区域之一，也是资源要素高度集聚区，这也使长三角地区城市化进程的影响因素增多，削弱了开放初期外商直接投资在长三角地区城市化发展决定因素中的优势地位，因而外商直接投资对城市化进程的边际效用呈递减态势，推动作用逐渐不显著。长江中游城市群的外商直接投资对城市化促进作用较弱，这是由于中游地区受中国沿海开放战略和西向开放战略的惠及程度较低，内陆经济劣势凸显，其实际利用外资额度相较于长三角城市群和成渝城市群低，且城市群内部的各个城市在外资经

济上关联度不高，因此其难以发挥对中游城市群城市化的推动作用。

在城市化促进区域经济增长上，长三角城市群和成渝城市群较为突出，其次是长江中游城市群。成渝城市群地处西部内陆，经济潜在增长空间"富余"。近年来，全方位开放格局战略持续推进，使西部地区的开放环境、营商环境、生态环境等得到改善，为城市化过程中新兴产业培育以及传统产业回流创造了机遇。同时，西部大开发战略的实施，为基础设施和基本公共服务的不断完善提供了政策保障，营商环境和居住环境的优化，将提高成渝城市群的产业黏性和人才黏性，增强城市化进程所需的资源要素储备，发挥城市化对成渝城市群经济增长的驱动力量。长三角城市群基于沿海地域优势，成为中国人口的聚集区，也是中国城市化程度最高的区域，故对区域经济增长的推动作用也较为显著。长江中游城市群具有承东启西的地理优势，但地理优势的充分发挥需要一定的前提条件，否则这种优势也可能会转变成劣势。当前，长江中游城市群与长三角城市群的经济差距依然明显，长三角城市群作为中国综合实力最强的区域之一，对产业和人口的吸引力较强，长江中游城市群与长三角城市的经济差距以及地理毗邻，可能会加速人口和产业向长三角城市群流动，降低本地城市对人口和产业黏性，导致城市化进程受阻，弱化了对区域经济增长的推动作用。

空间效应方面，在城市化影响区域经济增长的模型中，成渝城市群内部的经济增长存在显著的空间竞争效应，即地理相邻且经济水平相似地区的经济增长会对本地经济增长形成竞争，长江中游城市群的经济增长存在正向空间溢出效应，长三角城市群则不显著。在外商直接投资影响城市化的模型中，长三角城市群、长江中游城市群、成渝城市群的城市化均呈显著的正向空间溢出效应，表明长江经济带三大城市群内部的城市化具有正向空间溢出，即地理相邻且经济发展水平相似地区的城市化水平提升将显著推进本地城市化进程。总体而言，纳入空间影响后，城市化是成渝城市群外商直接投资作用于区域经济增长的重要渠道，而长三角城市群和长江中游城市群外商直接投资对区域经济增长的城市化机制均不明显。

6.4　本章小结

本章基于1997—2018年长江经济带9省2市105个地级及以上城市的面板数据，实证检验了长江经济带外商直接投资对经济增长影响的城市化机制。首先，基于中介效应模型对城市化机制进行检验；其次，纳入空间因素构建了外商直接投资对城市化影响的空间面板模型和外商直接投资对城市化、城市化对区域经济增长的空间面板联立方程模型，利用极大似然估计法和三阶段最小二乘法来验证城市化机制；最后，基于长江经济带三大城市群的异质性进行分析。实证结果表明：

中介效应模型回归结果表明外商直接投资对经济增长的促进作用一部分是通过城市化来实现的。外商直接投资对经济增长的总效应为0.062 9，外商直接投资对城市化的影响显著为正，系数值为0.039 4，表明长江经济带外商直接投资的增长能显著促进城市化水平提升。在外商直接投资的经济增长效应模型中加入城市化变量后，长江经济带外商直接投资和城市化的回归系数都显著为正，外商直接投资对经济增长的直接效应回归系数为0.045 2，城市化水平的回归系数为0.448 6，加入城市化的中介变量后，外商直接投资对经济增长的系数有所下降，表明长江经济带外商直接投资对经济增长的城市化中介效应是显著存在的。城市化中介效应为0.017 8，城市化中介效应占外商直接投资对经济增长的总效应比重为28.30%。

空间面板联立方程模型回归结果表明，城市化是外商直接投资作用于区域经济增长的一个重要传导路径。在城市化影响区域经济增长的模型中，城市化对区域经济增长具有正向促进作用，空间效应显示，本地区的经济增长水平将受到其他地区经济增长显著的正向影响。在外商直接投资影响城市化的模型中，外商直接投资对城市化进程的影响显著为正，空间效应显示，本地区城市化发展会受其他地区城市化水平的影响，且这种影响为显著的正向影响。

长江经济带三大城市群的异质性分析表明，外商直接投资对区域经济增长的城市化机制效应在三大城市群间存在差异。在不考虑空间因素时，成渝城市群和长江中游城市群的城市化中介效应分别为0.013 0、0.010 4，城市化中介效应占外商直接投资对区域经济增长的总效应比重分别为

25.71%、13.01%，而长三角城市群的城市化机制不显著。纳入空间因素后，成渝城市群外商直接投资对区域经济增长的城市化机制作用最为突出，长三角城市群和长江中游城市群外商直接投资对区域经济增长的城市化机制不明显；空间效应方面，长三角城市群、长江中游城市群、成渝城市群的城市化均呈显著的正向空间溢出效应。

7 长江经济带外商直接投资对经济增长影响的产业结构升级机制实证分析

经济全球化以及我国对外开放的持续推进，加速了生产要素在世界范围内的流动，使国际分工进一步深化。基于比较优势理论，跨国公司通常利用国际直接投资与国际贸易等途径进行国际产业梯度转移。因此，国内产业结构的优化升级与国际直接投资有着紧密关联。改革开放以来，长江经济带依托人口与资源红利，承接了大量的国际产业转移，产业结构得到优化，经济实现高速增长。2014 年国务院发布的《关于依托黄金水道推动长江经济带发展的指导意见》中指出，要发挥长江黄金水道的独特作用，构建现代化综合交通运输体系，推动沿江产业结构优化升级，打造世界级产业集群，促进经济高质量发展。因此在长江经济带全方位开放新格局背景下，研究如何通过利用外商直接投资加速长江经济带产业结构升级，进而促进长江经济带经济增长具有重要意义。

当前对于外商直接投资、产业结构升级与区域经济增长三者关系研究的文献较少，大部分研究都围绕外商直接投资与产业结构升级展开。刘宇（2007）[1]、陈明、魏作磊 （2016）[2] 从宏观层面验证了外商直接投资对产业结构升级具有推动作用。李艳、柳士昌 （2018）[3]、肖琬君等 （2020）[4]

① 刘宇. 外商直接投资对中国产业结构影响的实证分析：基于面板数据模型的研究 [J]. 南开经济研究，2007 (1)：125-134.

② 陈明，魏作磊. 中国服务业开放对产业结构升级的影响 [J]. 经济学家，2016 (4)：24-32.

③ 李艳，柳士昌. 全球价值链背景下外资开放与产业升级：一个基于准自然实验的经验研究 [J]. 中国软科学，2018 (8)：165-174.

④ 肖琬君，冼国明，杨芸. 外资进入与产业结构升级：来自中国城市层面的经验证据 [J]. 世界经济研究，2020 (3)：33-45，135-136.

从企业层面对研究得出外资有利于中国产业结构升级。也有少数学者对产业结构升级与经济增长的关系进行了研究。余泳泽等（2016）研究指出，三次产业结构升级提升了中国全要素生产率，从而促进经济增长[①]。吴瑾（2017）认为大力发展第三产业有利于优化中国产业结构，进而实现经济健康增长[②]。现有文献表明，外商直接投资会影响一国或地区的产业结构升级，而产业结构升级又直接作用于经济增长。因此我们在研究外商直接投资与区域经济增长时，应将产业结构升级纳入统一框架进行分析。基于此，本章利用 1997—2018 年长江经济带 105 个地级及以上城市的面板数据，建立了外商直接投资对经济增长影响的产业结构升级机制中介效应模型和产业结构升级机制空间联立方程模型，系统检验外商直接投资通过产业结构升级影响长江经济带区域经济增长的作用机制。

7.1 基于中介效应模型的产业结构升级机制检验

7.1.1 产业结构升级中介效应模型构建

根据前文的理论分析，长江经济带外商直接投资可以通过产业结构升级影响区域经济增长，因此，为识别产业结构升级影响机制，本书构建了产业结构升级的中介效应模型，设定了三个面板回归方程：

$$\text{RGDP}_{i,t} = \beta_0 + c\text{FDI}_{i,t} + \theta \sum Z_{i,t} + \varepsilon_{i,t} \tag{7.1}$$

$$\text{UPG}_{i,t} = \beta_1 + \alpha\text{FDI}_{i,t} + \lambda \sum Z_{i,t} + \varepsilon_{i,t} \tag{7.2}$$

$$\text{RGDP}_{i,t} = \beta_2 + c'\text{FDI}_{i,t} + b\text{UPG}_{i,t} + \varphi \sum Z_{i,t} + \varepsilon_{i,t} \tag{7.3}$$

其中，RGDP 为被解释变量经济增长，FDI 为核心解释变量外商直接投资，UPG 为中介变量产业结构升级。控制变量包括：人力资本水平（EDU），金融发展结构（FIS），服务业发展水平（SIN），基础设施（INF），开放程度（OPEN），财政支出（CZ），固定资产投资（INV）。

---

① 余泳泽，刘冉，杨晓章. 中国产业结构升级对全要素生产率的影响研究 ［J］. 产经评论，2016，7（4）：45-58.

② 吴瑾. 居民消费结构、产业结构与经济增长 ［J］. 经济问题探索，2017（12）：18-22，180.

7.1.2　指标选取与数据说明

UPG：产业结构升级。其主要反映产业结构从低级形态向高级形态转变的过程，产业结构升级的核心是提高产品附加值。学术界对于产业结构升级的界定并未形成统一标准。大部分学者采用三次产业占 GDP 比重来表示产业结构升级（鲁钊阳、李树，2015）[1]，钱水土和周永涛（2011）用第二、第三次产业产值占 GDP 比重来衡量产业结构升级[2]，还有学者采用第三产业增加值与 GDP 之比衡量产业结构升级（陈明、魏作磊，2016）[3]。也有学者通过产业合理化与产业高级化共同反映产业结构升级（吕明元、尤萌萌，2013[4]；韩永辉 等，2017[5]）。产业结构升级是动态演化的过程，因此我们在指标选取上分别要体现产业结构变动和产业层次变动，同时也要结合研究对象考虑数据可得性。本书借鉴徐敏、姜勇（2015）测度产业升级的方法，引入产业层次系数作为产业结构升级的代理变量[6]，测算公式为

$$UPG = \sum_{i=1}^{3} q_i \times i$$。其中，q_i 表示第 i 产业增加值占 GDP 的比重。UPG 的值越大，表示产业结构正朝着更高级的产业业态转变。

RGDP：地区经济增长水平。本书采用人均实际 GDP 作为地区经济增长水平的代理变量。

FDI：外商直接投资水平。本书采用地区实际利用外商直接投资额作为外商直接投资水平的代理变量。

EDU：人力资本水平。产业结构升级不仅需要高质量的人力资本投入来实现技术创新，也需要通过人力资本将知识转化为生产力从而促进产业

---

① 鲁钊阳，李树.农村正规与非正规金融发展对区域产业结构升级的影响 [J].财经研究，2015，41（9）：53-64.

② 钱水土，周永涛.金融发展、技术进步与产业升级 [J].统计研究，2011（1）：68-74.

③ 陈明，魏作磊.中国服务业开放对产业结构升级的影响 [J].经济学家，2016（4）：24-32.

④ 吕明元，尤萌萌.韩国产业结构变迁对经济增长方式转型的影响：基于能耗碳排放的实证分析 [J].世界经济研究，2013（7）：73-80.

⑤ 韩永辉，黄亮雄，王贤彬.产业政策推动地方产业结构升级了吗：基于发展型地方政府的理论解释与实证检验 [J].经济研究，2017，52（8）：33-48.

⑥ 徐敏，姜勇.中国产业结构升级能缩小城乡消费差距吗？[J].数量经济技术经济研究，2015（3）：3-21.

结构升级（胡昭玲 等，2017）①。本书采用每十万人高等学校在校学生数作为人力资本的代理变量。

FIS：金融发展结构。金融发展结构可以通过影响储蓄投资转化率，来影响企业的资本积累和资金配置效应（Wurgler，2000）②，而资本是进行技术创新的前提保障，产业结构优化又依赖于技术创新，因此金融机构的贷款比例将间接影响产业结构升级。金融机构贷款比例越高，越有利于企业获取金融资本以进行技术创新，从而推动产业结构升级。本书采用金融机构贷款余额占国内生产总值比例作为金融发展结构的代理变量。

SIN：服务业发展水平。地区产业布局情况也将影响该地区产业结构升级进程。从整个国民经济的产业结构变化看，产业结构升级就是经济重心呈"一二三"向"二一三"再向"三二一"的路径演化。因此如果一个地区第三产业占比较高，则表示地区产业结构较为合理，就越有利于促进地区产业结构升级。本书采用第三产业产值占地区生产总值比重表征产业结构。

INF：基础设施。完善的基础设施能提高商品流通效率，促进地区间产业合作和贸易合作，加速产业结构向高级化转变（Cheng & Kwan，2000）③。本书将公路密度作为地区基础设施的代理变量，具体为每百平方公里的公路里程数。

OPEN：开放程度。地区对外开放程度越高，对容易通过"引进来"与"走出去"获得国外先进知识技术的溢出，助推产业结构升级。本书采用进出口总额占 GDP 比重作为开放程度的代理变量。

INV：表征固定资产投资。投资作为拉动中国经济增长的"三驾马车"之一，对经济增长的影响是有目共睹的，但随着中国经济的转型升级，投资对于经济增长的影响更多表现为不确定。本书采用全社会固定资产投资占国内生产总值的比例作为固定资产投资的代理变量。

CZ：表征财政支出水平。财政支出反映了地区对经济的调控力度。在市场和宏观调控的博弈下，财政支出对经济增长的影响呈现不确定性。本

① 胡昭玲，夏秋，孙广宇. 制造业服务化、技术创新与产业结构转型升级：基于 WIOD 跨国面板数据的实证研究［J］. 国际经贸探索，2017，33（12）：4-21.

② WURGLER J. Financial markets and the allocation of capital［J］. Journal of Financial Economics，2000，58（1）：187-214.

③ CHENG L K，KWAN Y K. What are the determinants of the location of foreign direct investment？The Chinese experience［J］. Journal of International Economics，2000，51（2）：379-400.

书采用市地区财政支出总额占 GDP 比重作为财政支出水平的代理变量。

LA：劳动力投入。劳动力作为一种生产要素，是促进经济增长的重要力量。当前，长江经济带整体还处于工业化快速发展时期，劳动力对经济增长的促进作用依然较为明显。本书采用城镇单位就业人数占总人口比重作为劳动力投入的代理变量。

FIN：金融发展规模。金融作为现代经济的核心，是经济增长的重要推动力。本书采用金融机构年末存贷款余额占国内生产总值比例作为金融发展规模的代理变量。

本章实证采用 1997—2018 年长江经济带 9 个省 2 个直辖市共计 105 个地级及以上城市的面板数据。实证所采用的数据主要来源于《中国统计年鉴》《中国城市统计年鉴》《中国区域经济统计年鉴》和各省市统计年鉴，部分缺失数据通过各地级市国民经济和社会发展统计公报获取，个别缺失数据采用移动平滑法进行插补。为减少异方差的影响，本研究分别对人均 GDP、外商直接投资、人力资本水平以及基础设施取对数。相关变量描述性统计如表 7.1 所示。

表 7.1　相关变量描述性统计

变量	样本量	最大值	最小值	平均值	标准差
RGDP	2 310	10.377 8	5.464 2	8.585 5	0.672 1
UPG	2 310	2.696	1.691 3	2.207 6	0.146 5
FDI	2 310	7.114 5	−9.200 0	2.089 7	2.159 5
LA	2 310	0.582 5	0.010 7	0.101 2	0.077 9
INV	2 310	2.317 3	0.049 6	0.561 3	0.316 1
FIN	2 310	11.416 5	0.192 4	2.009 6	0.967 1
CZ	2 310	1.485 2	0.005 2	0.134 9	0.093 6
EDU	2 310	9.450 4	0	6.280 8	1.571 0
FIS	2 310	6.141 6	0.011 7	0.843 1	0.488 8
SIN	2 310	0.774 9	0.197 0	0.371 2	0.078 2
INF	2 310	5.684 6	0.201 1	4.300 9	0.675 2
OPEN	2 310	2.917 5	0.000 1	0.163 5	0.286 9

7.1.3　中介效应模型回归结果

基于前文构建的产业结构升级中介效应模型，本书接下来将检验长江经济带外商直接投资通过产业结构升级效应对经济增长的影响。本书依次对中介效应步骤①、步骤②和步骤③进行验证，回归结果如表7.2所示。

表7.2模型1的回归结果显示，外商直接投资系数为0.067 7，在1%的水平上显著，表明长江经济带外商直接投资有利于促进区域经济增长。模型2中，外商直接投资对产业结构升级影响的回归系数为0.007 4，且在1%的水平上显著，表明长江经济带外商直接投资能显著推动产业结构升级。模型3中，在外商直接投资的经济增长效应模型中加入产业结构升级变量后，长江经济带外商直接投资和产业结构升级的回归系数都显著为正，外商直接投资对经济增长的直接效应回归系数为0.043 9，产业结构升级的回归系数为3.219 6，加入产业结构升级的中介变量后，外商直接投资对经济增长的系数有所下降。由此可见，长江经济带外商直接投资对经济增长的产业结构升级中介效应是显著存在的。产业结构升级的中介效应为0.023 8，产业结构升级中介效应占外商直接投资对经济增长的总效应比重为35.22%，表明外商直接投资对经济增长的促进作用一部分是通过产业结构升级来实现的。外商直接投资通过集聚外部性助推产业结构升级，产业结构升级又进一步优化了资源配置、细化了产业分工、加速了产业技术溢出等，从而促进了经济增长。

表7.2　产业结构升级的中介效应检验结果

变量	RGDP	UPG	RGDP
	模型 1	模型 2	模型 3
FDI	0.067 7*** （7.60）	0.007 4*** （6.66）	0.043 9*** （5.36）
UPG			3.219 6*** （21.73）
INV	−0.010 2 （−0.12）	0.028 6*** （4.41）	−0.102 5 （−1.19）
CZ	−2.420 0*** （−6.64）	−0.105 7*** （−4.31）	−2.079 5*** （−5.50）
EDU	0.149 5*** （14.43）	0.027 8*** （18.67）	0.060 1*** （6.23）
FIS	0.026 5 （0.53）	0.023 4*** （5.38）	−0.048 9 （−1.03）
SIN	−0.060 4 （−0.29）	0.954 7*** （41.40）	−3.134 5*** （−12.36）

表7.2(续)

变量	RGDP	UPG	RGDP
	模型 1	模型 2	模型 3
INF	0.085 0 *** （4.41）	0.016 8 *** （5.39）	0.030 7 * （1.68）
OPEN	0.713 0 *** （10.18）	0.065 3 *** （10.94）	0.502 5 *** （8.61）
Cons	7.354 9 *** （88.04）	1.558 5 *** （112.71）	2.336 8 *** （10.09）
R^2	0.668 3	0.828 8	0.752 6
F	415.72 ***	1 527.13 ***	542.61 ***
obs	2 310	2 310	2 310

注:*、**、*** 分别表示在 10%、5%、1% 条件下显著,括号内为 t 检验值。

从控制变量回归结果看,固定资产投资、人力资本、金融发展结构、服务业发展水平、基础设施以及开放程度均能显著促进长江经济带产业结构升级。人力资本、基础设施、开放程度对长江经济带经济增长的促进作用较为显著,财政支出与服务业发展水平对长江经济带经济增长存在一定阻碍作用,固定资产投资和金融发展结构对长江经济带经济增长的影响不显著。

7.2　基于空间面板联立方程模型的产业结构升级机制检验

7.2.1　空间面板联立方程模型构建

（1）空间面板模型构建

在借鉴陈明、魏作磊（2016）[①] 实证模型的基础上,考虑到产业结构升级和外商直接投资可能存在空间相关性,我们需要借助空间计量模型全面考察外商直接投资对产业结构升级的影响,故将空间因素引入模型中分别构建了三种模型:

空间滞后模型（SLM）:

$$\text{UPG}_{i,\,t} = \rho \sum_{j=1}^{n} W_{ij} \text{UPG}_{j,\,t} + \delta \text{FDI}_{i,\,t} + \varphi X_{i,\,t} + \varepsilon_{i,\,t} \qquad (7.4)$$

---

① 陈明,魏作磊.中国服务业开放对产业结构升级的影响 [J]. 经济学家,2016（4）:24-32.

空间误差模型（SEM）：

$$\text{UPG}_{i,t} = \delta\text{FDI}_{i,t} + \varphi X_{i,t} + \mu_{i,t}$$

$$\mu_{i,t} = \lambda\sum_{j=1}^{n}W_{ij}\mu_{j,t} + \varepsilon_{i,t} \tag{7.5}$$

空间杜宾模型（SDM）：

$$\text{UPG}_{i,t} = \rho\sum_{j=1}^{n}W_{ij}\text{UPG}_{j,t} + \delta\text{FDI}_{i,t} + \theta W\text{FDI}_{j,t} + \varphi X_{i,t} + \varphi WX_{j,t} + \varepsilon_{i,t}$$

$$\tag{7.6}$$

式（7.4）至式（7.6）中，W 表示空间权重矩阵，UPG 表示产业结构升级，FDI 表示实际利用外商直接投资；$\sum_{j=1}^{n}W_{ij}\text{UPG}_{j,t}$ 表示产业结构升级的空间滞后项，$\theta W\text{FDI}_{j,t}$ 表示解释变量的空间滞后项，$WX_{j,t}$ 表示控制变量的空间滞后项；$\varepsilon_{i,t}$ 为随机误差项；i，t 分别表示地区个体和时间维度。

空间权重矩阵是区域间空间地理效应的重要表现。本书主要研究外商直接投资与产业结构升级关系，一个地区的产业结构很大程度依赖于当地经济发展水平，经济发展水平越相近的地区，具有相似产业结构布局的可能性越大，产业结构升级越容易产生空间上的关联。因此本书构建了经济距离空间权重矩阵（W_3），并对其进行标准化处理。本文借鉴师博和任保平（2019）的方法，用地区间人均实际 GDP 年均值的绝对差额倒数表征经济距离空间权重[①]。其中，$\bar{Y}_i$ 为地区 i 在样本期间内的人均实际 GDP 年均值。

$$W_3 = \begin{cases} \dfrac{1}{|\bar{Y}_i - \bar{Y}_j|} & \text{若 } i \neq j \\ 0 & \text{若 } i = j \end{cases} \tag{7.7}$$

（2）空间面板联立方程模型构建

基于理论部分的分析，我们将产业结构升级作为一个传导机制，纳入外商直接投资对经济增长影响的框架中，首先建立产业结构升级影响区域经济增长的单方程模型以及外商直接投资影响产业结构升级的单方程模型，然后引入联立方程模型，以更准确地解释变量之间的交互影响。联立方程具体表达式为：

---

① 师博，任保平. 策略性竞争、空间效应与中国经济增长收敛性［J］. 经济学动态，2019（2）：47-62.

$$\begin{cases} \text{RGDP}_{i,t} = \alpha + \alpha_1\text{UPG}_{i,t} + \theta\sum X_{i,t} + \sigma_{i,t} \\ \text{UPG}_{i,t} = \beta + \beta_1\text{FDI}_{i,t} + \lambda\sum Z_{i,t} + \mu_{i,t} \end{cases} \quad (7.8)$$

Moran's I 指数的检验结果表明区域经济增长和产业结构升级均呈现出一定的空间相关性，因此为了更准确地解释变量之间的空间效应，本书通过引入空间因素，在式（7.8）的基础上对模型进行重新设定。

$$\begin{cases} \text{RGDP}_{i,t} = \alpha + \alpha_1\text{UPG}_{i,t} + \theta\sum X_{i,t} + \varphi W\text{RGDP}_{j,t} + \sigma_{i,t} \\ \text{UPG}_{i,t} = \beta + \beta_1\text{FDI}_{i,t} + \lambda\sum Z_{i,t} + \varphi W\text{UPG}_{j,t} + \mu_{i,t} \end{cases} \quad (7.9)$$

式中，RGDP、UPG、FDI 分别表示长江经济带各地级市人均实际 GDP、产业结构升级指数以及实际利用外商直接投资；W 表示空间权重矩阵，由于经济发展水平相似的地区，产业结构布局和产业结构升级路径越有可能相似，故 W 用地区间人均实际 GDP 年均值的绝对差额倒数表征；X 表示影响经济增长的控制变量，包括劳动力、固定资产投资、金融发展规模、财政支出；Z 表示影响产业结构升级的控制变量，包括人力资本、金融发展结构、服务业发展水平、基础设施水平以及开放程度；φ 和 θ 表示空间滞后系数；σ、μ 表示随机误差项。

7.2.2 空间面板联立方程模型回归结果

（1）空间相关性

为了考察产业结构升级是否具有空间相关性，本书采用地理相邻空间权重矩阵（W_1）和经济距离空间权重矩阵（W_3）对长江经济带 105 个地级市 1997—2018 年产业结构升级的样本数据进行全局空间相关性检验，结果如表 7.3 所示。

表 7.3　外商直接投资与产业结构升级的 Moran's I 检验

年份	W_1		W_3	
	FDI	UPG	FDI	UPG
1997	0.275 *** （4.329）	0.105 ** （1.725）	0.209 *** （4.112）	0.216 *** （4.212）
1998	0.284 *** （4.467）	0.159 *** （2.544）	0.227 *** （4.434）	0.227 *** （4.417）

表7.3(续)

年份	W_1		W_3	
	FDI	UPG	FDI	UPG
1999	0. 275 *** (4. 330)	0. 212 *** (3. 350)	0. 245 *** (4. 783)	0. 357 *** (6. 836)
2000	0. 267 *** (4. 212)	0. 171 *** (2. 726)	0. 242 *** (4. 722)	0. 402 *** (7. 670)
2001	0. 296 *** (4. 646)	0. 146 *** (2. 354)	0. 271 *** (5. 249)	0. 370 *** (7. 071)
2002	0. 329 *** (5. 134)	0. 168 *** (2. 681)	0. 292 *** (5. 641)	0. 373 *** (7. 126)
2003	0. 360 *** (5. 605)	0. 162 *** (2. 592)	0. 301 *** (5. 812)	0. 363 *** (6. 941)
2004	0. 378 *** (5. 878)	0. 209 *** (3. 304)	0. 301 *** (5. 806)	0. 373 *** (7. 127)
2005	0. 384 *** (5. 964)	0. 226 *** (3. 567)	0. 299 *** (5. 755)	0. 376 *** (7. 187)
2006	0. 393 *** (6. 029)	0. 236 *** (3. 710)	0. 299 *** (5. 769)	0. 364 *** (6. 968)
2007	0. 416 *** (6. 435)	0. 290 *** (4. 524)	0. 313 *** (6. 027)	0. 354 *** (6. 779)
2008	0. 420 *** (6. 509)	0. 302 *** (4. 711)	0. 329 *** (6. 328)	0. 373 *** (7. 140)
2009	0. 420 *** (6. 497)	0. 294 *** (4. 600)	0. 334 *** (6. 412)	0. 345 *** (6. 625)
2010	0. 411 *** (6. 372)	0. 310 *** (4. 841)	0. 336 *** (6. 445)	0. 346 *** (6. 631)
2011	0. 393 *** (6. 087)	0. 353 *** (5. 477)	0. 330 *** (6. 340)	0. 343 *** (6. 570)
2012	0. 382 *** (5. 931)	0. 371 *** (5. 761)	0. 324 *** (6. 217)	0. 339 *** (6. 511)
2013	0. 370 *** (5. 740)	0. 352 *** (5. 474)	0. 312 *** (6. 005)	0. 331 *** (6. 352)
2014	0. 355 *** (5. 514)	0. 362 *** (5. 619)	0. 300 *** (5. 771)	0. 336 *** (6. 441)

年份	W_1		W_3	
	FDI	UPG	FDI	UPG
2015	0.344*** (5.347)	0.349*** (5.421)	0.286*** (5.526)	0.352*** (6.742)
2016	0.343*** (5.334)	0.344*** (5.348)	0.271*** (5.234)	0.327*** (6.290)
2017	0.341*** (5.313)	0.322*** (5.021)	0.256*** (4.956)	0.313*** (6.035)
2018	0.336*** (5.230)	0.299*** (4.682)	0.240*** (4.657)	0.275*** (5.316)

由表7.3可知，长江经济带外商直接投资和产业结构升级均在1%的显著性水平下通过检验。地理相邻空间权重矩阵下，外商直接投资的Moran's I指数从1997年0.275增加到2018年的0.336，产业结构升级的Moran's I指数从1997年的0.105增长到2018年的0.299；在经济距离空间权重矩阵下，外商直接投资的Moran's I指数从1997年0.209增加到2018年的0.240，产业结构升级的Moran's I指数从1997年的0.216增长到2018年的0.275。地理相邻空间权重矩阵和经济距离空间权重矩阵下，长江经济带外商直接投资和产业结构升级的Moran's I指数均呈增长趋势，表明外商直接投资和产业结构升级都具有显著的空间效应，且外商直接投资和产业结构升级的空间相关性不断增强。

（2）空间面板模型回归结果

空间滞后模型重点解释的是本地产业结构受周边城市产业结构升级的影响，空间误差模型则反映未知因素对产业结构升级的空间影响。而空间杜宾模型既考察产业结构升级的空间集聚效果，也能验证外商直接投资与产业结构升级的空间相关性。因此，为了便于比较，同时也体现模型选择上的科学性和合理性，本书分别估计了地理相邻空间权重矩阵（W_1）和经济距离空间权重矩阵（W_3）下，面板空间误差模型（SEM）、面板空间滞后模型（SLM）以及面板空间杜宾模型（SDM），估计结果如表7.4所示。

结果显示，两种空间权重下长江经济带外商直接投资对产业结构升级存在显著空间溢出效应，外商直接投资不仅能够促进本地产业结构升级，也能通过空间溢出效应对地理相近或经济水平相似地区的产业结构升级起推动作用，这表明本书的估计结果具有稳健性。同时，根据赤池信息准则、贝叶斯信息准则以及对数似然值对模型变量优选的判断，可知经济距离空间权重矩阵（W_3）下的空间杜宾模型较其他模型更优。进一步分析表明，经济发展水平越相近的地区，其资源禀赋社会发展条件相似，产业结构布局也呈现一定相似性，在空间范围上越容易产生关联。因此本书将重点分析经济距离权重矩阵下的空间杜宾模型估计结果。

表 7.4　空间模型回归结果

变量	W_1			W_3		
类别	SEM	SLM	SDM	SEM	SLM	SDM
FDI	0.004 4*** (4.99)	0.005 2*** (5.92)	0.003 6*** (4.15)	0.003 1*** (3.77)	0.004 7*** (5.36)	0.002 7*** (3.26)
EDU	0.019 3*** (13.26)	0.016 3*** (11.30)	0.017 4*** (11.18)	0.017 6*** (12.46)	0.014 7*** (9.99)	0.012 8*** (8.29)
FIS	0.008 1*** (3.64)	0.007 9*** (3.45)	0.007 6*** (3.42)	0.007 9*** (3.49)	0.008 2*** (3.59)	0.007 8*** (3.47)
SIN	1.024 6*** (55.37)	0.898 0*** (46.49)	1.065 9*** (48.28)	1.029 1*** (58.46)	0.904 6*** (50.51)	1.024 5*** (55.97)
INF	0.031 4*** (13.53)	0.027 3*** (12.19)	0.020 4*** (6.16)	0.030 4*** (13.28)	0.027 1*** (12.37)	0.017 7*** (6.53)
OPEN	0.011 4** (2.33)	0.007 4 (1.52)	0.009 4* (1.90)	0.013 7*** (2.88)	0.008 9* (1.85)	0.011 9** (2.51)
W·FDI			0.004 7*** (3.02)			0.011 7*** (5.97)
W·EDU			−0.007 9*** (−3.27)			−0.006 5** (−2.25)
W·FIS			0.000 6 (0.17)			−0.005 3 (−1.07)
W·SIN			−0.460 1*** (−12.77)			−0.532 2*** (−14.61)
W·INF			0.001 3 (0.30)			−0.009 7** (−2.19)
W·OPEN			−0.007 2 (−0.84)			−0.024 9* (−1.86)
ρ		0.137 7*** (7.57)	0.330 8*** (13.60)		0.171 4*** (8.99)	0.442 2*** (15.33)

变量	W_1			W_3		
类别	SEM	SLM	SDM	SEM	SLM	SDM
λ	0.351 4 *** (14.27)			0.505 8 *** (17.08)		
Log-L	4 606.74	4 544.09	4 638.28	4 640.28	4 555.38	4 695.56
AIC	−9 197.48	−9 072.18	−9 248.56	−9 264.57	−9 094.77	−9 363.11
BIC	−9 151.52	−9 026.22	−9 168.13	−9 218.61	−9 048.81	−9 282.68
Hausman test	31.19 ***	37.28 ***	34.38 ***	32.46 ***	48.36 ***	38.18 ***

注：*、**、*** 分别表示在10%、5%、1%条件下显著，括号内为 z 检验值。

外商直接投资对长江经济带产业结构升级具有显著的正向影响，影响系数为0.002 7。我国改革开放初期，大量劳动密集型外资企业进入长三角地区，随后又逐步向长江中上游地区进行产业梯度转移。消耗资源红利与人口红利的劳动密集型或低技术密集型外资企业，可能会通过"低端产业锁定"对产业结构升级产生不利影响。但由于在对外开放初期，长江沿线城市工业化程度普遍较低，外资进入能加速第二产业的资本积累，间接提升了长江经济带的整体工业化水平，助推长江经济带的要素资源由第一产业向第二产业转移。随着对外开放水平和经济增长水平的不断提升，长江经济带引资策略逐渐由"引资数量"向"引资质量"转变。高质量外资的引入一方面可以通过人力资本溢出和知识溢出带动地区产业结构向更高形态发展，另一方面外资进入产生的"鲶鱼效应"，能倒逼国内企业通过"干中学"机制，提高研发与自主创新能力，提升技术创新效率，从而促进地区产业结构升级。

人力资本、金融发展结构、服务业发展水平、基础设施与开放程度对产业结构升级具有显著的正向影响，回归系数分别为0.012 8、0.007 8、1.024 5、0.017 7、0.011 9。人力资本是企业进行科技创新必不可少的要素，是企业提高生产效率的不竭动力。地区高水平的人力资本越多，越容易将科学技术转化为生产力，进而助推地区产业结构升级。金融支持是企业进行一切生产活动的基础，是企业获取资本的重要渠道。金融发展结构较完善的地区，企业获取金融支持的渠道较为通畅，能够为企业技术创新提供前提保障，从而推动地区产业结构优化升级。地区第三产业占比较高，表明地区产业结构布局较为合理，有利于推进地区产业结构向更高产业形态进行转变。基础设施的发展重在"补短板""降成本",完善的基础设施能够提高商品流通效率,为地区间产业互动、贸易交流创造"硬条件",加速地区产业结构升级进程。"引进来"与"走出去"相结合战略,有利于长江经济带参与和利用国际分工,共享世界先进技术成果。其能通过吸收消化世界先进技术成果并转化为内生动力,促进地区产业结构升级。

空间效应显示,外商直接投资对长江经济带产业结构升级呈现出正向溢出效应,空间影响参数估计为 0.011 7,即其他地区的外商直接投资对本地产业结构升级具有显著的空间溢出作用,且经济发展水平相似地区的空间溢出效应更为显著。结果表明,外商直接投资可通过知识溢出以及空间竞争效应,助推周边地区产业结构升级进程。人力资本、金融发展结构、服务业发展水平、基础设施与开放程度对产业结构升级呈现空间竞争态势。空间滞后项的回归参数为 0.442 2,且在 1% 的显著性水平上通过检验,表明各地区产业结构升级具有空间相关性,本地区产业结构升级会受经济发展水平相似地区产业结构升级进程的影响,我们也可以称之为"模仿"效应。当其他地区通过某种渠道实现产业结构升级后,由于具有相似的社会经济发展背景,本地区也可以通过模仿,获取相似的渠道从而推动地区产业结构升级。

表 7.5 为长江经济带外商直接投资对产业结构升级影响的效应分解。从地理相邻空间权重矩阵和经济距离空间权重矩阵来看,外商直接投资对产业结构升级的直接效应分别为 0.004 1 和 0.003 8,间接效应分别为 0.008 1 和 0.022 0。结果表明,长江经济带区域内经济发展水平相似、地理相邻的城市,其外商直接投资对区域内产业结构升级具有显著的空间溢出效应,且经济发展水平相似的城市其空间溢出效应更明显。各控制变量对产业结构升级的直接效应均通过 10% 的显著性检验,且均有利于推动地区产业结构升级。从间接效应看,人力资本、金融发展结构以及开放程度对产业结构升级的空间效应并不显著。

表 7.5 空间效应分解

变量	W_1			W_3		
	直接效应	间接效应	总效应	直接效应	间接效应	总效应
FDI	0.004 1 *** (4.60)	0.008 1 *** (3.90)	0.012 2 *** (5.22)	0.003 8 *** (4.25)	0.022 0 *** (6.44)	0.025 8 *** (6.75)
EDU	0.017 2 *** (11.56)	−0.003 1 (−1.05)	0.014 1 *** (4.58)	0.012 6 *** (8.40)	−0.001 6 (−0.37)	0.011 0 ** (2.30)
FIS	0.008 1 *** (3.77)	0.004 7 (0.96)	0.012 8 ** (2.26)	0.007 9 *** (3.69)	−0.002 8 (−0.36)	0.005 1 (0.63)
SIN	1.056 4 *** (52.19)	−0.149 3 *** (−4.81)	0.907 1 *** (30.30)	1.017 3 *** (59.53)	−0.135 3 *** (−3.55)	0.882 0 *** (21.78)
INF	0.021 1 *** (6.95)	0.011 1 ** (2.31)	0.032 2 *** (7.09)	0.017 6 *** (6.86)	−0.002 9 (−0.44)	0.014 6 ** (2.06)
OPEN	0.009 3 * (1.92)	−0.004 9 (−0.43)	0.004 4 (0.34)	0.010 6 ** (2.24)	−0.032 1 (−1.40)	−0.021 5 (−0.89)

注：*、**、*** 分别表示在 10%、5%、1%条件下显著，括号内为 z 检验值。

为检验研究结果的稳定性，本节将同样剔除上海市和重庆市的样本数据，分别采用地理相邻空间权重矩阵（W_1）和经济距离空间权重矩阵（W_3）对长江经济带外商直接投资对产业结构升级的影响进行稳健性分析，结果如表 7.6 所示。

稳健性检验回归结果显示，在相邻空间权重矩阵和经济距离空间权重矩阵下，长江经济带外商直接投资对产业结构升级仍具有显著的正向促进作用，影响系数分别为 0.003 6 和 0.003 0。空间效应显示，外商直接投资对长江经济带产业结构升级存在正向溢出效应，且通过了 1%的显著性检验，空间影响参数估计分别为 0.004 4 和 0.010 2，且经济发展水平相似地区的空间溢出效应更为显著。回归结果与表 7.4 基本一致，进一步表明外商直接投资能显著推进长江经济带产业结构升级的研究结论具有较强的稳定性。

表 7.6 长江经济带 FDI 对产业结构升级的稳健性检验回归结果

变量	W_1	W_3
FDI	0.003 6 *** （4.14）	0.003 0 *** （3.69）

表7.6(续)

变量	W_1	W_3
EDU	0.016 7*** (10.82)	0.011 5*** (7.49)
FIS	0.008 5*** (3.85)	0.008 3*** (3.73)
SIN	1.100 9*** (49.43)	1.039 1*** (56.60)
INF	0.022 2*** (6.80)	0.020 1*** (7.41)
OPEN	0.013 4*** (2.74)	0.014 7*** (3.10)
W·FDI	0.004 4*** (2.90)	0.010 2*** (5.20)
W·EDU	−0.007 5*** (−3.20)	−0.003 7 (−1.31)
W·FIS	−0.000 1 (−0.04)	−0.004 7 (−0.98)
W·SIN	−0.510 9*** (−14.32)	−0.563 5*** (−15.47)
W·INF	−0.000 5 (−0.12)	−0.012 7*** (−2.87)
W·OPEN	−0.006 3 (−0.71)	−0.027 9** (−2.05)
ρ	0.346 6*** (14.62)	0.459 0*** (16.09)
Log-L	4 575.329 8	4 621.457 6
AIC/BIC	−9 211.66/−9 042.49	−9 214.92/−9 134.754
Hausman test	33.36***	36.98***
obs	2 266	2 266

注:*、**、***分别表示在10%、5%、1%条件下显著,括号内为z检验值。

（3）空间面板联立方程模型回归结果

空间杜宾模型结果表明,长江经济带外商直接投资对产业结构升级存在显著的影响。接下来我们需要进一步对长江经济带外商直接投资、产业结构升级与区域经济增长的关系进行分析,以检验外商直接投资对区域经济增长影响的产业结构升级机制是否存在。本书构建的外商直接投资影响产业结构升级、产业结构升级影响区域经济增长的联立方程模型同时满足阶条件和秩条件,因此参数估计结果是有效的。本书采用广义空间三阶段最小二乘法对长江经济带外商直接投资对经济增长影响的产业结构升级机制进行估计,结果如表7.7所示。

由表7.7可知,产业结构升级是外商直接投资作用于长江经济带区域经济增长的重要渠道,外商直接投资通过影响地区产业结构升级进而影响长江经济带区域经济增长。在产业结构升级影响区域经济增长的模型上，产业结构升级能显著促进区域经济增长，影响系数为3.2024，表明长江经济带产业结构升级将通过优化资源配置、加速产业技术溢出以及细化产业分工等途径促进区域经济增长。空间效应显示，本地区的经济增长水平将受到其他地区经济增长显著的正向影响，空间影响参数估计为1.6401，且经济发展水平越相近的地区，地区间的空间溢出效应则越强。在外商直接投资影响产业结构升级的模型中，外商直接投资对产业结构升级呈现正向影响，且通过1%的显著性水平检验，影响系数为0.0068，表明随着长江经济带全方位开放格局的逐渐形成以及外资进入门槛的提高，引资质量得到提升，外商直接投资通过带动地区产业集聚，发挥外部性和市场竞争效应促进地区产业结构升级。空间效应显示，本地区产业结构升级进程会受其他地区产业结构升级显著的正向影响，空间影响参数为0.8280，即经济发展水平相似的地区，很容易在产业结构升级上形成"模仿—追赶"效应。研究表明，外商直接投资不仅通过发挥集聚外部性促进产业技术溢出与产业深化分工，而且通过市场竞争效应优化制度环境，从而推动地区产业结构升级，产业结构升级又通过优化资源配置、产业技术溢出和细化分工等路径促进地区经济增长。

表7.7　空间联立方程回归结果

变量	产业结构升级 影响区域经济增长	外商直接投资 影响产业结构升级
UPG	3.2024 *** (9.77)	
FDI		0.0068 *** (3.44)
W·RGDP	1.6401 *** (3.35)	
W·UPG		0.8280 *** (3.38)
LA	2.5736 *** (6.52)	
INV	−0.2732 (−1.60)	

表7.7(续)

变量	产业结构升级 影响区域经济增长	外商直接投资 影响产业结构升级
FIN	0.003 7 (0.09)	
CZ	−1.548 6*** (−3.70)	
EDU		0.026 2*** (10.08)
FIS		0.046 2*** (4.70)
SIN		1.090 9*** (17.66)
INF		0.011 8** (2.29)
OPEN		0.097 1*** (6.61)
cons	0.928 6 (1.09)	1.430 3*** (32.45)
R^2	0.861 6	0.998 0
F	206.85***	1 278.72***
obs	2 310	2 310

注:*、**、***分别表示在10%、5%、1%条件下显著,括号内为z检验值。

控制变量回归结果显示,在产业结构升级影响区域经济增长的模型中,劳动力对经济增长具有显著的推动作用,财政干预对经济增长具有一定的抑制作用,金融发展规模和固定资产投资对经济增长的影响不显著。在外商直接投资影响产业结构升级模型中,人力资本、金融发展结构、服务业发展水平、基础设施水平和开放程度均有助于推动地区产业结构升级。当前长江经济带整体上处于工业化快速发展的时期,因此第二产业依然是长江经济带的支柱产业,对劳动力的需求依然旺盛。同时,长江经济带打造五大世界产业集群的目标也意味着第二产业内部结构面临重大调整,工业化发展将步入高级阶段,对人力资本、开放水平及产业发展所需的金融贷款服务、生产性服务配套、基础设施配套等也提出更高要求。人力资本作为一种特殊的资本形式,是产业结构升级过程中的重要驱动力量；对外开放水平的提升有利于地区通过"引进来"与"走出去"获得先进的知识技术，助力地区产业结构升级；服务业发展尤其是技术密集型服务业和高品质生活服务业发展，能加速形成与制造业的良性互动，推动地区产业结构升级；贷款规模扩大能增加企业获取金融机构融资的机会，为企业发展与产业结构的升级提供资本动力；基础设施的完善能提高城市通达性，为隐性知识在产业间的溢出创造先决条件；要素空间流动的外部经济性将助力地区产业结构升级。

7.2.3 稳健性检验

为进一步检验研究结果的稳定性，本书将剔除上海市和重庆市两个样本数据，并采用经济距离空间权重矩阵对长江经济带外商直接投资影响产业结构升级、产业结构升级影响区域经济增长的联立方程估计结果进行稳健性分析，回归结果如表 7.8 所示。

由表 7.8 可知，长江经济带产业结构升级对区域经济增长具有显著的正向促进作用，影响系数为 3.253 4，长江经济带外商直接投资对产业结构升级的影响显著为正，影响系数为 0.006 1；空间效应显示，本地区的经济增长水平将受到其他地区经济增长显著的正向影响，空间影响参数估计为 1.816，本地区产业结构升级会受其他地区产业结构升级的影响，且这种影响为显著的正向影响，空间影响参数估计为 0.760 3。回归结果与表 7.7 基本一致，进一步表明外商直接投资能通过产业结构升级来促进长江经济带区域经济增长的研究结论具有较好的稳定性。

表 7.8　空间联立方程的稳健性检验

变量	产业结构升级 影响区域经济增长	外商直接投资 影响产业结构升级
UPG	3.253 4 *** (8.49)	
FDI		0.006 1 *** (3.19)
W·RGDP	1.816 *** (3.23)	
W·UPG		0.760 3 *** (3.41)

表7.8(续)

变量	产业结构升级 影响区域经济增长	外商直接投资 影响产业结构升级
LA	2.313 2*** (4.93)	
INV	−0.293 1 (−1.44)	
FIN	0.018 7 (0.37)	
CZ	−1.551 6*** (−3.16)	
EDU		0.026 6*** (10.88)
FIS		0.043 3*** (4.78)
SIN		1.078 9*** (19.00)
INF		0.014 5*** (2.99)
OPEN		0.099 2*** (7.18)
cons	0.726 5 (0.73)	1.431 6*** (35.16)
R^2	0.871 9	0.998 2
F	208.14***	1 275.26***
obs	2 266	2 266

注:*、**、*** 分别表示在10%、5%、1%条件下显著,括号内为 z 检验值。

7.3　长江经济带三大城市群的异质性检验

随着共建"一带一路"倡议和长江经济带发展战略的持续推进,长江经济带贸易开放程度不断提高,参与国际分工日趋深化。长江经济带基于自身比较优势和产业基础条件,抓住全球产业升级和沿海产业转型机遇,以更加开放的姿态、更高水平的开放，主动参与全球产业链重塑，从创新驱动、产业分工等方面进一步优化区域产业链布局，为产业结构升级提供了有力支撑，加速推动长江经济带经济高质量发展。但长江经济带横跨中国东中西三大区域，辐射面积广阔，加上改革开放初期实施的不平衡发展战略遗留的"痼疾"，导致各区域所处的经济发展阶段、对外开放程度以及产业布局等均存在较大差异，区域之间各自为政的现象比较突出，区域之间很难形成有效的协作机制。党的十九大报告指出，实施区域协调发展战略，以城市群为主体构建大中小城市和小城镇协调发展的城镇格局。城市群作为当前长江经济带发展的主要空间形态，是平衡开放与协调发展的重要载体。因此，本书通过研究长江经济带城市群外商直接投资、产业结构升级与区域经济增长在三大城市群的异质性，旨在探索形成全方位开放格局时代背景下的城市群联动发展策略。长江经济带以城市群为依托，通过利用外商直接投资加速城市群产业结构升级，促进城市群经济增长。同时，通过城市群之间的联动发展，实现长江经济带区域协调发展战略。

7.3.1 长三角城市群外商直接投资对经济增长影响的产业结构升级机制

基于前文长江经济带整体外商直接投资对经济增长的产业结构升级机制检验，本书分别检验了长三角城市群中介效应模型的城市化机制和空间面板联立方程模型的城市化机制，本书构建的空间联立方程模型同时满足阶条件和秩条件，因此参数估计结果是有效的。估计结果如表 7.9 所示。

从中介效应模型的回归结果看，长三角城市群外商直接投资对经济增长总效应系数为 0.117 9，且通过 1% 的显著水平检验，表明长三角城市群外商直接投资有利于促进区域经济增长。外商直接投资对产业结构升级影响的回归系数为 0.011 3，且通过 5% 的显著水平检验。在长三角城市群外商直接投资的经济增长效应模型中加入产业结构升级变量后，外商直接投资和产业结构升级的回归系数都显著为正。其中，外商直接投资对经济增长的直接效应回归系数为 0.070 6，产业结构升级的回归系数为 4.171 0，加入产业结构升级的中介变量后，外商直接投资对经济增长的系数有所降低。由此可见，长三角城市群外商直接投资对经济增长的产业结构升级中介效应是显著存在的。产业结构升级中介效应为 0.047 5，产业结构升级中介效应占外商直接投资对经济增长的总效应比重为 40.41%，表明长三角城市群外商直接投资对经济增长的促进作用一部分是通过产业结构升级来实现的。

表 7.9　长三角城市群回归结果

变量	中介效应回归结果			空间面板联立方程回归结果	
	区域经济增长	产业结构升级	区域经济增长	产业结构升级影响区域经济增长	外商直接投资影响产业结构升级
FDI	0.117 9 *** (7.46)	0.011 3 *** (4.84)	0.070 6 *** (5.08)		0.019 2 *** (4.15)
UPG			4.171 0 *** (9.09)	2.718 6 *** (2.66)	
W·RGDP				−1.356 3 *** (−3.09)	
W·UPG					0.416 6 *** (3.15)
LA				4.409 7 *** (3.35)	
FIN				−0.179 5 (−1.61)	
INV	−0.043 6 (−0.46)	0.015 8 (1.53)	−0.109 6 (−1.25)	−0.020 3 (−0.06)	
CZ	−3.126 0 *** (−7.18)	−0.381 4 *** (−8.23)	−1.535 0 *** (−3.81)	−3.190 8 * (−1.87)	
EDU	0.114 8 *** (5.60)	0.016 8 *** (6.44)	0.044 3 ** (2.11)		0.014 2 ** (2.27)
FIS	−0.034 1 (−0.70)	0.019 5 *** (3.33)	−0.115 8 ** (−2.65)		0.018 7 (1.05)
SIN	1.268 6 *** (3.93)	0.972 7 *** (28.84)	−2.788 8 *** (−4.90)		0.774 9 *** (7.09)
INF	0.043 4 (1.36)	0.029 8 *** (4.62)	−0.081 0 ** (−2.17)		0.016 5 (1.56)
OPEN	0.377 8 *** (7.61)	0.028 3 *** (5.58)	0.259 8 *** (6.32)		0.039 5 *** (2.77)
cons	7.556 2 *** (56.81)	1.623 0 *** (73.04)	0.786 6 (1.09)	3.551 1 * (1.67)	1.684 1 *** (40.27)

表7.9(续)

变量	中介效应回归结果			空间面板联立方程回归结果	
	区域经济增长	产业结构升级	区域经济增长	产业结构升级影响区域经济增长	外商直接投资影响产业结构升级
R^2	0.673 4	0.901 8	0.757 7	0.997 7	0.999 5
F	136.93***	712.96***	186.50***	214.07***	446.03***
obs	572	572	572	572	572

注：*、**、***分别表示在10%、5%、1%条件下显著，中介效应和空间面板联立方程回归结果的括号内分别为t检验值与z检验值。

从空间面板联立方程模型的结果看，产业结构升级是外商直接投资作用于长三角城市群经济增长的另一个重要传导路径。在产业结构升级影响区域经济增长的模型中，产业结构升级每提高1个百分点，就可以促进长三角城市群经济产出提高2.718 6个百分点；在外商直接投资影响产业结构升级的模型中，外商直接投资每增加1个百分点，产业结构升级可提高0.019 2个百分点。结果表明，长三角城市群可以积极引进外商直接投资，通过示范模仿效应吸收外商直接投资的技术溢出，推动本地产业结构升级，进而促进地区经济增长。在空间效应上，在产业结构升级影响区域经济增长的模型中，长三角城市群经济增长的空间溢出效应显著为负，空间影响参数估计为−1.356 3，表明长三角城市群内部还存在一定程度的竞争关系；在外商直接投资影响产业结构升级的模型中，长三角城市群内部产业结构升级存在显著的正向空间溢出效应，空间回归参数为0.416 6，即长三角城市群内经济发展相似城市的产业结构升级将带动本地产业结构升级。

从控制变量的回归结果看，劳动力、人力资本以及开放程度对长三角城市群经济增长具有显著的推动作用。长三角城市群汇聚了来自全国各地的人口，其中不乏高质量劳动力，因此整体而言，劳动力和人力资本对长三角城市群经济增长的促进作用较为明显。同时，由于长三角地区位于我国的开放前沿阵地，其可通过利用自身开放优势持续提升地区经济增长。财政支出、金融发展结构、基础设施、服务业发展水平不利于长三角城市群经济增长，固定资产投资对长三角城市群经济增长影响不显著。人力资本、金融发展结构、服务业发展水平、基础设施和开放程度均有助于推动

长三角城市群产业结构升级，而财政支出不利于长三角城市群产业结构
升级。

7.3.2 长江中游城市群外商直接投资对经济增长影响的产业结构升级机制

本书首先对长江中游城市群产业结构升级的中介效应模型进行估计；
然后纳入空间因素构建了长江中游城市群外商直接投资影响产业结构升
级、产业结构升级影响区域经济增长的联立方程模型，两个方程同时满足
阶条件和秩条件，因此参数估计结果是有效的。估计结果如表7.10所示。

从中介效应模型的回归结果看，长江中游城市群外商直接投资对经济
增长总效应系数为0.075 6，且通过了1%的显著水平检验，表明长江中游
城市群外商直接投资有利于促进区域经济增长。外商直接投资对产业结构
升级影响的回归系数为0.003 5，但在统计意义上不显著。在长江中游城市
群外商直接投资的经济增长效应模型中加入产业结构升级变量后，外商直接
投资和产业结构升级的回归系数都显著为正。其中，外商直接投资对经济增
长的直接效应回归系数为0.066 8，产业结构升级的回归系数为2.496 7，加
入产业结构升级的中介变量后，外商直接投资对经济增长的系数有所下
降，但由于外商直接投资对中介变量产业结构升级的影响不显著，需要进
一步对其进行sobel检验，本书将抽样的次数设置为5 000，置信区间为
95%。sobel检验结果显示，间接效应的置信区间为［−0.006 4，0.025 2］，
置信区间包含0，表明长江中游城市群外商直接投资对经济增长影响的产
业结构升级机制不显著。

表7.10　长江中游城市群回归结果

变量	中介效应回归结果			空间面板联立方程回归结果	
	区域经济增长	产业结构升级	区域经济增长	产业结构升级影响区域经济增长	外商直接投资影响产业结构升级
FDI	0.075 6*** (5.49)	0.003 5 (1.14)	0.066 8*** (5.25)		0.004 6 (1.23)
UPG			2.496 7*** (9.93)	1.821 8*** (8.96)	

表7.10(续)

变量	中介效应回归结果			空间面板联立方程回归结果	
	区域经济增长	产业结构升级	区域经济增长	产业结构升级影响区域经济增长	外商直接投资影响产业结构升级
W·RGDP				-0.257 3 (-1.05)	
W·UPG					0.583 8** (2.36)
LA				1.362 7*** (6.52)	
FIN				-0.099 2*** (-4.91)	
INV	0.250 2*** (2.86)	0.035 2*** (2.66)	0.162 2** (2.26)	0.597 4*** (10.58)	
CZ	-3.761 8*** (-8.88)	-0.064 2 (-1.25)	-3.601 6*** (-11.08)	-4.092 1*** (-17.35)	
EDU	0.139 8*** (7.50)	0.028 7*** (7.84)	0.068 1*** (3.42)		0.033 4*** (7.48)
FIS	-0.057 2 (-0.85)	0.014 3 (1.20)	-0.093 2 (-1.31)		-0.003 1 (-0.26)
SIN	-0.244 8 (-1.00)	1.066 9*** (18.42)	-2.908 8*** (-7.53)		1.147 7*** (16.02)
INF	0.072 1** (2.04)	0.010 1* (1.73)	0.046 8 (1.36)		0.018 2*** (2.69)
OPEN	0.796 4*** (7.15)	0.214 5*** (8.99)	0.260 8** (2.30)		0.211 2*** (30.71)
cons	7.523 4*** (46.03)	1.526 4*** (56.76)	3.712 3*** (8.48)	4.810 5*** (10.90)	1.418 9*** (30.71)
R^2	0.708 4	0.798 0	0.776 2	0.998 4	0.999 3
F	132.46***	414.81***	190.61***	279.02***	255.91***
obs	616	616	616	616	616

注:*、**、*** 分别表示在10%、5%、1%条件下显著,中介效应和空间面板联立方程回归结果的括号内分别为 t 检验值与 z 检验值。

从空间面板联立方程的回归结果看,产业结构升级是促进长江中游城市群经济增长的重要因素，产业结构升级每提高 1 个百分点，就可以促进长江中游城市群经济产出提高 1.821 8 个百分点。在外商直接投资影响产业结构升级的模型中，外商直接投资对产业结构升级的影响系数为 0.004 6，但在统计意义上却不显著，结果表明长江中游城市群的外商直接投资对产业结构升级的推动作用未能得到有效发挥。在空间效应上，在产业结构升级影响区域经济增长模型中，长江中游城市群经济增长的空间溢出效应不显著。在外商直接投资影响产业结构模型中，长江中游城市群内部产业结构发存在显著的正向空间溢出效应，回归参数为 0.583 8，表明经济发展相似地区的产业结构升级将带动本地产业结构升级。

从控制变量的回归结果看，中介效应模型回归结果与空间面板联立方程回归结果基本一致。劳动力、固定资产投资、人力资本、基础设施和开放程度对长江中游城市群经济增长具有一定的推动作用，而金融发展规模、财政支出、服务业发展水平对长江中游城市群经济增长呈现出一定程度的阻碍作用。固定资产投资、人力资本、服务业发展水平、基础设施和开放程度均有助于推动长江中游城市群产业结构升级，但财政支出和金融发展结构对长江中游城市群产业结构升级影响不显著。

7.3.3 成渝城市群外商直接投资对经济增长影响的产业结构升级机制

本书利用中介效应和广义空间三阶段最小二乘法，分别从不包含空间因素和纳入空间因素两个层面，实证检验了成渝城市群外商直接投资对经济增长影响的产业结构升级机制。在空间面板联立方程模型中，外商直接投资影响产业结构升级、产业结构升级影响区域经济增长的两个方程同时满足阶条件和秩条件，因此参数估计结果是有效的。估计结果如表 7.11 所示。

从中介效应模型的回归结果看，成渝城市群外商直接投资对经济增长总效应系数为 0.038 9，且在 1% 的水平上显著，表明成渝城市群外商直接投资有利于促进区域经济增长。外商直接投资对产业结构升级影响的回归系数为 0.009 1，且在 1% 的水平上显著。在成渝城市群外商直接投资的经济增长效应模型中加入产业结构升级变量后，外商直接投资和产业结构升级的回归系数都显著为正，外商直接投资对经济增长的直接效应回归系数为 0.020 5，产业结构升级的回归系数为 2.025 6；加入产业结构升级的中介变量后，外商直接投资对经济增长的系数有所降低。由此可见，成渝城市群外商直接投资对经济增长的产业结构升级中介效应是显著存在的。产业结构升级中介效应为 0.018 5，产业结构升级中介效应占外商直接投资对经济增长的总效应比重为 47.73%，表明成渝城市群外商直接投资对经济增长的促进作用一部分是通过产业结构升级来实现的。

表 7.11　成渝城市群回归结果

变量	中介效应回归结果			空间面板联立方程回归结果	
	区域经济增长	产业结构升级	区域经济增长	产业结构升级影响区域经济增长	外商直接投资影响产业结构升级
FDI	0.038 9 *** (4.59)	0.009 1 *** (3.26)	0.020 5 ** (2.48)		0.008 7 ** (2.30)
UPG			2.025 6 *** (7.58)	2.204 5 *** (4.53)	
W·RGDP				1.463 1 ** (2.11)	
W·UPG					0.691 8 (1.64)
LA				2.990 4 *** (2.91)	
FIN				−0.222 3 *** (−3.27)	
INV	−0.054 7 (−0.56)	0.031 1 * (1.76)	−0.117 6 (−1.43)	−0.466 5 (−1.63)	
CZ	−0.676 2 (−1.59)	−0.020 9 (−0.40)	−0.633 6 * (−1.76)	0.391 1 (0.57)	
EDU	0.086 4 *** (7.15)	0.016 8 *** (8.83)	0.052 5 *** (4.56)		0.015 2 *** (3.98)
FIS	−0.288 4 *** (−6.07)	0.022 7 * (1.72)	−0.334 5 *** (−9.47)		0.023 9 * (1.89)
SIN	0.418 6 * (1.82)	0.964 8 *** (16.90)	−1.535 7 *** (−5.17)		1.076 5 *** (8.99)
INF	0.002 0 (0.08)	0.017 1 *** (3.04)	−0.032 5 (−1.29)		0.007 4 (0.57)

表7. 10(续)

变量	中介效应回归结果			空间面板联立方程回归结果	
	区域经济增长	产业结构升级	区域经济增长	产业结构升级影响区域经济增长	外商直接投资影响产业结构升级
OPEN	2. 711 3 *** （7. 52）	0. 211 6 *** （3. 15）	2. 282 6 *** （6. 70）		0. 139 5 （1. 25）
cons	7. 724 2 *** （58. 90）	1. 587 5 *** （50. 96）	4. 508 4 *** （10. 35）	2. 617 4 ** （2. 43）	1. 455 6 *** （16. 62）
R^2	0. 701 7	0. 854 5	0. 760 0	0. 995 6	0. 999 3
F	77. 34 ***	345. 84 ***	89. 03 ***	99. 37 ***	235. 48 ***
obs	352	352	352	352	352

注：*、**、*** 分别表示在10%、5%、1%条件下显著，中介效应和空间面板联立方程回归结果的括号内分别为 t 检验值与 z 检验值。

　　从空间面板联立方程回归结果看，产业结构升级是外商直接投资作用于成渝城市群经济增长的一个重要传导路径。在产业结构升级影响区域经济增长的模型中，产业结构升级每提高 1 个百分点，就可以促进成渝城市群经济产出提高 2. 204 5 个百分点，在外商直接投资影响产业结构升级的模型中，外商直接投资每增加 1 个百分点，产业结构升级可提高 0. 008 7个百分点。空间效应上，产业结构升级影响区域经济增长的模型中，成渝城市群经济增长的空间溢出效应显著为正，空间影响参数估计为 1. 463 1；在外商直接投资影响产业结构升级的模型中，成渝城市群产业结构升级存在正向空间溢出效应，空间回归参数为 0. 691 8，但在统计意义上不显著。空间效应表明，基于产业结构升级的经济增长模式在成渝城市群之间形成了良性空间互动，由于成渝城市群整体的产业层次较低，成都和重庆两个中心城市的产业结构升级将带动位于产业链上下游的周边城市产业结构调整和升级，对周边城市产业发展产生正向溢出效应，进而拉动周边城市经济增长，形成依托产业结构升级的经济增长路径的良性循环。

　　从控制变量的回归结果看，劳动力投入对成渝城市群经济增长具有显著的推动作用，当前制造业依然是成渝城市群的支柱产业，对劳动力需求旺盛，因此劳动力提升经济增长的效应较为显著。人力资本和开放程度对成渝城市群经济增长具有显著促进作用，金融发展规模、金融发展结构、财政支出和服务业发展水平对成渝城市群经济增长存在一定阻碍作用，固定资产投资、基础设施对成渝城市群经济增长的作用不显著。固定资产投资、人力资本、金融发展结构、服务业发展水平、基础设施和开放程度对成渝城市群产业结构升级存在显著的推动作用。金融机构贷款占比提高将增加企业获取贷款的机会，这便为企业创新乃至城市群内产业结构升级提供了资金保障。成渝城市群内基础设施互联互通程度较低，因此固定资产投资的增加以及交通基础设施建设理论上可以加速资源要素的流动与集聚，有效承接来自东部地区的产业梯度转移，促进本地区产业结构升级。对外开放新格局对成渝城市群产业结构升级的推动作用是不可否认的。对外开放有利于企业吸收消化来自外资企业的知识技术溢出，从而带动产业结构升级。

7.3.4 长三角城市群、长江中游城市群、成渝城市群的对比分析

通过对比长三角城市群、长江中游城市群、成渝城市群外商直接投资对经济增长的产业结构升级机制回归结果，我们发现：

基于中介效应模型的产业结构升级机制检验中，产业结构升级是外商直接投资影响长三角城市群和成渝城市群经济增长的重要路径，而长江中游城市群外商直接投资对经济增长的产业结构升级中介效应不显著。长三角城市群和成渝城市群外商直接投资对经济增长的产业结构升级中介效应分别为0.0475、0.0185，产业结构升级中介效应占外商直接投资对经济增长的总效应比重分别为40.41%、47.73%。结果表明，产业结构升级的中介效应在长三角城市群更为明显，长三角城市群作为我国对外开放先行区，同时也是创新能力最强的区域之一，高质量外资企业不断进入，科技创新层出不穷，因此外商直接投资通过产业结构升级来促进经济增长的作用路径也最明显。

纳入空间因素后的空间面板联立方程模型的产业结构升级机制检验中，外商直接投资对经济增长影响的产业结构升级机制在长三角城市群和成渝城市群显著成立，但在长江中游城市群不显著。

长三角城市群的外商直接投资对产业结构升级推动作用最为突出，其次是成渝城市群，而长江中游城市群外商直接投资对产业结构升级推动作用不显著，外商直接投资对产业结构升级的影响系数分别为0.0192、0.0087、0.0046。长三角城市群是中国对外开放的重要门户，也是中国高

水平对外开放先行区。中国早期的沿海开放战略，将长三角地区推向了开放前沿，开启了长三角地区外向型经济高歌猛进的时代。外资大量涌入带来了先进的技术和管理经验，深刻改变了当时长三角地区制造业落后的发展面貌。随着长三角地区对外开放水平和开放层次的不断提升，地方政府审时度势，积极调整引资策略，引导长三角地区企业适时进行角色转换，以寻求合适的产业升级路径，在引资政策调整过程中，通过利用外资实现了从"低端锁定"向"自主创新"的转变，从价值链"低端位置"向"中高端位置"的转变，因此，长三角城市群外商直接投资对产业结构升级的影响最为显著。国家共建"一带一路"倡议、长江经济带发展战略、西部大开发战略的聚焦和叠加，赋予成渝城市群在国内和国际开放开发格局中的战略机遇，为吸引外资和承接先进制造业产业转移提供了有效的政策支撑，加速了成渝城市群产业结构的调整和优化升级。长江中游城市群依靠与长三角城市群的毗邻优势，承接部分来自长三角城市群的外资企业转移，通过引进外部优势产业，淘汰本地落后产业，在产业对接中增强本地产业的实力和核心竞争力，助推本地产业结构升级。但长江中游城市群"两不沾"的地域位置，导致对外开放政策红利在长江中游城市群的释放程度较弱、惠及面较窄，其实际利用外资的额度相较于长三角城市群和成渝城市群更低，外资对长江中游城市群产业结构升级的推动作用受到限制。

在产业结构升级促进区域经济增长上，长三角城市群最为突出，其次是成渝城市群，最后为长江中游城市群，其产业结构升级影响区域经济增长的回归系数依次为 2.718 6、2.204 5、1.821 8。改革开放红利将长三角城市群打造成为中国开放程度最高、经济最具活力、创新能力最强的区域之一。长三角城市群内的高质量外资企业日益增多，产业分工不断深化，科技创新层出不穷，企业生产效率日新月异，产业结构升级速度以及产业形态遥遥领先于长江经济带其他城市群，因此外商直接投资对经济增长的促进作用相较于其他两大城市群更明显。成渝城市群抢抓新一轮全方位开放格局的政策红利，成为对外开放的前沿和高地。开放水平和开放层次的持续提升，为成渝城市群注入了源源不断的新动力，加速了成渝城市群资源要素的流动和更新。资源配置效率的不断优化为产业结构转型升级提速加韧，助推产业结构升级发挥对成渝城市群经济增长的"稳定器"效应。长江中游城市群承东启西、连南接北，是链接西部和东部地区重要的桥梁和纽带,"左右逢源"的地理优势有效增强了城市群内产业转移的承接能力,同时中部崛起战略成为长江中游城市群产业结构升级的加速器,结构红利的释放大大促进了长江中游城市群经济增长。但随着要素成本逐年提高,结构红利逐渐消失,长江中游城市群面临着创新内生动力不足,外向经济推动乏力的双重压力,产业结构升级进入瓶颈期,对经济增长的驱动力量也渐渐弱化。

空间效应方面,在产业结构升级影响区域经济增长的模型中,长三角城市群内部的经济增长存在一定的空间竞争,即经济水平相似城市的经济增长会对本地经济增长形成竞争;长江中游城市群的经济增长空间溢出效应不显著;成渝城市群内的经济增长存在正向空间溢出效应。外商直接投资影响产业结构升级的模型中,长三角城市群、长江中游城市群、成渝城市群的产业结构升级均呈现出显著的正向空间溢出效应,三大城市群的空间效应回归参数分别为 0.416 6、0.583 8、0.691 8,表明长江经济带三大城市群内部的产业结构升级具有空间相关性,即经济发展水平相似城市间的产业结构升级将显著推进本地产业结构升级。当前,长三角城市群应以产业布局为契机,强化城市群内部产业分工协作,增加城市间的互补性。长江中游地区则应侧重完善基础条件,形成高水平开放格局下区域开放与发展的良性互动。成渝城市群需进一步夯实内陆腹地开放优势,释放西部内陆地区发展的巨大潜力,重点强化成都和重庆两个中心城市对成渝城市群的辐射带动作用。通过引导城市群内部发挥正向空间溢出效应,推动城市群之间联动和聚合发展,最终实现长江经济带区域协调发展。

7.4 本章小结

本章基于 1997—2018 年长江经济带 9 省 2 市 105 个地级及以上城市的面板数据,实证检验了长江经济带外商直接投资对经济增长影响的产业结构升级机制。首先,基于中介效应模型对产业结构升级机制进行检验;其次,纳入空间因素构建了外商直接投资对产业结构升级影响的空间面板模型和外商直接投资对产业结构升级、产业结构升级对区域经济增长的空间面板联立方程模型,通过实证分析来验证外商直接投资对经济增长的产业结构升级影响机制;最后,基于长江经济带三大城市群的异质性进行分析。实证结果表明：

中介效应模型回归结果表明，外商直接投资对经济增长的促进作用一部分是通过产业结构升级来实现。外商直接投资对经济增长的总效应为0.067 7，表明长江经济带外商直接投资有利于促进区域经济增长。外商直接投资对产业结构升级的回归系数为0.007 4，表明长江经济带外商直接投资能显著推动产业结构升级。在外商直接投资的经济增长效应模型中加入产业结构升级变量后，长江经济带外商直接投资和产业结构升级的回归系数都显著为正，外商直接投资对经济增长的直接效应回归系数为0.043 9，产业结构升级的回归系数为3.219 6，加入产业结构升级的中介变量后，外商直接投资对经济增长的系数有所下降，表明长江经济带外商直接投资对经济增长的产业结构升级中介效应显著存在。产业结构升级的中介效应为0.023 8，产业结构升级中介效应占外商直接投资对经济增长的总效应比重为35.22%。

空间面板联立方程模型回归结果表明，产业结构升级是外商直接投资作用于区域经济增长的重要渠道。在产业结构升级对区域经济增长影响的模型中，产业结构升级能显著促进区域经济增长。空间效应显示，本地区的经济增长水平将受到其他地区经济增长显著的正向影响。在外商直接投资对产业结构升级影响的模型中，外商直接投资对产业结构升级呈现出显著的正向影响。空间效应显示，经济发展水平相似的地区，更容易在产业结构升级上产生空间溢出。

长江经济带三大城市群的异质性分析表明，外商直接投资能通过产业结构升级作用于区域经济增长，但产业结构升级的机制效应在三大城市群间存在差异。在不考虑空间因素时，长三角城市群和成渝城市群的外商直接投资对经济增长的产业结构升级中介效应分别为0.047 5、0.018 5，产业结构升级中介效应占外商直接投资对经济增长的总效应比重分别为40.41%、47.73%，而长江中游城市群外商直接投资对经济增长的产业结构升级中介效应不显著。纳入空间因素后，长三角城市群外商直接投资对区域经济增长的产业结构升级机制作用最为突出，其次是成渝城市群，长江中游城市群依然不显著。空间效应方面，长三角城市群、长江中游城市群、成渝城市群的产业结构升级均呈现出显著的正向空间溢出效应。

8 结论、建议与展望

本章首先归纳和总结全书的主要研究结论。其次，基于研究结论，结合长江经济带实际情况，就长江经济带如何调整引资策略、如何利用外商直接投资驱动长江经济带区域经济增长和区域协调发展给出相应的政策建议。最后，提出研究展望。

8.1 研究结论

本书针对长江经济带外商直接投资的经济增长效应研究，在回顾外商直接投资、区域经济增长、新经济地理学相关理论以及归纳总结前人研究成果的基础上，从外商直接投资对区域经济增长的直接影响、空间效应以及影响机理三个方面构建了长江经济带外商直接投资影响区域经济增长的理论分析框架；分析了长江经济带外商直接投资与经济增长的现状和特征；利用计量经济学分析方法，实证检验了长江经济带外商直接投资对区域经济增长的空间效应以及外商直接投资对区域经济增长的影响机制。通过理论和实证研究，本书得出以下基本结论。

（1）考察期内长江经济带外商直接投资总量呈稳定增长趋势，但增速日趋放缓，且在分布特征上存在差异性。随着中国对外开放程度的不断提高，中国的营商环境持续优化，对外资的吸引力也不断增强，在全球直接投资大幅下降背景下，长江经济带外商直接投资总额依然呈增长趋势。但外商直接投资在长江经济带的区域分布、行业分布以及来源地分布上存在不均。一是在省级城市的分布要高于一般地级市，在沿海省份和下游地区的分布要高于内陆省份和中上游地区，在长三角城市群的分布要高于长江中游城市群和成渝城市群，但外资利用不均衡的现象在逐渐改善。二是长江经济带外商直接投资的来源地分布和行业分布也存在不均。外商直接投资主要来源于亚洲地区，且集中于制造业。

（2）外商直接投资对区域经济增长的直接效应显著为正，对空间溢出效应显著为负，长江经济带发展战略的提出有利于促进区域经济增长。地方政府的引资竞争，将放大城市之间空间互动的竞争性，直接导致营运环境较好的城市对周边城市产生"虹吸效应"，制约周边城市的经济增长。但随着时间的推移，这种空间溢出效应逐渐从负向溢出转变为正向溢出，即外商直接投资在城市之间形成良性空间互动，逐渐发挥出促进长江经济带区域协调发展的作用。从长江经济带三大城市群的异质性看，三大城市群的外商直接投资对经济增长的直接效应均显著为正，但影响力度呈长三角城市群、长江中游城市群、成渝城市群依次递减的趋势。空间效应结果显示，长三角城市群外商直接投资对经济增长的空间溢出效应显著为负，长江中游城市群外商直接投资对经济增长的空间溢出效应不显著，成渝城市群外商直接投资对经济增长的空间效应显著为正。

（3）城市化是外商直接投资作用于区域经济增长的重要传导路径。中介效应模型回归结果表明，城市化中介效应为 0.017 8，城市化中介效应占外商直接投资对经济增长的总效应比重为 28.30%。空间面板联立方程模型回归结果表明，长江经济带外商直接投资可以通过提升城市化水平对区域经济增长产生促进作用。空间效应显示，本地区的经济增长和城市化发展将受到其他地区经济增长与城市化显著的正向影响。长江经济带三大城市群的异质性分析表明，在不考虑空间因素时，成渝城市群和长江中游城市群的城市化中介效应分别为 0.013 0、0.010 4，而长三角城市群的城市化机制不显著。纳入空间因素后，成渝城市群的外商直接投资对经济增长的城市化机制作用最为突出，长三角城市群和长江中游城市群的城市化机制不明显。空间效应方面，长三角城市群、长江中游城市群、成渝城市群的城市化均呈现出显著的正向空间溢出效应。

（4）产业结构升级也是外商直接投资作用于区域经济增长的重要传导路径。中介效应模型回归结果表明，长江经济带外商直接投资对经济增长的产业结构升级的中介效应为 0.023 8，产业结构升级中介效应占外商直接投资对经济增长的总效应比重为 35.22%。空间面板联立方程模型回归结果表明，长江经济带外商直接投资可以通过推动产业结构升级作用于区域经济增长。空间效应显示，本地区的经济增长和产业结构升级将受到其他地区经济增长与产业结构升级显著的正向影响。长江经济带三大城市群的异质性分析表明，在不考虑空间因素时，长三角城市群和成渝城市群的外商直接投资对经济增长的产业结构升级中介效应分别为 0.047 5、0.018 5，而长江中游城市群的产业结构升级中介效应不显著。纳入空间因素后，长三角城市群外商直接投资对区域经济增长的产业结构升级机制作用最为突出，其次是成渝城市群，长江中游城市群仍不显著。空间效应方面，长三角城市群、长江中游城市群、成渝城市群的产业结构升级均呈现出显著的正向空间溢出效应。

8.2 对策建议

（1）提高开放水平，增强对外资的吸引力度。实证研究表明，外商直接投资对长江经济带区域经济增长具有显著的直接促进作用，且存在较大的提升空间。因此，长江经济带应优化开放环境，进一步扩大对外开放水平，将长江经济带打造成对外开放集聚区，放大外商直接投资对长江经济带区域经济增长的直接促进效应，助推区域经济增长：首先，应持续推进制度开放。进一步深化通关、退税、外汇等管理方式改革，全面实施《贸易便利化协定》，不断提升跨境贸易和投资便利化水平。其次，要积极打造服务业开放高地。放宽服务业市场准入，创造开放公平的市场竞争环境，进一步促进服务业领域的有序、全面开放，增强对外资的吸引力。最后，进一步优化外资营商环境，夯实市场经济环境。各地政府应积极推动全面落实《外商投资法》和《外商投资法实施条例》，赋予外资企业国民待遇，让外资企业依法平等享受各地政府出台的相关支持政策，充分保障外资企业公平竞争的权利，同时要为外资企业搭建高效一体化的供应链、高度协作的上下游产业链，确保外贸产业链和供应链畅通运转，增强对外资的黏性；通过优化市场环境、法治环境，加强开放软环境建设，以高层次的制度环境保障提高对外资的吸引力，增强外资黏性，助推外商直接投资发挥促进长江经济带区域经济增长的作用。

（2）优化顶层设计，为区域间开放经济协调互动提供有力支撑。实证研究表明，外商直接投资对长江经济带区域经济增长的空间溢出效应显著为负，表明城市之间存在一定的引资竞争。过去很长一段时期，长江经济带地方政府间倾向于实施"以邻为壑"的发展政策，地方保护、贸易壁垒等问题突出，市场分割严重，导致地区在产业布局上呈现"小而全，大而全"的产业同构现象。因此，为激发外商直接投资发挥推动区域经济协调发展的作用，各地政府必须要优化顶层设计，为区域间协调互动提供有力支撑。一方面，各地政府要基于城市禀赋特征和比较优势，根据自身经济发展阶段和产业分工体系的需求，实施差异化引资策略，强化外资在地区间的空间关联，引导外资发挥出正向空间溢出效应，以促进区域经济协调发展。另一方面，中央政府须加快推动城市群一体化发展，为有效发挥外商直接投资空间溢出效应创造条件。时间异质性的实证研究表明，长江经济带发展战略的提出推动了区域一体化进程，使外商直接投资对长江经济带区域经济增长的空间效应由负向空间溢出转变为正向空间溢出。因此，各地政府要持续完善重大基础设施建设，提高城市间的互联互通，打通城市群内部分工协作的交通命脉，同时逐步取消限制资源要素流动的地方性政策法规，破除市场壁垒，推动外资企业的人力资本、技术等要素跨城市自由流动；通过推动区域一体化建设，为外商直接投资在地区间溢出创造条件，拓宽外商直接投资的辐射带动作用，进而推动长江经济带区域经济协调发展。

（3）以城市群为载体，协调推进长江经济带城镇化进程，实现外商直接投资与城市化的良性互动发展。实证结果表明，城市化是外商直接投资促进长江经济带经济增长的一个重要影响机制。因此，实现长江经济带外商直接投资与城市化的良性互动至关重要。具体来看，可行举措主要有三个方面：一是以三大城市群为主体，加快构建大中小城市和小城镇协调发展的城镇格局，发挥城市群中心城市的辐射带动作用，加快农业转移人口市民化，提高长江经济带整体城市化水平。二是要优化外资结构、提高外资利用能力，实现长江经济带外商直接投资与城市化的良性互动发展。具体而言，长江经济带应通过新型城镇化框架下的政策引导和产业投资策略等途径优化外资结构，加快城市化进程中的自主创新，提高中心城市对优质外资的利用能力和区域内欠发达城市对劳动密集型外资企业的利用能力。三是要加快完善长江经济带硬件的建设，协调推进新老基建建设，为吸引外资、提升外资利用能力和城市化创造支撑条件。尤其是长江经济带上游地区，可建立健全新老基建的相关保护立法和维护机制，落实地区招商引资和政府专项资金在新老基建建设中的作用。

（4）因地制宜引进外资，加快推进长江经济带产业结构优化升级。实证结果表明，产业结构升级是外商直接投资促进长江经济带经济增长的另一重要影响机制。推进长江经济带产业结构升级，实现外商直接投资与产业结构升级的良性互动发展：一是要坚持创新驱动发展战略，加大研发投入力度，提升地区市场主体的自主创新能力，实现创新内生驱动，同时要合理引进先进的外资技术，通过将自主创新与吸收消化外资先进技术相结合，驱动产业结构转型升级，助力长江经济带高质量发展。二是要因地制宜，基于地区产业发展特征来引进外资。以长三角城市群为例，其具备良好的人力资源和研发条件，低端产业引进可能会钝化其自主创新能力，产生"低端产业锁定"效应，阻碍经济增长，因此其需集中吸引技术和资本密集型产业，发挥自身引进消化吸收再创新能力，形成自主知识产权的新技术，培育创新发展新动能，以更高层次的产业形态助推经济增长。三是要以三大城市群为主体，加大长江经济带城市群之间的产业联动。长江经济带须以产业链为基础，合理规划城市群产业发展和布局，推进产业有序转移，增强城市群之间的产业联动。具体而言，长三角城市群围绕产业转型升级和创新驱动，逐渐将资源加工型、劳动密集型、中低端技术密集型的外资和内资企业向长江中游城市群和成渝城市群有序转移，以释放创新活力，集中力量发展现代服务业和高端制造业。长江中游城市群和成渝城市群在承接产业转移的过程中，能进一步与长三角城市群建立起产业合作与分工纽带。与此同时，在产业承接过程中产生的集聚效应与规模效应，也将加快城市群的产业结构升级速度，提升城市群的综合实力和联动程度，这有利于长江经济带区域的协调发展。

（5）深化城市群战略，发挥中心城市的辐射带动作用，提升长江经济带城市群协同发展能力。城市群是城市的集聚体，其形成减少了市场分割，产生"1+1>2"的"城市群经济"效应。因此，提升城市群协同发展能力，对长江经济带外商直接投资促进经济增长和区域协调发展具有事半功倍的作用。我们可从以下三个方面来着手：一是要推进各城市群内部城市间产业和功能的合理分工，发挥各城市的比较优势。这样不仅可以提高资源要素利用效率，还能弱化城市间因恶性竞争产生的空间负外部性，实现城市群内部的良性循环互动。二是要将中心城市建设摆在更加突出的位置，强化中心城市的主体功能，以更高层次的综合承载能力推动高水平的对外开放，引导外资在中心城市集聚，激发中心城市创新活力，挖掘内生增长潜力，培育城市增长极。三是要发挥中心城市的扩散效应，形成"中心—外围"的城市空间格局，以中心城市的规模效应和技术外溢效应带动城市群内部城市的经济发展，从而提升城市群整体协同发展能力。具体而言，长三角城市群应该进一步提升南京、杭州、合肥、苏州、宁波等中心城市的综合承载能力，疏解上海非核心功能，并形成层级分明、优势互补的多中心支撑的空间网状格局，以增强中心城市的互补性，拓宽中心城市扩散效应的覆盖面。长江中游城市群应进一步夯实武汉中心城市地位，增强对长江中游城市群的辐射引领作用，同时提升长沙、合肥、南昌三大省会城市能级，"抱团"发展形成合力，以放大对城市群内其他城市的带动作用，提升长江中游城市群整体综合影响力。成渝城市群应继续巩固重庆和成都的中心城市地位，增强两个核心城市的辐射带动作用，同时要稳步提升中小城市能级，改善成渝城市群"哑铃形"发展结构。

8.3 研究展望

本书较为系统地研究了长江经济带外商直接投资与区域经济增长的理论基础、理论分析框架以及外商直接投资与经济增长现状，集中对长江经济带外商直接投资的经济增长效应以及城市化与产业结构升级在外商直接投资促进经济增长中的渠道效应进行实证考察，并得出了一些新的成果，对现有外商直接投资的经济增长效应研究进行了丰富和补充。但由于作者的水平和精力有限，本书的研究仍存在许多未竟之处和值得进一步研究的问题，主要有以下三点：

第一，本书主要采用空间经济学的方法实证研究了长江经济带外商直接投资的经济增长效应，重点研究了外商直接投资影响长江经济带区域经济增长的作用机制和传导路径。在理论研究方面，尽管本书进行了大胆尝试，但囿于有限的水平，在外商直接投资对区域经济增长的空间溢出以及传导渠道的理论模型研究上还较为欠缺。因此，如何通过构建具有一般意义的理论模型以更好地反映长江经济带外商直接投资对经济增长的空间溢出效应以及作用机制是本书后续研究的一个重要方向。

第二，本书采用理论和实证相结合的方法，重点对长江经济带外商直接投资影响区域经济增长的城市化作用机制与产业结构升级作用机制进行了研究。但外商直接投资对区域经济增长影响的传导路径可能是多方面的，而本书结合长江经济带这一研究对象，只侧重分析城市化和产业结构升级的渠道效应。因此，后续研究可以进一步探讨外商直接投资影响区域经济增长的其他作用路径。

第三，本书所采用的数据为 1997—2018 年长江经济带 105 个地级及以上城市的相关数据。基于数据可得性，本书的研究侧重于分析长江经济带外商直接投资对区域经济增长的整体影响以及在长江经济带三大城市群的异质性影响，政策建议也侧重从宏观层面去引导长江经济带外商直接投资发挥促进区域经济增长以及区域协调发展的作用，未能基于外商直接投资进入行业与外资企业数据进行细化研究。随着统计数据的不断完善，后续研究可以基于外资进入行业与外资企业数据，尤其是从空间关联视角深入探讨外商直接投资对区域经济增长的空间溢出效应。

参考文献

［1］亚当·斯密. 国民财富的性质和原因研究［M］. 郭大力，等译. 北京：商务印书馆，1981.

［2］沈坤荣，傅元海. 外资技术转移与内资经济增长质量：基于中国区域面板数据的检验［J］. 中国工业经济，2010（11）5-15.

［3］隋俊，毕克新，杨朝均，等. 制造业绿色创新系统创新绩效影响因素：基于跨国公司技术转移视角的研究［J］. 科学学研究，2015，33（3）：440-448.

［4］ANSELIN, LUC. Spatial Econometrics：Methods and Models［M］. Dordrecht，Boston：Kluwer Academic Publishers，1988.

［5］HYMER S H. The International Operations of National Firm：A Study of Direct Foreign Investment［M］. Cambridge，Mass：MIT Press，1960.

［6］VERNON R. International Investment and International Trade in the Product Cycle［J］. Quarterly Journal of Economics，1966，80：190-207.

［7］BUCKLEY P，CASSON M. The Future of Multinational Enterprise［M］. London：Macmillan. 1976.

［8］DUNNING J H. Trade, Location of Economic Activity and the Multi-national Enterprise：a Search for an Eclectic Approach［M］. New York：Holmes&Meier，1977.

［9］KOJIMA K. Direct Foreign Investment：A Model of Multinational Business Operations［J］. Croom Helm，London，1978：126-135.

［10］MYRDAL G. Economic theory and under developed regions［M］. London：Duckworth，1957.

［11］PERROUX F. Economic space：theory and applications［J］. The Quarterly Journal of Economics，1950，64（1）：89-104.

［12］HIRSCHMAN A O. Strategy of Economic Development［M］. New

Haven: Yale University press, 1958.

[13] BROOKFIELD H. Interdependent development [M]. London: University of Pittsburgh Press, 1975.

[14] KRUGMAN P. Increasing returns and economic geography [J]. Journal of Political Economy, 1991, 99 (3): 483-499.

[15] SAMUELSON, PAUL A. The Transfer Problem and Transport Costs: The Terms of Trade When Impediments are Absent [J]. The Economic Journal, 1952, 62 (246): 278-304.

[16] KRUGMAN P. Scale economies, product differentiation, and the pattern of trade [J]. The American Economic Review, 1980, 70 (5): 950-959.

[17] 藤田昌久, 克鲁格曼, 维纳布尔斯. 空间经济学: 城市、区域与国际贸易 [M]. 梁琦, 译. 北京: 中国人民大学出版社, 2005.

[18] HILL C, HWANG P, KIM W. An Eclectic Theory of the Choice of International Entry Mode [J]. Strategic Management Journal, 1990, 11: 117-128.

[19] EKREM TATOGLU, KEITH W GLAISTER. An analysis of motives for western FDI in Turkey [J]. International Business Review, 1998, 7 (2): 203-230.

[20] FRÉDÉRIC BLANC-BRUDE, GRAHAM COOKSON, JENIFER PIESSE, ROGER STRANGE. The FDI location decision: Distance and the effects of spatial dependence [J]. International Business Review, 2014, 23 (4): 797-810.

[21] 杨尚君. 区域金融发展抑制了 FDI 流入吗: 来自中国省际动态面板数据的证据 [J]. 金融与经济, 2014 (6): 14-20.

[22] 王立平, 吴瑶. 时空视角下 FDI 区位选择的差异研究: 来自省际空间面板数据 EBA 模型的经验证据 [J]. 金融与经济, 2018 (10) 62-67.

[23] 郭建万, 陶锋. 集聚经济、环境规制与外商直接投资区位选择: 基于新经济地理学视角的分析 [J]. 产业经济研究, 2009 (4): 29-37.

[24] 张彦博, 郭亚军, 曲洪敏. 成本视角下 FDI 的区位选择与产业转移 [J]. 东北大学学报 (自然科学版), 2010, 31 (2): 293-296.

[25] 邓玉萍, 许和连. 外商直接投资、地方政府竞争与环境污染: 基

于财政分权视角的经验研究 [J]. 中国人口·资源与环境, 2013, 23 (7): 155-163.

[26] 张鹏杨, 李惠茹, 林发勤. 环境管制、环境效率与 FDI: 基于成本视角分析 [J]. 国际贸易问题, 2016 (4): 117-128.

[27] 袁晓玲, 吕文凯. 从"资源引致"向"效率引致": 基于政府效率、引资优惠及溢出效应对 FDI 的影响分析 [J]. 现代经济探讨, 2019 (7): 10-18.

[28] 初善冰, 黄安平. 外商直接投资对区域生态效率的影响: 基于中国省际面板数据的检验 [J]. 国际贸易问题, 2012 (11) 128-144.

[29] 张少为, 王晨佳, 吴振磊. 外商直接投资就业效应的经济学分析 [J]. 西安交通大学学报 (社会科学版), 2012, 32 (4): 46-49.

[30] SIPIKAL M, BUCEK M. The role of FDI in regional innovation: Evidence from the automotive industry in western slovakia [J]. Regional Science Policy&Practice, 2013, 5 (4): 475-490.

[31] 张宇, 蒋殿春. FDI、政府监管与中国水污染: 基于产业结构与技术进步分解指标的实证检验 [J]. 经济学 (季刊), 2014, 13 (2): 491-514.

[32] 葛顺奇, 刘晨, 罗伟. 外商直接投资的减贫效应: 基于流动人口的微观分析 [J]. 国际贸易问题, 2016 (1): 82-92.

[33] 吕雁琴, 赵斌. 外商直接投资、区域创新与城市化发展研究: 基于政府与市场双重视角 [J]. 技术经济, 2020, 39 (1): 149-155.

[34] 肖琬君, 冼国明, 杨芸. 外资进入与产业结构升级: 来自中国城市层面的经验证据 [J]. 世界经济研究, 2020 (3): 33-45, 135-136.

[35] 魏后凯. 外商直接投资对中国区域经济增长的影响 [J]. 经济研究, 2002 (4): 19-26, 92-93.

[36] 张瑜, 王岳龙. 外商直接投资、溢出效应与内生经济增长: 基于动态面板与中国省际面板数据的经验分析 [J]. 经济与管理研究, 2010 (3): 112-117.

[37] FRANCISCO GARCIA, BYUNGCHAE JIN, ROBERT SALOMON. Does inward foreign direct investment improve the innovative performance of local firms? [J]. Research Policy, 2013, 42 (1): 231-244.

[38] 罗伟, 刘晨, 葛顺奇. 外商直接投资的工资溢出和关联效应研究

［J］. 世界经济, 2018, 41 (5): 147-172.

［39］ DE MELLO. Foreign Direct Investment-led Growth: Evidence from Time Series and Panel Data ［J］. Oxford Economic Papers, 1997, 51: 133-151.

［40］ BARRELL R, PAIN N. Trade Restraints and Japanese Direct Investment Flows. European Economic Review ［J］. 1999, 43: 29-45.

［41］ 沈坤荣, 耿强. 外国直接投资, 技术外溢与内生经济增长: 中国数据的计量检验与实证分析 ［J］. 中国社会科学, 2001 (5): 82-93.

［42］ 王志鹏, 李子奈. 外商直接投资、外溢效应与内生经济增长 ［J］. 世界经济文汇, 2004 (3): 23-33.

［43］ ALFARO L, KALEMLI-OZCAN S, SAYEK S, et al. FDI and Economic Growth: The Role of Local Financial Markets ［J］. Macroeconomics, 2002, 64 (1): 89-112.

［44］ MARTA B, BLANCA S R. Foreign Direct Investment, Economic Freedom and Growth: New Evidence from Lartin America ［J］. European Journal of Political Economy, 2003, 19 (3): 529-545.

［45］ HANSEN H, RAND J. On the causal links between FDI and growth in developing countries ［J］. World Economy, 2006, 29 (1): 21-41.

［46］ 李杏, M W LUKE CHAN. 外商直接投资及其影响因素: 来自中国地域的面板因果关系分析 ［J］. 统计研究, 2009, 26 (8): 81-89.

［47］ 马立军. 外商直接投资 (FDI) 与中国省际经济增长差异: 基于GMM 估计方法 ［J］. 国际贸易问题, 2013 (10): 149-158.

［48］ 何雄浪. FDI 技术溢出、吸收能力与经济增长: 基于西南地区与华东地区的比较研究 ［J］. 西南民族大学学报 (人文社会科学版), 2014, 35 (7): 109-115.

［49］ 唐安宝, 李康康, 管方圆. FDI、基础设施投入与经济高质量发展 ［J］. 金融与经济, 2020 (4): 60-67+74.

［50］ SALTZ I. The Negative Correlation between Foreign Direct Investment and Economic Growth in the Third World: Theory and Evidence ［J］. Rivista Internazionale di Scienze Economiche e Commerciali, 1992, 7 (39): 617-633.

［51］ EASTERLY. How much do distortions affect growth? ［J］. Journal of

Monetary Economics, 1993 (32): 187-212.

［52］孙力军. 金融发展、FDI 与经济增长 ［J］. 数量经济技术经济研究, 2008 (1): 3-14.

［53］魏立佳, 李媛. 外商直接投资与中国省域经济增长动态关系研究: 基于 1988~2008 年省际面板数据的实证分析 ［J］. 首都经济贸易大学学报, 2011, 13 (2): 52-61.

［54］HOSSAIN M S. Foreign Direct Investment, Economic Freedom and Economic Growth: Evidence from Developing Countries ［J］. International Journal of Economics and Finance, 2016, 8 (11): 200-214.

［55］沈国云. 外商直接投资、对外开放与经济增长质量: 基于中国汽车产业的经验实证 ［J］. 经济问题探索, 2017 (10): 113-122.

［56］BORENSZTEIN E, J DE GREGORIO, J W LEE. How Does Foreign Direct Investment Affects Economic Growth? ［J］. Journal of International Economics, 1998, 45: 115-135.

［57］桑秀国. 利用外资与经济增长: 一个基于新经济增长理论的模型及对中国数据的验证 ［J］. 管理世界, 2002 (9): 53-63.

［58］OMRAN M, BBOLBOL A. Foreign Direct Investment, Finance Development and Economic Growth: Evidence from Arab Countries ［J］. Review of Middle East Economics and Finance, 2003 (3): 231-245.

［59］罗长远. FDI 与国内资本: 挤出还是挤入 ［J］. 经济学 (季刊), 2007 (2): 381-400.

［60］王向阳, 卢艳秋, 赵英鑫, 马思思. FDI 影响中国经济增长的实证研究 ［J］. 数理统计与管理, 2011, 30 (4): 705-713.

［61］HASKEL J E, PEREIRA S C, SLAUGHTER M J. Does Inward Foreign Direct Investment Boost the Productivity of Domestic Firms? ［J］. Working Papers, 2002.

［62］ZHOU D, S LI, D TSE. The Impact of FDI on the Productivity of Domestic Firms: the Case of China ［J］. International Business Review, 2002, 11 (4): 465-484.

［63］WEI Y, LIU X. Productivity Spillovers From R&D, Exports and FDI in China's Manufacturing Sector ［J］. Journal of International Business Studies, 2006, 37 (4): 544-557.

［64］钟昌标. 外商直接投资地区间溢出效应研究［J］. 经济研究，2010，45（1）：80-89.

［65］BODE E，NUNNENKAMP P，WALDKIRCH A. Spatial Effects of Foreign Direct Investment in US States［J］. Canadian Journal of Economics，2012，45：16-40.

［66］陈海波，张悦. 外商直接投资对江苏区域经济影响的实证分析：基于空间面板模型［J］. 国际贸易问题，2014（7）：62-71.

［67］俞路. 中国FDI地区间溢出效应与渠道影响因素分析［J］. 世界地理研究，2015，24（4）：94-102.

［68］雷俐，李敬，刘洋. 外商直接投资是否推进了长江经济带区域经济协调发展：空间收敛视阈的研究［J］. 经济问题探索，2020（3）：123-134.

［69］MACDOUGALL G D A. The Benefits and Costs of Private Investment From Abroad：a Theoretical Approach［J］. Bulletin of the Oxford University Institute of Economics & Statistics，1960，22（3）：189-211.

［70］GLOBERMAN S. Foreign Direct Investment and Spillover Efficiency Benefits in Canadian Manufacturing Industries［J］. Canadian Journal of Economics，1979，（12）：42-56.

［71］何洁，许罗丹. 中国工业部门引进外国直接投资外溢效应的实证研究［J］. 世界经济文汇，1999（2）：16-21.

［72］邱斌，杨帅，辛培江. FDI技术溢出渠道与中国制造业生产率增长研究：基于面板数据的分析［J］. 世界经济，2008（8）：20-31.

［73］李晓钟，王倩倩. 研发投入、外商投资对中国电子与高新技术产业的影响比较：基于全要素生产率的估算与分析［J］. 国际贸易问题，2014（1）：139-146.

［74］徐德英，韩伯棠. 技术获取型FDI溢出与信息化发展水平门槛效应［J］. 科研管理，2016，37（1）：20-27.

［75］HADDAD M，HARRISON A. Are there positive spillovers from direct foreign investment：Evidence from panel data for Morocco［J］. Journal of development economics，1993，42（1）：51-74.

［76］AITKEN B，HARRISON A E. Do Domestic Firms Benefit from Direct Foreign Investment? Evidence From Venezuela［J］. American Economic

Review, 1999, 89 (3): 605-618.

[77] SABIRIANOVA K, K TERRELL, J SVEJNAR. Distance to the Efficiency Frontier and Foreign Direct InvestmentSpillovers [J]. Journal of the European Economic Association, 2005, 3 (2): 576-586.

[78] 罗伟, 葛顺奇. 跨国公司进入与中国的自主研发: 来自制造业企业的证据 [J]. 世界经济, 2015, 38 (12): 29-53.

[79] SOURAFEL GIRMA, DAVID GREENAWAY, KATHARINE WAKELIN. Who Benefits from Foreign Direct Investment in the UK ? [J]. Scottish Journal of Political Economy, 2013, 60 (5): 575-577.

[80] 徐亚静, 王华. 开放条件下的外商直接投资与中国技术创新 [J]. 国际贸易问题, 2011 (2): 136-146.

[81] 何兴强, 欧燕, 史卫, 刘阳. FDI 技术溢出与中国吸收能力门槛研究 [J]. 世界经济, 2014, 37 (10): 52-76.

[82] 王岳平. 中国外商直接投资的两种市场导向类型分析 [J]. 国际贸易问题, 1999 (2): 1-7.

[83] 苗芳, 勾东宁. "两缺口" 理论与中国引入外资简析 [J]. 商业研究, 2003 (24): 47-49.

[84] 张淑玲, 卢婵君. FDI 对中国产业结构升级的作用机制研究 [J]. 生产力研究, 2007 (9): 102-104.

[85] 陈泽, 侯俊东, 肖人彬. 中国企业海外并购价值创造决定因素实证研究 [J]. 中国科技论坛, 2012 (12): 62-68.

[86] 张宏元, 李晓晨. FDI 与自主创新: 来自中国省际面板的证据 [J]. 宏观经济研究, 2016 (3): 24-34, 61.

[87] BALASUBRAMANYAM V N, SALISU M, SAPSFORD D. Foreign Direct Investment and Growth in EP and IS Countries [J]. The Economic Journal, 1996, 106: 92-105.

[88] MELLO D, LUIZ R. Foreign direct investment in developing countries and growth: A selective survey [J]. Journal of Development Studies, 1997, 34 (1): 1-34.

[89] BARRO ROBERT J, SALA-I-MARTIN. Economic Growth [M]. New York: McGraw-Hill, 1995.

[90] 沈坤荣, 耿强. 外国直接投资, 技术外溢与内生经济增长: 中国

数据的计量检验与实证分析 [J]. 中国社会科学, 2001 (5): 82-93.

[91] 滕丽, 蔡砥, 吕拉昌. 经济一体化背景下的区域溢出分析 [J]. 人文地理, 2010 (2): 116-119.

[92] BAZO L, ENRIQUE, VAYA E, MANUEL A. "Regional Externalities and Growth: Evidence from European Regions" [J]. Journal of Regional Science, 2004, 44 (1): 43-73.

[93] SMARZYNSKA J B, MARIANA S. "Disentangling FDI Spillover Effect s: What do Firm Perceptions Tell Us?" [M]. Washington D. C., 2005.

[94] 邓子梁, 陈岩. 外商直接投资对国有企业生存的影响: 基于企业异质性的研究 [J]. 世界经济, 2013 (12): 53-69.

[95] 白万平, 吕政, 刘丽萍. 外商直接投资、交通基础设施改善与制造业集聚: 基于 2003—2016 年中国 285 个地级市面板数据的实证研究 [J]. 贵州财经大学学报, 2019 (2): 11-23.

[96] 孙兆刚, 徐雨森, 刘则渊. 知识溢出效应及其经济学解释 [J]. 科学学与科学技术管理, 2005 (1): 87-89.

[97] 张相文, 郭宝忠, 张超. 制度因素对 FDI 溢出效应的影响: 基于中国工业企业数据库的实证研究 [J]. 宏观经济研究, 2014 (8): 32-46.

[98] 王恕立, 向姣姣. 制度质量、投资动机与中国对外直接投资的区位选择 [J]. 财经研究, 2015 (5): 134-144.

[99] 刘晓光, 杨连星. 双边政治关系、东道国制度环境与对外直接投资 [J]. 金融研究, 2016 (12): 17-31.

[100] 陈培如, 冼国明, 马骆茹. 制度环境与中国对外直接投资: 基于扩展边际的分析视角 [J]. 世界经济研究, 2017 (2): 50-61.

[101] 蒋殿春, 张宇. 经济转型与外商直接投资技术溢出效应 [J]. 经济研究, 2008 (7): 26-38.

[102] 袁冬梅, 信超辉, 于斌. FDI 推动中国城镇化了吗: 基于金融发展视角的门槛效应检验 [J]. 国际贸易问题, 2017 (5): 126-138.

[103] WU C, WEI Y D, HUANG X, et al. Economic transition, spatial development and urban land use efficiency in the Yangtze River Delta, China [J]. Habitat International, 2017, 63: 67-78.

[104] 陈辉民. 对外贸易、外商直接投资与城市化: 基于空间面板杜宾方法的分析 [J]. 国际贸易问题, 2018 (10): 147-161.

［105］郭东杰，王晓庆. 经济开放与人口流动及城镇化发展研究［J］. 中国人口科学，2013（5）：78-86.

［106］王滨. FDI 对新型城镇化的空间溢出效应［J］. 城市问题，2020（1）：20-32.

［107］LUCAS R E. Externalities and Cities［J］. Review of Economic Dynamics，2001，4（2）：245-274.

［108］孙祁祥，王向楠，韩文龙. 城镇化对经济增长作用的再审视：基于经济学文献的分析［J］. 经济学动态，2013（11）：20-28.

［109］刘华军，张权，杨骞. 城镇化、空间溢出与区域经济增长：基于空间回归模型偏微分方法及中国的实证［J］. 农业技术经济，2014（10）：95-105.

［110］杨小凯，张永生. 新兴古典经济学和超边际分析［M］. 北京：中国人民大学出版社，2000.

［111］李敬，冉光和，温涛. 金融影响经济增长的内在机制：基于劳动分工理论的分析［J］. 金融研究，2007（6）：80-99.

［112］DESMET K，HENDERSON J V. The Geography of Development Within Countries［J］. Handbook of Regional and Urban Economics，2015（5）：1457-1517.

［113］赵勇，魏后凯. 政府干预、城市群空间功能分工与地区差距：兼论中国区域政策的有效性［J］. 管理世界，2015（8）：14-29+187.

［114］GLAESER E L，KALLAL H D，CHEINKMAN J A，SHLEIFER A. Source：Journal of Political Economy，1992，100（6）：1126-1152.

［115］罗军，陈建国. FDI、人力资本门槛与就业：基于门槛效应的检验［J］. 世界经济研究，2014（7）：74-79.

［116］蒋为，黄玖立. 国际生产分割、要素禀赋与劳动收入份额：理论与经验研究［J］. 世界经济，2014（5）：30-52.

［117］JACOBS J. The economy of cities［M］. New York：The economy of cities. Random House，1969.

［118］赵伟，王春晖. 区域开放与产业集聚：一个基于交易费用视角的模型［J］. 国际贸易问题，2013（7）：40-51.

［119］PORTER M E. The Competitive Advantage of Nations［M］. New York：Free Press，1990.

［120］陆立军. 产业集聚、动态外部性与专业市场发展：来自浙江省义乌市的证据［J］. 开发研究，2009（4）：17-21.

［121］王静. FDI 促进中国各地区产业结构优化的门限效应研究［J］. 世界经济研究，2014（3）：3-79，89.

［122］VALLI V，SACCONE D. Structural Change and Economic Development in China and India［J］. European Journal of Comparative Economics，2009，6：101-129.

［123］王鹏，尤济红. 产业结构调整中的要素配置效率：兼对"结构红利假说"的再检验［J］. 经济学动态，2015（10）：70-80.

［124］余泳泽，刘冉，杨晓章. 中国产业结构升级对全要素生产率的影响研究［J］. 产经评论，2016，7（4）：45-58.

［125］王庆喜. 多维邻近与中国高技术产业区域知识溢出：一项空间面板数据分析（1995—2010）［J］. 科学学研究，2013，31（7）：1068-1076.

［126］王鹏，吴思霖. 中国高技术产业集聚的空间溢出效应及其区域差异性：基于技术距离加权的空间计量研究［J］. 经济经纬，2020，37（2）：86-96.

［127］杨小凯，张永生. 新贸易理论、比较利益理论及其经验研究的新成果：文献综述［J］. 经济学（季刊），2001（1）：19-44.

［128］黄和平，乔学忠，张瑾，李亚丽，曾永明. 绿色发展背景下区域旅游业碳排放时空分异与影响因素研究：以长江经济带为例［J］. 经济地理，2019，39（11）：214-224.

［129］KMENTA J. Elements of Econometrics［J］. Journal of Business & Economic Statistics，1972，6（1）：141.

［130］毛其淋，盛斌. 对外经济开放、区域市场整合与全要素生产率［J］. 经济学（季刊），2012，11（1）：181-210.

［131］KYDLAND F E，PRESCOTT E C. Web interface for "Time to Build and Aggregate Fluctuations"［J］. Econometrica，1982，50（6）：1345-1370.

［132］陈强. 高级计量经济学及 Stata 应用［M］. 北京：高等教育出版社，2010.

［133］埃尔霍斯特. 空间计量经济学：从横截面数据到空间面板［M］. 肖关恩，译. 北京：中国人民大学出版社，2015.

［134］LeSage J, Pace R. Introduction to Spatial Econometrics ［M］. London: Chapman & Hall, 2009.

［135］林光平, 龙志和, 吴梅. 中国地区经济 σ-收敛的空间计量实证分析 ［J］. 数量经济技术经济研究, 2006, 23（4）: 14-21.

［136］钞小静, 沈坤荣. 城乡收入差距、劳动力质量与中国经济增长 ［J］. 经济研究, 2014（6）: 30-43.

［137］温怀德, 刘渝琳, 温怀玉. 外商直接投资、对外贸易与环境污染的实证研究 ［J］. 当代经济科学, 2008, 30（2）: 88-94.

［138］张美涛. 知识溢出对中国区域经济增长的空间效应研究: 基于空间计量模型 ［J］. 贵州财经大学学报, 2019（4）: 23-30.

［139］温涛, 冉光和, 熊德平. 中国金融发展与农民收入增长 ［J］. 经济研究, 2005（9）: 30-43.

［140］严成樑, 龚六堂. 资本积累与创新相互作用框架下的财政政策与经济增长 ［J］. 世界经济, 2009（1）: 40-51.

［141］CHENERY H B. Patterns of Development, 1950-1970 ［M］. Beijing: Economic Science Press, 1988.

［142］汪锋, 解晋. 中国分省绿色全要素生产率增长率研究 ［J］. 中国人口科学, 2015（2）: 53-62.

［143］杨桂元, 吴青青. 中国省际绿色全要素生产率的空间计量分析 ［J］. 统计与决策, 2016（16）: 113-117.

［144］李梅. 金融发展、对外直接投资与母国生产率增长 ［J］. 中国软科学, 2014（11）: 170-182.

［145］张先锋, 刘有璐, 杨新艳, 刘晴. 动态外部性、集聚模式对城市福利水平的影响 ［J］. 城市问题, 2016（3）: 4-12.

［146］唐红祥, 王业斌, 王旦, 贺正楚. 中国西部地区交通基础设施对制造业集聚影响研究 ［J］. 中国软科学, 2018（8）: 137-147.

［147］沈坤荣, 耿强. 外国直接投资、技术外溢与内生经济增长: 中国数据的计量检验与实证分析 ［J］. 中国社会科学, 2001（5）: 82-93, 206.

［148］AHSAN S M, KWAN A C C, SAHNI B S. Causality between Government Consumption Expenditure and National Income: OECD Countries ［J］. Public Finance, 1989, 44（2）: 204-224.

［149］ MITCHELL D J. The Impact of Government Spending on Economic Growth ［R］. Backgrounder, 2005.

［150］ 傅勇, 张晏. 中国式分权与财政支出结构偏向: 为增长而竞争的代价 ［J］. 管理世界, 2007, (3): 4-12, 22.

［151］ 谭艳芝, 彭文平. 金融发展与经济增长的因素分析 ［J］. 上海经济研究, 2003 (10): 3-12.

［152］ 张军. 中国的信贷增长为什么对经济增长影响不显著 ［J］. 学术月刊, 2006 (7): 69-75.

［153］ 张学良. 中国交通基础设施促进了区域经济增长吗: 兼论交通基础设施的空间溢出效应 ［J］. 中国社会科学, 2012 (3): 60-77.

［154］ YAO S, WEI K. Economic Growth in the Presence of FDI: the Perspective of Newly Industrialising Economies ［J］. Journal of Comparative Economics, 2007, 35 (1): 211-234.

［155］ 张军, 吴桂英, 张吉鹏. 中国省际物质资本存量估算: 1952—2000 ［J］. 经济研究, 2004 (10): 35-44.

［156］ 秦尊文. 长江经济带城市群战略研究 ［M］. 上海: 上海人民出版社, 2018.

［157］ 任宏, 李振坤. 中国三大城市群经济增长的影响因素及其空间效应 ［J］. 城市问题, 2019 (10): 63-68.

［158］ CASTELLS M. Urban renewal and social conflict in Paris ［J］. Social Science Information, 1972, 11 (2): 93-124.

［159］ FRIEDMAN J. The World City Hypothesis ［J］. Development & Change, 1986 (17): 69-73.

［160］ HARVEY D. The roots of the geographical change: 1973 to the present ［J］. Human Geography, 1989, 71: 3-17.

［161］ SMITH D A. Overurbanization Reconceptualized A Political Economy of the World-System Approach ［J］. urban affairs quarterly, 1987, 23 (2): 270-294.

［162］ DAVID J M. Latin American Cities: Internationally Embedded but Nationally Influential ［J］. Latin American Research Review, 1997, 32 (1): 109-123.

［163］ SIMON, ZHAO S X B, CHAN R C K, SIT K T O. Globalization and the dominance of large cities in contemporary China [J]. 2003, 20 (4): 265-278.

[164] GEORGE, LIN G C S. Reproducing Spaces of Chinese Urbanisation: New City-based and Land-centred Urban Transformation [J]. Urban Studies, 2007, 44 (9): 1827-1855.

[165] 孙浦阳, 武力超. 基于大推动模型分析外商直接投资对城市化进程的影响 [J]. 经济学家, 2010 (11): 66-74.

[166] 武力超, 林俊民, 唐露萍. 外商直接投资对城市人口集聚的影响研究 [J]. 投资研究, 2013, 32 (8): 3-21.

[167] 王婷. 中国城镇化对经济增长的影响及其时空分化 [J]. 人口研究, 2013, 37 (5): 53-67.

[168] 杨文兵. 城市化过程中人口转移的特征及动力机制: 浙江案例 [J]. 世界经济, 2009, 32 (6): 88-95.

[169] BLACK D, HENDERSON V. A Theory of Urban Growth [J]. Journal of Political Economy, 1999, 107 (2): 252-284.

[170] 王可侠. 产业结构调整、工业水平升级与城市化进程 [J]. 经济学家, 2012 (9): 43-47.

[171] 陈志刚, 吴腾, 桂立. 金融发展是城市化的动力吗: 1997—2013 年中国省级面板数据的实证证据 [J]. 经济学家, 2015 (8): 82-91.

[172] 黄燕君, 钟璐. 农村金融发展对农村经济增长的影响: 基于浙江省数据的实证分析 [J]. 系统工程, 2009, 27 (4): 104-107.

[173] 李敬, 陈澍, 万广华, 付陈梅. 中国区域经济增长的空间关联及其解释: 基于网络分析方法 [J]. 经济研究, 2014, 49 (11): 4-16.

[174] 王雨飞, 倪鹏飞. 高速铁路影响下的经济增长溢出与区域空间优化 [J]. 中国工业经济, 2016 (2): 21-36.

[175] 董春, 梁银鹤. 市场潜能、城镇化与集聚效应: 基于空间计量分析 [J]. 科研管理, 2016 (6): 28-36.

[176] 陈继勇, 盛杨怿. 外商直接投资的知识溢出与中国区域经济增长 [J]. 经济研究, 2008, 43 (12): 39-49.

[177] 李逸飞, 李静, 许明. 制造业就业与服务业就业的交互乘数及空间溢出效应 [J]. 财贸经济, 2017, 38 (4): 115-129.

[178] 刘宇. 外商直接投资对中国产业结构影响的实证分析: 基于面

板数据模型的研究［J］. 南开经济研究, 2007 (1): 125-134.

［179］陈明, 魏作磊. 中国服务业开放对产业结构升级的影响［J］. 经济学家, 2016 (4): 24-32.

［180］李艳, 柳士昌. 全球价值链背景下外资开放与产业升级: 一个基于准自然实验的经验研究［J］. 中国软科学, 2018 (8): 165-174.

［181］吴瑾. 居民消费结构、产业结构与经济增长［J］. 经济问题探索, 2017 (12): 18-22, 180.

［182］鲁钊阳, 李树. 农村正规与非正规金融发展对区域产业结构升级的影响［J］. 财经研究, 2015, 41 (9): 53-64.

［183］钱水土, 周永涛. 金融发展、技术进步与产业升级［J］. 统计研究, 2011 (1): 68-74.

［184］吕明元, 尤萌萌. 韩国产业结构变迁对经济增长方式转型的影响: 基于能耗碳排放的实证分析［J］. 世界经济研究, 2013 (7): 73-80.

［185］韩永辉, 黄亮雄, 王贤彬. 产业政策推动地方产业结构升级了吗: 基于发展型地方政府的理论解释与实证检验［J］. 经济研究, 2017, 52 (8): 33-48.

［186］徐敏, 姜勇. 中国产业结构升级能缩小城乡消费差距吗?［J］. 数量经济技术经济研究, 2015 (3): 3-21.

［187］胡昭玲, 夏秋, 孙广宇. 制造业服务化、技术创新与产业结构转型升级: 基于 WIOD 跨国面板数据的实证研究［J］. 国际经贸探索, 2017, 33 (12): 4-21.

［188］WURGLER J. Financial markets and the allocation of capital［J］. Journal of Financial Economics, 2000, 58 (1): 187-214.

［189］CHENG L K, KWAN Y K. What are the determinants of the location of foreign direct investment? The Chinese experience［J］. Journal of International Economics, 2000, 51 (2): 379-400.

［190］师博, 任保平. 策略性竞争、空间效应与中国经济增长收敛性［J］. 经济学动态, 2019 (2): 47-62.